源頼朝文書の研究

研究編

黒川高明著

吉川弘文館　刊行

まえがき

『源頼朝文書の研究』の「史料編」を送り出して既に二十五年の歳月を経ようとしている。

源頼朝発給文書を蒐集し鎌倉初期の政治史を考えてみようとの目論見であったが、余りにも多くの疑いのある文書（疑偽文書）が存在するのを目の当たりにして、時間の大半を文書の真偽の究明と、頼朝文書の執筆者である右筆の研究に費やし、本来の目的とした研究には至らず今日に及んでしまった。それでも一方で、頼朝文書を蒐集し精査する過程で様々な疑問や問題に遭遇し、それらの諸問題を究明する内で、新たな知見を得ることができた。

そこで本書では第Ⅰ部「源頼朝文書の考証」と第Ⅱ部「源頼朝文書の政務と文書様式」の構成とし、第Ⅰ部では、史料編で「本文書、検討ノ要アリ」と按文を付した文書が、何故に検討の必要があるのか、何処が疑問なのか、その見解を明示するように努めることにした。

今回は七十余通の文書を対象としたが、疑いのある文書の中には、本文（事実書）に疑問のあるもの、文書の様式に問題のあるもの、併せて筆跡が当時のものではない等の問題のあるものや、花押の筆順が違うもの等々と多岐にわたる—ただ、中には第Ⅱ部の各章で疑偽を呈した文書もある—が、主要な疑問点を同じくするような文書であっても、一括して論ずる方法は困難と考え、今回は編年順に論述することにした。

第Ⅱ部では、まず永年にわたって考えてきた頼朝の右筆の考証を行ない、辿り着いた結果の報告である。

相田二郎氏は「頼朝文書の筆蹟」(「鎌倉時代における武家古文書の筆蹟」)において、右筆の構成員を筆跡によって分類されたが、私は改めて確実な頼朝文書のみを史料として再構成を試みようとした。しかし、頼朝の在世中より偽文書が作成されていた事実や、後世に長時間を費やして偽文書を作成する話(永島福太郎氏より教示を受けた)などを聞くと、筆跡の判断を文字の異同の考察のみで比定するのは難しいと考え、右筆の筆跡の分類については見合わせることにした。ただし、相田氏の分類された筆跡群について若干の私なりの見解を述べた。また、頼朝の政治判断を迅速に行なう吏僚—この場合は、右筆を指す—の存在については少しく考察を加えている。

第Ⅱ部の後半で論じた、源頼朝の口状による諸職の補任と、本領安堵の問題については、頼朝文書中に補任関連の文書が残存しないのは何故なのか、また御家人に対して本領安堵の文書(下文)を給付した痕跡がほとんど見当たらないのはどうしてなのであろうか、という単純な疑問から出発したものであった。ところが、考察を加えていくにしたがって、頼朝の宗教政策や御家人制を考える上でも重要な問題を内在しているのではないかと考えるに至り、追究したのが「口状」と「本領安堵」に関する論考である。「本領安堵」については牧健二氏・安田元久氏の論考とは、一部に見解を異にすることになった。しかも若干の論理上の飛躍はあるであろうが、一応の到達点を示すことができたと思っている。

さらに第Ⅱ部では、頼朝の花押の変遷を時間を追って考察したが、形状の変化を説明するのに苦労したものの、視覚に訴える方法で見解を述べている。他に頼朝文書から見た書札礼について、追而書・礼紙書の文書を通じて述べ、また政所の設置の時期と実質上「政所」が機能した時期について、小論ではあるが考察を加えた。

最後に既論文である「源頼朝の裏花押文書について」は頼朝の政治姿勢の変化を知る手懸かりにもなると考え、少しばかり手を入れて収載することにした。

以上が本書の大略である。いささか抽象的な表現に終始しつつも、大方の全体像は述べたつもりであるが、「源頼朝文書の研究」としては不足の論考も多々あるが、今後の課題としておきたい。

凡　例

一、『吾妻鏡』は、『鏡』と略称した。
一、『鏡』は北条本を底本とし、国史大系本を以て校した。
一、『鏡』から採録した文書については、正文・案文・写等の区別を示さなかった。
一、拙編著『源頼朝文書の研究』（史料編）に収載の源頼朝文書については、適宜、図版〇〇、編年文書〇〇と文書番号を略記した。
一、「史料編」に収載している文書は、『鎌倉遺文』の文書番号を併記することはしなかった。
一、「史料編」で「書状」とした文書を、「請文」とした箇所がある。また、「下文」を「書下」とした箇所もある。
一、前右大将家政所下文を、前期前右大将家政所下文と後期前右大将家政所下文に分けて呼称した。前期の政所下文は、建久三年八月の将軍家政所設置以前の発給文書を言い、後期の政所下文は、源頼朝が征夷大将軍を辞し鎌倉に帰着する、建久六年以降の発給文書を指している。
一、御教書・奉書は使い分けをせず、基本的には御教書とした。
一、「御家人」は行論の都合上「家人」と表記したものがある。
一、中原広元は大江広元で統一した。

一、巻末に、「史料編」の補遺として若干の文書を翻刻した。
一、字体は原則として常用体を用いた。

目次

図表目次

挿図

挿　表

第Ⅰ部　源頼朝文書の考証

源頼朝文書における疑偽文書について

——「検討ノ要アリ」の文書を中心に——

本章の目指すところは、拙編著『源頼朝文書の研究』（史料編）において「検討ノ要アリ」と按文を付した文書が、何故（何所）に検討する必要があるのかを明らかにしようとしたものである。

鎌倉初期（建久六年・一一九五）に大宰府に下した官宣旨案（「壬生家文書」、『鎌倉遺文』八〇二号所収）に次のような史料が残されている。

左弁官下　大宰府
　応早令其身召進阿蘇大宮司不知姓資□
右、権中納言平朝臣親宗宣、奉　勅、件資□号官厨家納先後番、便補管肥後国高□〔瀬庄カ〕地頭、或張行条非法、或奪
取当国前目□□〔代カ〕実景随身物等、以所従吉弘謀計、造出前右□〔大将カ〕家政所下文、相学前兵衛佐判形事、為令対□□〔決カ〕、
宜令召進其身者、府宜承知、依宣行之、
　建久六年六月廿七日　少史高橋朝臣
右中弁藤原朝臣

建久六年は頼朝生存中であるが、既に政所下文を偽造し、「前兵衛佐」の判形（花押）を学んで偽文書を作成して

いる事実があったことを示している。

『源頼朝文書の研究』において「検討ノ要アリ」「偽文書ナルベシ」と按文を付した文書が二一六通存在する。ここでは、その内「検討ノ要アリ」の文書に考証を加えたものが六六通と、偽文書と判定した二通について考証を行なった。

本来であれば全文書に考察を加えるべきであろうが、今回除外した文書中には、文書を見て直感的に違和感を覚えたもの、経験によりおかしい（不審）と感じた文書について、納得の行く説明が困難な場合もあり、これらの文書を割愛した。

文書の考証の順序は「編年文書」の番号順とし、それぞれの文書の疑問点や問題点を提示した。

治承四年八月十九日付源頼朝袖判下文（「三嶋神社文書」）図版1　編年文書5

（花押）

下　留守所在庁等所

補任　三薗川原谷郷沙汰職事

宮盛方

右彼郷者、三多大明神寄進畢、者郷民等宜承知、勿違失、故下、

治承四年八月十九日

源頼朝が挙兵—山木兼隆館襲撃—した二日後に出された袖判下文である。

佐藤進一氏は『［新版］古文書学入門』において、頼朝の袖判下文は、元暦元年（一一八四）六月から文治五年（一

一八九）二月までと、建久三年（一一九二）九月のものがあると述べられている。(1) つまり、元暦元年五月以前は袖判下文ではなく、奥上署判の下文を用いていたとされている。しかし、元暦元年五月以前の袖判下文は該当文書を含めて八通残存しているが、(2) 検証した結果、全て正しい袖判下文とは言い難い文書―偽文書または疑問のある文書―であることから、袖判下文は元暦元年六月以後とする佐藤説に従うことにする。(3) とすると、治承四年付の本文書は袖判ではなく奥上署判の下文であるべきということになる。

筆跡も断定はできないが、古体を残す書体のようにもみえるが、当時の筆跡ではないように思う。料紙も平安末期のものではないと考えられるが、「紙」の研究も最近進んでおり、その成果も含めて、今後検討していきたい。

また下文が発給された治承四年八月十九日は兵を挙げ、相摸国土肥郷に到着する前日に当たり、このような時期に「三多《(島カ)》大明神」の神官と考えられる「宮盛方」なる人物に「三薗川原谷郷沙汰職」を補任することができたのであろうか、そのような権限を行使することができたのであろうか。

治承四年八月十九日付源頼朝下文（『鏡』治承四年八月十九日条）　編年文書6

　下　蒲屋御厨住民等所
　　可早停止史大夫知親奉行事
右、至于東国者、諸国一同庄公皆可為御沙汰之旨、親王宣旨状明鏡也者、住民等存其旨、可安堵者也、仍所仰、
　故以下、
　　治承四年八月十九日

伊豆目代山木兼隆の一族史大夫知親の非法を止めるよう頼朝が命じたものである。

この文書については早く八代国治氏が『吾妻鏡の研究』において偽文書であると述べられている。(4) その根拠は事書が本来示されるべき本文の内容を述べていないこと、高倉宮の令旨であるべきところを「親王宣旨」となっており、親王が宣旨を発給し得るわけがない。当時、頼朝の側には藤原邦通等の京下りの下級官吏等が存在しており、このような誤りを行なうことはないであろうと述べられ、偽文書とされた。書式・内容・文言等からして当時の文書とは言い難く、偽文書とすることに異論はない。例え「宣旨」が「令旨」の書写上の誤りであったとしても、八代説は否定されることはないと考える。

治承四年十一月一日付源頼朝下文（「尊経閣古文書纂」）　図版4　編年文書18

下　聞養房所〔覚淵〕
　早可令免除南条内給田捨〔拾〕町事
右、件給田於拾町者、毎年不可有懈怠、仍沙汰人等宜承知、敢不可違失、故以下、
　治承四年十一月一日
源朝臣（花押）

奥上署判の下文である。

佐藤進一氏は、頼朝の奥上署判下文は寿永二年（一一八三）十月十日付賀茂別雷神社文書と寿永三年四月二十二日付久我家文書が伝わっていると述べられている。(5) 相田二郎氏も確実なものは先に示した寿永二年十月十日付賀茂別雷神社文書からであると述べられている。(6) つまり、寿永二年十月十日以前には正しい奥上署判下文は存在しないということである。ただし、本文書を含めて残存しているそれ以前の奥上署判文書が確実なものでないという説明はなされ

ていないので、その点も含めて検討したい。

佐藤氏は幕府から出された下文は初期のものは例外なしに充所があったが、多くは形式的なもので、例えば地頭職補任にしても充所は実際に補任された人物の名前ではなく、その地頭職の所在地の「住人等」と記されるのが通例で、在地の者に告知するという古い形式をそのまま踏襲してきたと述べられている。(7)また、頼朝の初期の下文には「下」の下の充所には文書受給者の名前を記すことはなかったとされている。本文書は「聞養房所」と、直接受給者が充所となっている。この点からも当時のものとは言い難い。加えて奥上署名が「源朝臣（花押）」となっているが、本来であれば「久我家文書」の奥上署名のごとく「前右兵衛佐源朝臣」とあるべきではないだろうか。

内容・文言についても、事書に「早可令免除南条内給田捨〔拾〕町事」とあるが、給田拾町に対し何を免除しようとしているのか、本文にも「件給田於拾町者、毎年不可有懈怠」とあるが、給田拾町に対し何を「懈怠すべからず」なのか、下文にしては文意が読みとれない。多くの疑問を残す文書である。

治承五年二月日付源頼朝下文（『鏡』同年二月十日条）　編年文書22

下　須宮神官等

可早令安房国須宮免除万雑公事事

右件宮万雑公事者、先日御奉免畢、重神官等訴申、事実者尤不敵也、早可令免除之状如件、仍在庁等宜承知、勿違失、

治承五年二月　日

『鏡』では袖判・奥上署判・日下御判―花押―がほとんど省略されている。当該下文の場合も袖判または奥上署判

が省略されており、本来は源頼朝袖判下文または源頼朝奥上署判下文と呼称すべき文書である。八代国治氏は『吾妻鏡の研究』において、この文書の文意が通じないことを述べた後に、「恐らく須宮神官等の作製に係るものなるべし」と偽作の文書であることを指摘されている。(8)この指摘に異論はない。『鏡』では奥上署判下文の場合は文書の奥上に「前右兵衛佐源朝臣」と記述するのが通例である。袖判下文の場合は袖の部分に署された花押—在御判・御判—が省略されている。とすれば、この下文は「源頼朝袖判下文」であったと理解すべきだと思う。

前述した佐藤説によれば、袖判下文は元暦元年以後に発給されており、この文書はそれより三年も遡ることになり、袖判下文が未だ発給されていない時期のものである。この点からも問題を含む文書である。

治承五年三月日付源頼朝寄進状写（「鹿島社文書」『楓軒文書纂三十七』所収）編年文書23

奉寄　鹿嶋社御領

在常陸国世谷・大窪・塩浜

右、為心願成就、所奉寄如件、

治承五年三月　日　源頼朝敬白

頼朝は治承四年（一一八〇）十一月に佐竹氏を討伐すると、没収した所領を戦功のあった家人に恩賞として与えている。翌治承五年二月には志田(源)義広の常陸国鹿島社領を掠領するのを停め、鹿島社の物忌の沙汰たるべきを命じる等、その支配の進展をはかっていった。この常陸国における一連の動きの中で、広く崇敬を集めていた鹿島社に佐都東郡世谷・大窪・塩浜の三ヵ郷を寄進したと考えられる。(9)

この文書が頼朝の寄進状の様式として、適当なものであるかどうかは基準となる用例が少なく明らかにするのは難しい。ただ次に示す平安後期の寄進状と比べてはどうか。

1寄進　所領御厨壱処事
　在下総国相馬郡者
　四至東限常陸国堺　南限坂東大路
　　　西限葛飾幸嶋両郡堺　北限絹河常陸国堺
（以下略）

2□（寄カ）進　私領壱処事
　在但馬国二〔二カ〕方郡温泉郷竹田寺木村者、
　四至東限射添郷境　南限峯
　　　西限八太郷上保境　北限八太郷下保境
（以下略）

3院庁
　奉寄庄三箇処
　一処（中略）
　　在河内国
　一処（中略）
　　在相摸国
　一処（中略）
　　在伊予国

（以下略）

やや鹿島社文書の書様・文言には難点があるのではないだろうか。それに本文も「為心願成就、所奉寄如件」とあるが、このような本文は前記の１源義宗寄進状案(10)・２阿闍梨聖顕寄進状案(11)・３後白河上皇院庁寄進状案(12)等に比べてあまりにも簡略で、ほとんど例を見ないものである。

（養和元年七月二十日）源頼朝下文（『鏡』養和元年七月二十日条所載）編年文書24

下　々総国御厩別当所
　可早免除貢馬事
　行平《下河辺》所知貢馬
右件行平所知貢馬者、令免除畢、仍御厩別当宜承知、勿違失、故下、

下文の場合、事書の次行に本文（事実書）が記されるのが一般的であるが、本文書は事書の次行に「行平所知貢馬」と、本文の記載の文言が重複して記述されている。下文の体裁としては異例である。本来であれば、本文は下河辺行平の貢馬免除の理由が記述されるべきではないだろうか。

治承五年九月十八日付源頼朝下文（『鏡』治承五年九月十八日条所載）編年文書27

仰下　和田次郎義茂所
　不可罰雖為俊綱《足利》之子息郎従参向御方輩事
右、云子息兄弟、云郎従眷属、始桐生之者、於落参御方者、不可及殺害、又件党類等妻子眷属幷私宅等、不可取

損亡之旨、所被仰下知〔衍カ〕如件、

治承五年九月十八日

下文は書出しに「下」または「前右大将家政所下」「将軍家政所下」とあるのが標準的な書様である。信頼のおける頼朝下文にはこのような書出しの文書は残存していない。

また充所は「和田次郎義茂所」と、実質上の受給者名が記されている。しかし、源頼朝の初期の下文は「……庄官等」「……庄住人等」などとほとんど形式的な充所であって、受給者名を記した信頼のおける下文は見当たらない。ただ、『鏡』同日条に、当該文書を受けて記述されたと考えられる地の文がある。

俊綱遺領等事、有其沙汰、於所領者収公、至妻子等者、可令本宅資財安堵之由被定之、載其趣於御下文、被遣和田次郎（義茂）之許云々、

足利俊綱の遺領についての沙汰があり、その旨を下文に載せ、和田義茂の許へ遣わしたとある。義茂は俊綱追討を頼朝より命じられており、下野国にあって戦後処理にもあたっていたのであろう。ただ、このような指令は下文ではなく使者による口状、または書下（状）で発給されるのではないだろうか。地の文は本文書をうけ記述されたと考えると、本来は下文ではなかったかも知れない。

書止めの「所被仰下如件」とある文言は書出しの「仰下」の文言を受けてと考えられるが、このような例は他にあまり類をみないのである。先に述べた充所の問題も含めて、検討を要する文書である。

治承五年十月六日付源頼朝補任状（『鏡』養和元年十月六日条所載）　編年文書28

定補

若宮長日大般若経供僧職事
大法師禅睿
右以人、為大般若経供僧、長日可令勤行之状如件、
治承五年十月六日

治承五年十月六日付源頼朝補任状（『鏡』養和元年十月六日条所載） 編年文書29

定補
若宮長日最勝講供僧職事
大法師玄信
右以人、於〔為イ〕最勝講衆、長日之役可令勤仕之状、所仰如件、
治承五年十月六日

鶴岡若宮の供僧職の補任状であるが、頼朝の時代に幕府の侍所・政所・問注所等の諸機関の別当・執事・所司・家令・奉行・寄人等の諸役に任命された御家人に、補任状を発給した例は『鏡』をはじめ諸史料に見当たらない。また残存する頼朝文書にも一通も存在していない[13]。

前記の文書からは外れるが供僧職の補任については、鶴岡八幡宮寺の「香象院文書」に権律師重賀への頼朝の供僧職補任状が残されているが（編年文書360）、『鎌倉市史』（史料編一）に「コノ文書以下二通、疑ハシキトコロアレドモ、姑クコ、ニ収ム」とあり、この補任状の疑わしさを指

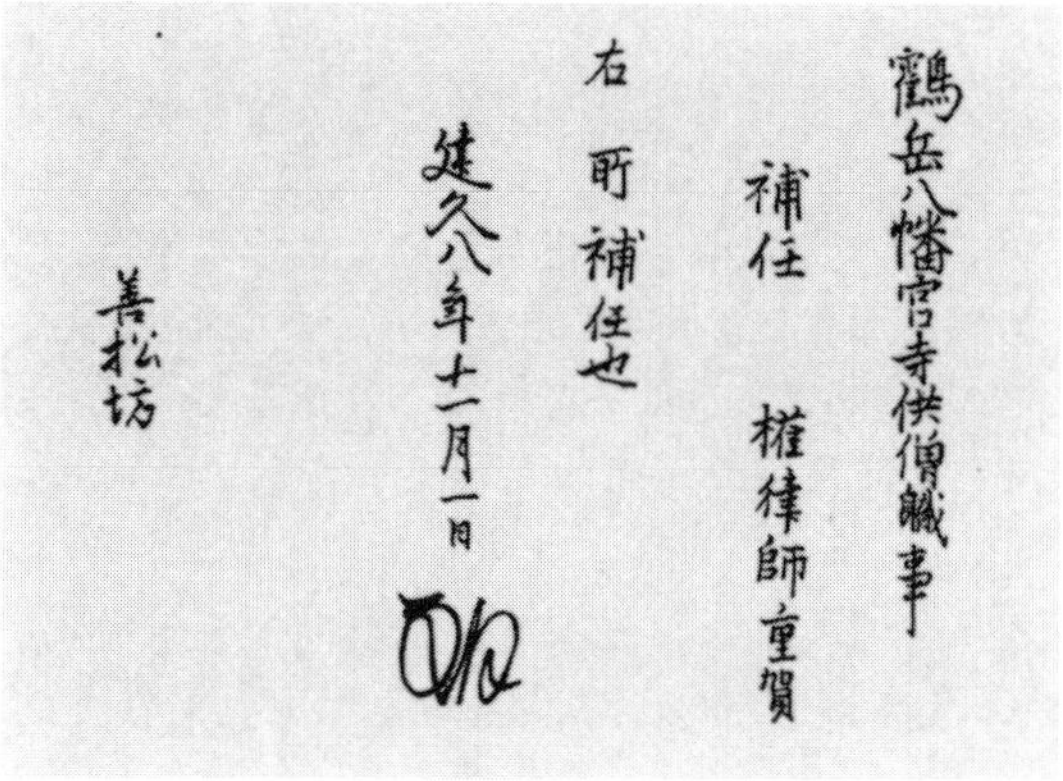
鶴岳八幡宮寺供僧職事
補任　権律師重賀
右所補任也
建久八年十一月一日
善松坊

図1　源頼朝補任状写（「香象院文書」）

摘している。

この文書の疑わしいところとは、まず書体が当時のものでないこと、花押が頼朝の花押とは異なることである。第二に「補任　権律師重賀」と充所が記されているにもかかわらず、料紙の奥の最終行に「善松坊」と重賀の住房が再度充所に記されている。まったく異例であり、このような補任状はあり得ないと思う。

治承五年十月日付源頼朝袖判寄進状（「香取神宮文書」）図版42　編年文書31

（花押）

奉寄　香取社御領

在下総国下福田郷

右、為心願成就、所奉寄如件、

治承五年十月　日　源頼朝敬白

当該の寄進状と「鹿島社文書」の源頼朝寄進状写[14]とは寄進を受けた香取社と鹿島社の違いと寄進地の違いであり、その他は袖判の有無を除いて本文は同じである。とすれば、同じような疑問があるということになる。

また頼朝の場合、下文・寄進状・書状・御教書共に袖判を署しながら日下に署名する例はなく異例である。料紙の袖に署された花押は頼朝の初期のものとはやや異なるものである。[15]

ついで料紙を詳細に調べてみると、使用された料紙は楮紙で質の落ちる奉書（杉原）紙だと感じた。また料紙の寸法は縦三〇・一センチ、横三二・九センチで、標準的な頼朝の公文書―下文・御教書・奉書等―の寸法縦三〇・〇センチ、横四八・三～五二・〇（後半　横五三・〇～五五・〇センチ）に比べると横幅が異常に狭いのに気づく。後世に巻子に仕立てる際に裁断された可能性もあると考えられるが、文書全体のバランスから考えると、左右を大きく裁断したとは考え難く、料紙の問題からも疑問を呈したい。

治承五年十一月十一日付源頼朝奥上署判下文（「由良文書」）図版7　編年文書33

下　武蔵国加治郷百姓等
　定補　郷司職事
　新田（義重）入道殿
右人、補任彼職如件、百姓等宜承知、敢不可違失、故下、
　治承五年十一月十一日
源朝臣（花押）

治承五年十一月日付源頼朝奥上署判下文（「園田文書」）編年文書34

下　埼西郡之内糯田郷住人等
　定補　郷司職事
　新田（義重）入道殿
右以人、為彼職、所可令執行郷務也、仍云沙汰人、云住人等、宜承知、莫違失、故下、
　治承五年十一月　日
源朝臣（花押）

「下文」は下達文書であり、上位者より下位者に意を伝達する文書様式であるので、新田義重が源氏の一族であれ

下位者である義重に「殿」を付して発給するのはおかしいことである。

次に奥上署判であるが、源頼朝が初期の段階でどのような奥上署判を行なったかは明確ではない。ただ、信頼できる寿永三年四月二十二日付源頼朝奥上署判下文案（「久我家文書」）では「前右兵衛佐源朝臣在御判」とあり、[16]当該文書も「源朝臣」ではなく「久我家文書」のようにあるべきではなかったかと考える。

また奥上の花押であるが、治承五年頃のものとは花押の変遷[17]からしても納得できるものではない。

治承七年正月二十八日付源頼朝袖判下文（「香取大禰宜家文書」）　図版9　編年文書43

（花押）

下　香取宮大禰宜惟房

可早令停止諸人之煩安堵事

右、雖指無罪料、国中騒動間、一旦成恐歟、於其意全以不可有其恐、如本可令安堵之状、所仰如件、

治承七年正月廿八日

既に述べたごとく、[18]袖判下文は元暦元年六月からとする佐藤説が一般に理解されている。私見では元暦二年六月頃からと考えているが、いずれにしても本文書は本来であれば奥上署判で発給されるべきものであろう。

筆跡も元暦二年以降の確実な下文[19]に比べて粗雑である。また「下　香取宮大禰宜惟房」とあるが、この時期（治承七年＝寿永二年）であれば形式的な充所となるべきと思うが、直接受給者に充てられている。ただ、大禰宜惟房の罪科に対する安堵であり、通常の所領に対するものとは異なると考えるべきなのであろうか。私は、このような人物に対する安堵下文は発給されなかったと考えている。

寿永二年二月二十七日付源頼朝寄進状（「鶴岡八幡宮文書」）図版43　編年文書45

奉寄

相摸国鎌倉郡内鶴岡八幡新宮若□〔宮〕御領事

在当国弐箇□〔処〕

高田郷

田嶋郷

右、為神威増益、為所願成就、□〔所〕奉寄也、方来更不可有牢籠之状如件、

寿永二年二月廿七日

前右兵衛佐源朝臣頼朝（花押）

寿永二年二月二十七日付源頼朝寄進状（「鶴岡八幡宮文書」）図版44　編年文書46

奉寄

相摸国鎌倉郡内鶴岡八幡新宮若宮御領壱所事

在武蔵国波羅郡内瓺尻郷

右、為神威増益、為所願成就、所奉寄也、方来更不可有牢籠之状如件、

寿永二年二月廿七日

前右兵衛佐源朝臣頼朝（花押）

寿永二年二月二十七日付源頼朝寄進状（「大手鑑」隠心帖）図版45　編年文書47

奉寄

相撲国鎌倉郡内鶴岡八幡新宮若宮御領壱所事
　在武蔵国師岡保内大山郷
右、為神威増益、為所願成就、所奉寄也、方来更不可有牢籠之状如件、
　寿永二年二月廿七日
　前右兵衛佐源朝臣頼朝（花押）

寄進地は異なるが、ほとんど同文で同筆と思われる文書が三通残存している。二通が「鶴岡八幡宮文書」、一通が中野忠太郎氏旧蔵「大手鑑」（現、隠心帖）である。この寄進状が当時（寿永二年二月二十七日）作成されたものではないのではないか、という議論が早い時期よりなされていたようであるが、問題点の具体的議論はあまりなされてこなかったように思う。

そこで疑問に思う点を少し述べてみたい。平泉澄氏は「頼朝は寿永二年五月までは治承を用ひ、その十一月に至りては寿永を用ひ、以後は全く朝廷の年号に従ひたり」と諸史料を基に述べられており[20]、また鎌倉時代末期の成立と考えられる『鎌倉年代記』に「迄寿永二年、御下文等載治承七年、不被用養和・寿永年号」（朱書）（寿永二年ノ項）とあり、養和・寿永（二年五月まで）の年号は使用しなかったとしている[21]。頼朝が勅勘を解かれ本位に復した寿永二年十月九日以降、寿永の年号を使用するようになったとするのが一般的である。この三通の寄進状は本来「治承七年二月二十七日」とあるべきではないかと思う。

次に奥上署判「前右兵衛佐源朝臣頼朝（花押）」についてである。平安期の奥上署判（名）の文書を通覧してみると、「右衛門権佐平朝臣（花押・草名）」とはあるが[22]、「朝臣」の下に実名（諱）を記し花押を書く例は見当たらない。「朝臣」の下には草名または花押を記したようである。確実な頼朝文書である寿永三年の「久我家文書」でも「前右

兵衛佐源朝臣在御判」とあり、当該文書のような奥上署判（名）は見当たらない。

ついで奥上署判の「判」―花押―であるが、確実な文書をもとに頼朝の花押を編年順に並べて花押の変遷を辿って行くと、[23] 政権が安定するに従って花押が大形化しているのがわかる。それに比べ草創期の花押はやや小形であり、本文書の花押も小形の「島津家文書」（図版21・22）の袖判に近い形体であったであろうと考えるのであるが、実際には建久三年九月十二日付源頼朝袖判下文（「久米春男氏所蔵文書」、図版40）に近似した大形の花押である。

これらの疑問が解決されない限り、寿永二年当時のものとするのは難しい。ただ、当該文書が正文として頼朝期以降、有効に機能したであろうことを否定するものではない。

治承七年五月三日付源頼朝奥上署判下文（「光明寺文書」）　図版11　編年文書50

補任
　金目観音堂別当職事
　　大法師源信
右人、為令知行寺務、所補任如件、故下、
　　治承七年五月三日
前左兵衛佐源朝臣《マヽ》（花押）

大法師源信を金目観音堂の別当に補任した文書である。

頼朝は基本的に社寺の別当・供僧等の所職の補任は行なったが、補任状は発給しなかったと考えている。[24] 実際には遠隔地の京都六条若宮八幡宮の別当職については補任状を出しているが、[25] 膝下の東国の社寺に確実な補任状の残存例は皆無であり、そのことは所職の補任状を出さなかった事実を物語っているのではないだろうか。

次に奥上署判に「前左兵衛佐源朝臣」と楷書で記されている件についてである。

頼朝は平治元年十二月十四日に従五位下、右兵衛権佐に叙任、同月二十八日に解官、寿永二年十月九日に本位（従五位下）に復し、寿永三年三月二十七日正四位下、元暦二年四月二十七日に従二位に叙されている。(26) 諸史料を検証しても右兵衛(権)佐より左兵衛(権)佐に転じた形跡は見当たらないのである。右筆が頼朝の官途を誤るということがあり得るのであろうか、この点は大いに疑問である。正しい文書として利用するためには、これらの疑問を解決すべきであろう。

寿永二年十月十日付源頼朝奥上署判下文（「賀茂別雷神社文書」）　図版12　編年文書54

下　賀茂神主重保所

可令早且任　院宣状且依先例無相違致其沙汰当社御領等事

右、一天之下誰人不奉仰神明之験徳、四海之中何所可相背　皇化之叡旨、因茲、往昔奉免之地、其数繁多、而平家誇自権、蔑如皇憲之間、忽以滅亡、其間近日於当御神領者、任先例可令致其沙汰之由、雖被下院宣、不令承引之条、甚以不当也、於今者、早且任　院宣状、且依先例、□〔可〕致其□□〔沙汰〕之状如件、故下、

寿永二年十月十日

前左（マヽ）兵衛佐源朝□〔臣〕（花押）

この文書にはいくつかの疑問点がある。まず「下　賀茂神主重保所」とある充所である。頼朝の初期の下文は仮の充所であるべきと考えられるが、当該文書は直接受取人充となっており、疑問である。

ついで奥上署判が「前左兵衛佐源朝□〔臣〕」とある点である。「左兵衛佐」と楷書で書されており、頼朝の官途が異なっている。(27)

文書発給の年月日は「寿永二年十月十日」と記されている件についてであるが、図版で検証すると明らかなように「寿永二年十月十日」の文字は本文に比べて弱々しく、書体も異なっている。原本（正文）を観察すると年月日の書体の違いが際立って見えた。まったく別の時点で書き加えられたと考えられる。またこの日付についても、頼朝は勅勘を解かれ復官する寿永二年十月九日までは治承の年号を使用し、寿永の年号は使用しなかったと考えられる。とすれば復官した翌日に鎌倉よりこの下文に寿永の年号を付して発給したことになる。

頼朝の下文は概して文意を簡略化したものが多いが、本文書の文章はあまりにも冗長である。この下文の内容であれば、もう少し短い文章で表現できたのではないだろうか。

料紙について正文を詳細に検すると、繊維が粗く粗雑な奉書紙（楮紙）と思われた。頼朝文書の料紙としては粗末に見えた。

寿永二年十月十一日付源頼朝袖判下文案（「東大寺文書」）編年文書55

在御判

下伊賀国御家人等

可令早停止旁牢籠無相違安堵事

平保行

右件輩、殊依有忠令〔マヽ〕当家事、於今者停止旁牢籠、各所領無相違早可令安堵也、兼又同心之輩同可存此旨也、但為見参於令参事者、遼遠往反之間、定可有其煩者歟、仍九郎御曹司《(源義経)》令入給者、各可奉付之状、所仰如件、敢不可違失、以下、

寿永二年十月十一日

この文書については、安田元久氏が既に『日本初期封建制の基礎研究』において、「下」の下の形式的な充所「伊賀国御家人等」の「御家人」の使用法と、本文に書かれている「九郎御曹司」の使用法について次のように疑問を提示されている。(28)

宛所と本文で述べている内容との関係が明確でなく、宛名はむしろ「伊賀国住人等」となるべきで、また平保行を指して件輩といっているのか、御家人等のすべてを指しているのかも明瞭でない。そして九郎御曹司という敬称もいささか不自然である。形式・内容ともに疑わしいとすべきであろう。

安田氏の指摘の通りだと思う。頼朝が自身で発給した下文に「御家人」と敬称で表現するのは適切ではない。また本文に「所仰如件」とあるが、この文言は政所下文には多く用いられているが、信頼できる袖判下文にはこのような表現のものはない。

寿永三年正月日付源頼朝寄進状（『鏡』同年正月三日条）　編年文書59

奉寄御厨家

合一処

在武蔵国崎西・足立両郡内大河土御厨者

右件地元相伝家領也、而平家虜領天下之比、所神領也、而今新為　公私御禱、奉寄于豊受太神宮御領、所令勤仕

長日御幣毎年臨時祭等也、抑令権神主光親祈請天下泰平之処、依有感応、為殊祈禱所、可令知行也、但於地頭等者、不可有相違、仍為後代、寄文如件、以解、

寿永三年正月日

前右兵衛佐源朝臣

この文書を見てまず感じたことは、寄進状の本文としては冗長であることであった。

本文に「但於地頭等者、不可有相違」とあるが、地頭は何に対して相違があるべからずなのか意味不明であるし、また「地頭等者」については、頼朝が地頭職の設置を認められたのは翌年の文治元年であるので、この「地頭」をどのように解釈するのか、その点が問題として残る。

次に書止めの「以解」という文言である。崇敬篤い[29]伊勢神宮（豊受大神宮）に充てた寄進状であるから、解文（＝上申文書）形式の書止文言を用いたとも考えられるが、類例の少ない表現―文言―で、寄進状としては異例に属するものである。

寿永三年三月一日付源頼朝奥上署判下文（『鏡』同日条）　編年文書63

下　鎮西九国住人等

可早為鎌倉殿御家人且如本安堵且各引率追討平家賊徒事

右、彼国之輩皆悉引率、可追討朝敵之由、奉　院宣所仰也、〔下イアリ〕抑平家謀叛之間、去年追討使、東海道者遠江守義定（安田）朝臣、北陸道者左馬頭義仲（木曾）朝臣、為鎌倉殿御代官、両人上洛之処也、兼又義仲朝臣為平家和議、謀反之条、不慮之次第也、仍　院宣之上、加私勘〔当〕党、令追討彼義仲〔畢イ〕乎、然而平家令経廻四国之辺、動出浮近国之津泊、奪取人民

之物、狼唳不絶者也、於今者、云陸地、云海上、遣官兵、不日可令追討也者、鎮西九国住人等、且如本安堵、且皆引率彼国官兵等、〔宜イアリ〕承知、不日全勲功之賞矣、以下、

寿永三年三月一日

前右兵衛佐源朝臣

下文として様式は一応整っている。しかし、使用されている文言に若干の問題があると考えている。頼朝が自署して発給する下文に自身のことを「鎌倉殿」、その代官を「御代官」と呼称するであろうか。この点の他、当該文書は様式・文章共に遺漏があるようにはみえない。ただ、『鏡』が編纂されたのは、頼朝没後六十年以上が経っており、(30)文言を当時の用語に書き換えたとも考えられる。元暦元（二カ）年正月日付源頼朝下文（『鏡』元暦二年正月六日条、編年文書109）にも同じ様式で「鎌倉殿御家人」と同様の文言が使われている。両文書に共通する疑問点である。

「寿永三年」四月三日付源頼朝書下（「柏木貨一郎氏所蔵文書」）編年文書66

伊賀国五箇庄内鞆田村事

右件五箇庄者、為六条院領多歴年序之由、雖見文書、如寺解者、非無其謂、随又去年被成　院庁御下文畢云々、然者且為支大仏修複〔マヽ〕用途、寺家早可被致沙汰也、仍不能子細、無左右奉免如件、

「寿永三年」
四月三日　（花押）

この文書の正文は現在所在不明であるが、東京大学史料編纂所の影写本で正文の姿を窺うことができるので、それを頼りに考察を加えたい。

「下文」であれば年付を記すのが基本であり、「書下」であっても年付を記すのが通例である。本文書は年付がなく、「寿永三年」と付年号をしている。文書の様式から考察しても異例である。

日下の「(花押)」であるが、頼朝の花押の変遷から考察すると、[31] 寿永三年（元暦元年）頃の花押ではないと思われるが、拙編著の『源頼朝文書の研究』（編年文書66）では、この文書に「文治三年頃ノ文書ナラン、本文書、検討ノ要アリ」と按文を付記している。

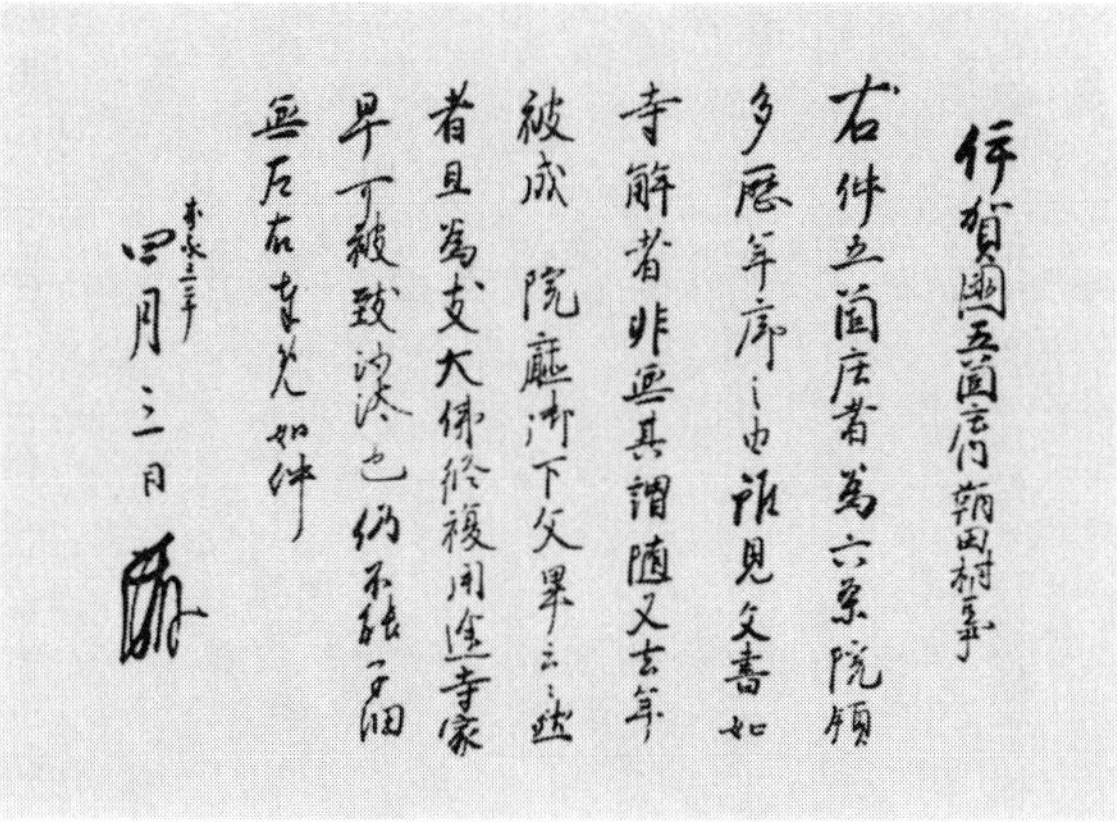
伊賀国五箇庄内鞆田村事
右件五箇庄者、為六条院領
多歴年序之由、所見文書如
寺解者、非無其謂、随又去年
被成　院廰御下文畢云々、然
者且為大仏修複用途、寺家
早可被致沙汰也、仍不能ニ面
無左右奉免如件
寿永三年
四月三日　（花押）

図２　源頼朝書下（「柏木貨一郎氏所蔵文書」）

また、本文（事実書）に「右件五箇庄者、為六条院領多歴年序之由」とあるが、東大寺と六条院（平家）との多年に及ぶ所領相論は五箇庄内の鞆田村（庄）であり、五箇庄全体ではない。その上、書止めの「無左右奉免如件」とある文言も気になる。「奉免」は「寄進」と同義語である。頼朝は五箇庄を大仏修復用途として、東大寺が早く沙汰するように申し入れてはいるが、寄進の行為は行なっていない。

最後に、東大寺関係の頼朝文書は現存し正文として確認できる文書の他に「右大将家御書案文」[32]等の案文・写として残るものと、「東大寺要録」[33]「東大寺雑集録」[34]「勅書並ニ諸文章之写」[35]等の記録類として残されたものなどによって東大寺に所蔵・保管されていた痕跡が認められるのであるが、当該文書は東大寺関係の史料にまったく見えないのである。当然これらの史料に載せられていてもよいのではないか。疑問の残る文書である。

寿永三年四月八日付源頼朝寄進状（「神護寺文書」）　図版46　編年文書69

寄進　　神護寺領事
　　在丹波国宇都庄壱処者
右件庄者、相伝之所領也、而殊為興隆仏法、限永代所寄進彼寺領也、田畠地利幷万雑公事、併以充伝法料畢、然
者更不可有他妨、仍寄進如件、
　　寿永三年四月八日
　　　　　　　　　　　　　　　　前右兵衛佐源朝臣（花押）

まず問題なのが、差出書の署名の位置である。日下の次行に署名・署判されている。通常、署名は奥上または日下になされるものであり、当該文書のような署名のあり方は他の頼朝文書にも例を見ないものである。また、花押も当時（寿永三年＝元暦元年）のものとはやや異なっていると思われる。(36)

「寿永三年」四月八日付源頼朝書状（「神護寺文書」）　図版75　編年文書70

（包紙）
「文覚聖人御房　　頼朝」
此庄者、相伝之所候、而日来平家知行之間、人領多△以押入候云々、頼朝か（マヽ）之時、又其定候ハヽ、平家之僻事を可
直之△儀にハ不候歟、然ゝ者ゝ人の歎も不便候、只如本々庄許ヲ、高雄ニハ御沙汰候へき也、人之煩△を不顧して、そのまゝ
にてハえ候ましきニ候と也、
　　四月一八日　　　　　　　　　　　　頼朝
「寿永三年」ゝ

△＝文字の訂正個所

この書状は寿永三年四月八日付源頼朝寄進状（図版46　編年文書69）の添状として出されたものであるが、正文として残存するので比較的検討する材料を提供してくれる。文書を一目見て文字の訂正が多いことに気づく。「多」「直」「人」「煩」と日付の「八」が最初に書いた文字の上に訂正の文字を加筆している。頼朝がこのように訂正を加えた添状をそのまま発給するのであろうか。

また、料紙の袖の部分に空白が多いのに対して、料紙の奥は文字が詰まって窮屈になり余裕がない。文書の書き方としては法に適った書法ではないように思われる。(37)

寿永三年四月十一日付源頼朝書下（「島津家文書」）図版78　編年文書71

平家没官領内
　京家地事
未致其沙汰、仍雖一所不充賜人也、武士面々致沙汰事、全不下知事、所詮可依　院御定也、於信兼領者、義経沙汰也、
　寿永三年四月十一日　　　頼朝（花押）

日付を欠くが、同文の文書が『鏡』元暦元年九月九日条に収載されている。当該文書の日付を信頼すれば『鏡』の記事はいわゆる編纂時の切り張りの誤りで、(38)約五ヵ月前の四月十一日条に記載されるべきことになる。しかし、それも理解に苦しむ。

この年の六月になると、伊勢・伊賀平氏に不穏な動きがみられるようになる。源義経は元暦元年八月十日に平信兼の子息兼衡・信衡・兼時の三人を殺害、(39)同十二日には京都を発ち平信兼を伊勢国において討伐している。(40)それを受け

ての「於信兼領者、義経沙汰也」であると思われる。当該文書の寿永三年（元暦元）四月十一日にはまだ信兼に関する事件は起きておらず、日付の記述は誤りといわざるを得ない。ただ、時間的な経過から考えると、『鏡』が九月九日条に収載しているのを、一概に編集時の誤りとはいえないような気がする。

当該文書は正文として残存しており、筆跡・花押共に当時のものではないように感じる。紙質（料紙）は楮紙であるが、経年による変化と汚れにより宿紙のようにみえる。元暦頃になると上質の楮紙を使用したようであるが、この文書は薄手の楮紙にみえ、当時の料紙とは違うのではないか。

ついでであるが、実質上義経充と考えられるこの文書が、なぜ「島津家文書」として保有されるようになったのであろうか。

寿永三年五月十八日付源頼朝袖判下文（「末吉家文書」）　図版13　編年文書81

（花押）

下　武庫庄小松并供御所等沙汰人所

補任下司并公文職事

源光清

右人、於彼職、任先例無相違可令知行之、随又給田十町（マヽ）、如本可引慕〔募〕之状、所仰如件、沙汰人等宜承知、不可違失、故下、

寿永三年五月十八日

この文書が袖判下文であることに疑問をもった。佐藤氏は「袖判下文の様式は現存する限りでは元暦元年（一一八

四）六月から文治五年（一一八九）までと、とんで建久三年（一一九二）九月のもの（松平基則所蔵文書）がある」と指摘されている。[41] 当該「末吉家文書」は元暦元年五月十八日付で、佐藤説より一ヵ月前の発給となる。

私自身は初期の袖判下文は頼朝にとって政治的な画期となる、壇ノ浦の合戦により平家が滅亡した元暦二年（文治元）二月以降に求めるべきであろうと考えている。ただ残存する袖判下文で信憑性の高い文書は、元暦二年六月十五日付源頼朝袖判下文からと考えている。[42] よって、治承七年正月二十八日付源頼朝袖判下文（編年文書43）の項で述べたように、二年六月以降と表現することにした。

次に文言の「随又給田十町」とあるが、子細に検してみると「一」が「十」に書き替えられていることが判明する。[43] 平家が一の谷の合戦で敗れたのが二月七日であり、約三ヵ月後の五月に源光清なる人物に、平家没官領と考えられる摂津国武庫庄の下司職・公文職の補任および給田一町（十町）を与えることができるのであろうか。仮に武庫庄小松が源光清の当知行地であったとしても、少し時期としては早すぎるのではないだろうか。

ついで本文最後の文章「所仰如件、沙汰人等宜承知、不可違失、故下」についてであるが、信頼のおける袖判下文に「所仰如件」の文言を持つ文書は残存しておらず、また、続いて記された「不可違失」の文言は、ほとんどが「勿違失」と記されることから異例の書法であり、この点も疑問である。最後に料紙について、実地に原本を検証した感想であるが、紙質は楮紙で繊維が粗く、確実な頼朝文書の料紙に比べて紙質が劣っていると感じた。

元暦元年七月二日付源頼朝袖判下文（「高野山文書宝簡集三十三」）　図版16　編年文書85

（花押）

下　紀伊国阿弖川庄

可早停止旁狼藉如旧為高野金□〔剛〕峯寺領事
右件庄者、大師〔空海〕御手印官符内庄也、□〔而〕今自寂楽寺致濫妨云々、事実者、不穏便事歟、御手印内、誰可成異論哉、
早停止彼妨、□〔如〕旧可為金剛峯寺領之状□□〔如件〕、以下、
　□〔元〕暦元年七月二日

「本文書、検討ノ要アリ」と按文を付した第一の理由は、袖判および筆跡がこの時期のものとして良いものであろうかという点である。(44)

元暦二年六月十五日付の源頼朝袖判下文（「島津家文書」の二通）を基準に頼朝の花押の変遷過程から考察すると、書止めの部分の変化にやや違いがあるのではないかと感じた点であり(45)、それにあまりにも書体（筆跡）が特徴的であり、このような筆跡の右筆が存在したのであろうかという疑問である。(46)

第二の疑問は、本文中の「□〔如〕旧可為金剛峯寺領之状」とある点である。この文書が発給された時期の阿弖川（河）庄の領主は円満院末寺寂楽寺であった(47)と考えられるのであるが、『清水町誌』が当該文書の解説で次のように述べている。(48)

　頼朝の高野山に対するこのような処置は、平氏追討という重要な状況にあって、伝統的勢力である高野山を敵にまわすことをさけるためにとられたものであろう。

寿永元年（一一八二）九月には、三井寺より従兄弟の円暁が鎌倉に下向し、鶴岡八幡宮寺の別当に迎えられている。このような状況下にあって政治的な判断であったにせよ、頼朝が一方的に寂楽寺（円満院）を差し置いて高野山側に安堵の行為を行なうものであろうか。また、頼朝の政治姿勢として、荘園領主間の相論には関与しないのを原則としていたのであるが、この場合のみ特別であったのであろうか。

嘉元二年（一三〇四）になると阿弖川庄は高野山の領有するところとなるが[49]、前記の考察から鑑みると高野山側が相論を有利に導くために偽作した可能性も捨てきれない。

元暦元年七月二十九日付源頼朝袖判下文（「香宗我部家伝証文」）図版17　編年文書88

（花押）

下

可早為鎌倉殿御家人安堵住所本宅事

中四郎秋家

右人、為御家人安堵本宅、可励忠節之状如件、以下、

元暦元年七月廿九日

充所が空白になっている。佐藤氏の研究によれば[50]、当該文書のような空白を持った下文は時期が下る―頼朝の時代より―と述べられている。実際、この文書以前・以後の確実な頼朝下文に充所が空白のものは残存していない。

次に、事書に「鎌倉殿御家人」とあるが、既に寿永二年十月十一日付源頼朝袖判下文案（編年文書55）の項で述べたごとく頼朝が自ら袖判を署した下文に、自身を「鎌倉殿」と称し、家人を「御家人」と頼朝の敬称としての「御」を付して表現するだろうか[51]。仮に右筆書きの文書であることを考慮に入れてもその表現は疑問とせざるを得ない。

また、袖の花押であるが、書止め部分が損傷しており、詳細に読み取れないが、わずかに残る墨跡から類推しても、他の確実な文書の花押に比べると、書出し、書止め部分はそれとは少し異なっており、それに花押の全体像もぎこちない感じがする[52]。

表1　現存する源頼朝文書の正文の法量（寸法）

No.	図版番号	文書名	年月日	法量(縦×横)	文書ノ所在(所蔵)	備考
1	12	奥上署判下文	寿永 2.10.10	30.1×49.5	賀茂別雷神社文書	検
2	13	袖判下文	寿永 3.5.18	29.8×50.7	末吉家文書	検
3	15	〃	元暦元.6.—	31.6×52.8	神護寺文書	検
4	16	〃	□暦元.7.2（元ヵ）	32.3×51.7	高野山文書（宝簡集三三）	検
5	17	〃	元暦元.7.29	26.8×41.4	香宗我部家伝証文	検
6	19	〃	元暦元.12.25	28.5×36.3	鹿島大禰宜家文書	検
7	21	〃	元暦 2.6.15	30.3×48.3	島津家文書（歴代亀鑑）	
8	22	〃	〃	30.4×52.1	〃	
9	23	〃	元暦 2.8.17	31.5×52.7	〃	
10	24	〃	元暦 2.8.21	32.6×55.4	鹿島神宮文書	検
11	25	〃	文治 2.1.8	30.6×53.4	島津家文書（歴代亀鑑）	
12	26	〃	文治 2.4.3	30.7×55.8	〃	
13	27	〃	文治 2.6.1	29.5×46.3	法勝寺文書	検
14	28	〃	文治 2.閏7.29	31.8×52.7	前田育徳会所蔵（武家手鑑）	検
15	29	〃	文治 2.8.3	33.8×55.3	島津家文書（歴代亀鑑）	
16	30	〃	文治 2.9.5	32.2×52.4	賀茂別雷神社文書	
17	31	〃	〃	33.0×51.4	〃	検
18	32	〃	〃	33.8×56.6	鳥居大路文書	検
19	33	〃	文治 3.5.3	31.2×54.5	島津家文書（歴代亀鑑）	
20	34	〃	文治 3.9.9	32.1×58.5	〃	
21	35	〃	文治 3.12.1	33.6×50.3	皆川文書	
22	36	〃	文治 5.2.9	30.0×42.8	島津家文書（歴代亀鑑）	検
23	37	〃	文治 5.2.30	30.1×50.6	東京大学史料編纂所々蔵	
24	38	〃	文治 5.4.7	32.4×52.7	保阪潤治氏旧蔵文書	

25	39	袖判下文	「建久２年」12.11	30.6×54.5	島津家文書	検，下文に非ず，書下
26	40	〃	建久 3.9.12	33.3×56.0	久米春男氏所蔵文書(松平基則氏旧蔵)	
27	43	寄進状	寿永 2.2.27	32.1×49.5	鶴岡八幡宮	検
28	44	〃	〃	32.1×47.9	〃	検
29	46	〃	寿永 3.4.8	31.1×51.2	神護寺文書	検
30	47	前右大将家政所下文	建久 2.2.21	30.0×50.8	下諏訪神社文書	検
31	48	〃	建久 3.6.2	34.5×41.0	松浦山代文書	検
32	49	将軍家政所下文	建久 3.8.22	28.6×54.2	茂木文書	検
33	50	〃	建久 3.9.12	33.6×54.0	山川光国所蔵（松平基則氏旧蔵）	
34	51	〃	建久 3.10.21	34.0×51.0	中条文書	
35	52	〃	〃	33.0×51.1	〃	
36	53	〃	建久 3.12.10	32.5×49.5	市河文書	
37	54	〃	建久 4.4.16	31.5×48.0	毛利家文書	
38	55	〃	建久 4.6.9	33.3×47.4	香宗我部家伝証文	検
39	56	前右大将家政所下文	建久 8.12.3	33.6×56.3	島津家文書（歴代亀鑑）	検
40	57	下知状	建久 6.6.15	31.9×54.3	高野山文書（宝簡集七）	検
41	62	袖判御教書	2.15	30.3×51.2	関戸守彦氏所蔵文書	
42	63	〃	5.29	28.2×46.7	本堂親利氏所蔵文書	検
43	65	袖判御教書	7.22	30.9×54.6	東京国立博物館所蔵文書	
44	70	御教書	7.10	31.9×50.5	島津家文書（歴代亀鑑）	
45	73	袖判書状	4.4	30.4×46.2	神護寺文書	
46	75	書状	「寿永３年」4.8	28.8×47.5	〃	検
47	76	〃	（文治２年ヵ）3.11	30.2×51.4	保阪潤治氏旧蔵文書	
48	77	〃	2.24	30.7×53.3	神護寺文書	検
49	80	書状礼紙書	（4.19）	30.3×51.5	保阪潤治氏旧蔵文書	

50	81	事書	（文治２年ヵ）	30.4×51.4	保阪潤治氏旧蔵文書	
51	83	書状	（文治２年ヵ）7.24	30.7×48.7	高野山文書（宝簡集二）	
52	84	〃	「文治２」8.1	（第１紙）30.5×50.7（礼紙）30.3×41.7	〃	検
53	88	〃	（元暦元年）11.3	31.6×47.8	島津家文書	検
54	91	〃	3.1	（第１紙）33.2×49.2（第２紙）33.2×49.5	尊経閣古文書纂（東福寺文書）	写しヵ
55	97	〃	（文治５年ヵ）7.11	32.6×54.8	保阪潤治氏旧蔵文書	

註（1）備考欄の「検」は図版に「検討ノ要アリ」と按文を付した文書である。
（2）写し，疑偽文書と思われるものには紙幅の表示を割愛した。
（3）御教書・書状の内，二紙，三紙の文書で，横幅を合算した数値を表示した場合，一紙の幅を正確に明示することが困難であるため，表記しなかった。

料紙は楮紙（奉書紙ヵ）で、寸法は縦二六・八センチ、横四一・四センチであるが、確実な頼朝の下文の料紙は、縦三〇・〇センチより三四・〇センチ前後、横四八・〇センチより五五・六センチ前後であり、(53) 当該文書の寸法に比べ縦幅・横幅共にかなり大き目で、この点からも疑問と言える。

元暦元年八月七日付源頼朝袖判下文（「田代文書」）　編年文書90

（端裏書）「しなかはの□めんの御くたし文」

（花押）

下　品河三郎所知

可早免除有限仏神事外品川郷雑公事事

右件雑事、有限仏神事外、所令免除也、広元（大江）令存也、

仍下知如件、以下、

元暦元年八月七日

現在、「田代文書」の正文を直接観察し精査する状況にはなく、東京大学史料編纂所の影写本によって正文の姿を

推し量るより他に術はない(54)。それによれば、袖判は一部破損しており、正確に他の文書の花押と比較し判断することは難しい。

ただ、筆跡についてはかなり正確に写し取られており、書体・書風について考察を加えるには有効となるが、その筆跡は粗雑で鎌倉初期のものとは考え難い。

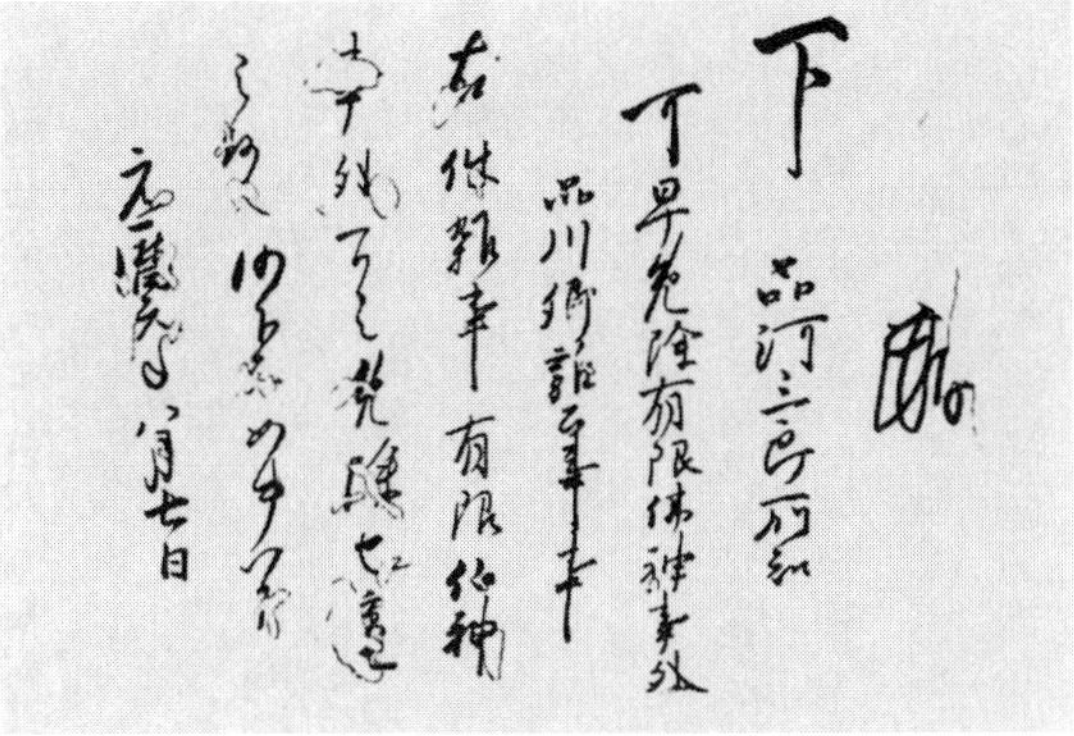

図3　源頼朝袖判下文（「田代文書」）

次の疑問は、充所「品河三郎所知」についてである。既に述べたように(55)、この文書が発給された時期に「下」の下の充所は形式的なもので直接受給者の氏名を記されることはなかったのである。この点も問題であろう。

また事書で、品川三郎の所領品川郷の雑公事の免除を行なうと記述しているが、本文でも再度同じような文言となっている。本来であれば雑公事免除の次第―経緯―が記述されるべきものではないだろうか。また「広元令存也」の文言は、下文の場合一紙で要件を満たす文章となすのが普通のあり方であるが、「広元が存じているから」では、理解に苦しむことになる。完結した文章にはならない。

次に書止めの文言に「下知如件、以下」とあるが、初期の頼朝の確実な袖判下文にこのような「下知」の文言を持つ例はない。

前記の疑問をもって「検討ノ要アリ」としたものである。

元暦元年九月十九日付源頼朝袖判下文（『鏡』同日条）　編年文書94

在御判

下　讃岐国御家人等

可早随橘公業下知向西海合戦事〔道イアリ〕

右国中輩、平家押領之時、無左右御方参交名折紙、令経御覧畢、尤奉公也、早随彼公業下知、可令致勲功忠之状如件、

元暦元年九月十九日

讃岐国御家人

注進　平家当国屋嶋落付御坐捨参源氏御方奉参京都候御家人交名事

藤大夫資光　同子息新大夫資重　同子息新大夫能資　藤次郎大夫重次

（以下、十名ノ武士ノ名前ヲ略ス）

右度々合戦、源氏御方参、京都候之由、為入鎌倉殿御見参、注進如件、

元暦元年五月日

この文書は『鏡』所載の下文の内で唯一袖判「在御判」を明示した文書であることを指摘しておきたい。安田元久氏は当該文書について、下文の場合の充所は「讃岐国御家人等」とするよりも、「讃岐国住人等」とするのがこの時代の用語として自然であるとし、形式的な充所の表現に疑問を呈し、讃岐国武士が御方に参じ、家人の列に加わる人々に対し、「御家人」の呼称を用いるのも疑問であると述べられている(56)。従うべき論である。『鏡』同日条の地の文では「彼国住人可随公業下知之由、今日所被仰下也」と表現されており、御家人の表記はな

されていない。また『鏡』編纂段階で文書の「住人」を当時一般的に使用されていた「御家人」に文言を書き換えたとも考えられるが、やはり疑問のある文書である。

（元暦元年）十一月三日付源頼朝書状（「島津家文書」）図版88　編年文書98

僧観覚申、河内国古市郡内壺井堂通法寺敷地同浮免等事、解状幷証文等案進之候、可然之様、可令計沙汰給候、
如此事、一切不可執申之由、雖相存候、且御功徳候之上、大切思給候者也、恐々謹言、
（元暦元年）十一月三日　（花押）
（平頼盛）池大納言殿

まずこの書状を一目見て感じたのは、筆跡があまり上手でないこと、また書体・筆法（運筆）にやや疑わしい点があることであった[57]。

次に注目すべきは充所に「池大納言殿」と記されている点である。

池大納言頼盛は元暦元年（一一八四）六月五日に正二位、権大納言に還任している。一方、頼朝は元暦元年三月二十七日に正四位下、元暦二年四月二十七日に平家追討賞として従二位に叙されている。平安時代の書札の文例集『雲州消息』『雑筆要集』、鎌倉時代の書札礼の書『消息耳底秘抄』[58]等に従えば、頼盛充の書状は地位相当の上所「進上」「謹上」を付すべきではないだろうか。

元暦元年十二月二十五日付源頼朝袖判下文（「鹿島大禰宜家文書」）図版19　編年文書101

（花押）

下　常陸国鹿嶋社司幷在庁官人等
　　可早為中臣親広沙汰令勤仕神事橘郷事
右件郷、任先例、於所当者、一向為神事用途、可令勤事《仕》神事也、且又任先例、可令停止地頭之妨之状如件、敢不
可違失、故下、
　　元暦元年十二月廿五日

この文書の原本（正文）を実見したのは最近のことで[59]、それまで写真で観察をしていたのであるが、原本を観察すると問題の多い文書ではないかと感じた。疑偽文書であるかどうかは別として、問題点・疑問点を挙げてみよう。まず、文書の袖の部位に署された花押―袖判―が稚拙で窮屈であること。また、本文の文言に最初「勤事」と書き、その文字の上に重ねて「勤仕」と書き改めている。文書全体の筆跡は粗雑に見えた[60]。次に料紙の寸法が縦二八・五センチ、横三六・三センチと横幅が狭い料紙[61]であるとともに、紙質は質素な楮紙で当時の紙には見えなかった。

さらに、本文の文言についてであるが、「可令停止地頭之妨」とある。これでは元暦元年（一一八四）十二月二十五日当時、常陸国橘郷に地頭が存在したことになる。しかし東国で元暦元年に地頭職が設置された証明はなされていないのではないだろうか。

元暦二年六月五日付源頼朝寄進状（『鏡』同日条）　編年文書124

奉寄　八幡宮神領壱処〔所イ〕
　在阿波国三野田保者

右件保〔者イアリ〕、所奉寄当宮神領也、早為少別当任賢沙汰、知行保務、為祈禱、以所当物、可令充神事用途之状、奉寄如件、

元暦二年六月五日

前右兵衛佐源朝臣頼朝

石清水八幡宮への神領寄進状で、(62)特に遺漏はないようであるが、一ヵ所だけ気になる所がある。日下の署名「前右兵衛佐源朝臣頼朝」の「頼朝」の署名である。寄進状・下文の奥上署名、日下署名は全て『鏡』に収載する場合、「前右兵衛佐源朝臣」「正四位下源朝臣」「正四位下前右兵衛佐源朝臣」と署名されており、「頼朝」の署名は記載されていないのであり、この文書のみにこのような署名のあり方は不審であり、疑問である。

「元暦二」六月八日付源頼朝袖判御教書案（「多田院文書」）編年文書128

重仰

大夫判官（源義経）沙汰にてしらせ給所知とも、いまハしらせ給まし、これより人にたひ候はんするに、たゝと申ハ京にも近国にもきこへたるところにて候へハ、かまへてよく〳〵さたしゐさせ給へし、又京なとにも、わかたいくわんにあらんと候はゝ名国司なとに申なすへし、所せんなきことなとし給ひたりとも、たゝいまのことくハきゝ申さす、あなかしこ〳〵、

右大将家
在御判

たゝ（行綱）のくら人ハきくわいによて、かんたうつかまつりたるなり、されハたゝをハあつけ申なり、くたし文たてまつる、とくしり給へし、たゝしかた〳〵沙汰せんことハ、しつかにせん例をたつねてさたあるへし、さてはたゝのくら人かしたしきものなとをハ、ないとおしくしたまいそ、さふらいともをは、いとおしくして、もと

のやうにつかい給へし、たゝのくら人かおとゝにてあるものにけのほりたるなり、きくわいの事なり、かんたうせんするなり、さそむしたまふへし、あなかしこ〳〵、

元暦二
六月八日　　　　広元(大江)奉
大内殿(惟義)

石井進氏は「源頼朝の文書三通をめぐって」において、当該文書と編年文書130・202について次のように述べられている。

> 大江広元や中原親能が頼朝の仰せを奉じ、袖に頼朝が花押を加える形式をとっており、袖判の前に追而書が来ている点を除けば、古文書の形式上、どれも決定的難点はないようである。[63]

基本的には石井氏の説に従ってよいのではないかと考えている。ただ、次に示すような疑問があることを述べておきたい。

それは、「重仰」の文言である。頼朝の書状・御教書・言上状の中で、この文書のように袖の部分に書かれた追而書に「重仰」の文言を持つ文書は存在しない。礼紙書には「重仰」の他に、「逐言上」「追言上」「私啓」等の文言を持つ文書が現在十三通残存している。[64]しかし、それらの文言は追而書には使用されていないのである。この御教書案は書写上の都合で礼紙書を袖に移したと考えるのが妥当ではないだろうか。また、袖の部分に追而書の一四八字を書き込むことは難しいのではないだろうか。いずれにしても正文（原本）の姿を正しく伝えていないのではないだろうか。

かつまた追而書の書止めが「あなかしこ〳〵」とあるが、この文言が「恐れ慎しむ気持を表わす[65]」の意で書かれたとすれば、充所の大内惟義は源氏の一族といえども頼朝の家人である。書止めの文言としては鄭重すぎ、やや不適切

ではないだろうか。

「元暦二」六月十日付源頼朝袖判御教書案（「多田院文書」）　編年文書130

なを〱かまへて〱あひねうして京におはしますへく候、くに〻てもた〻はかりのそちは、よにまうけさ
せ給ましきよし御意候也、
　右大将家
　在御判
いまはとうくたらせ給へきよし、おほせられて候へとも、た〻の事をうけ給はらせ給候なれは、さやうの事よく
〱さたししつめさせ給て、かさねておほせにしたかひたまうてくたらせ給へきよし、おほせ事候也、た〻のく（行綱）
ら人のたいふのひき人にてひけもなきやうにて、よろつこの所の家人ともおも、いまは御家人としてあんとせさ
せ給て、かん院たいりの大番おせさせ給へ候へし、あなかしく〱、
これよりくたらせ給へと候はさらんに御下向候ましきよし候也、そのこ〻ろをゐておハしますへし、
　元暦二
　六月十日　（中原）親能
（惟義）大内殿

石井進氏は「袖判の前に追而書が来ている点」が疑問と述べられているが[66]、追而書、袖判、本文の順の形式の袖判御教書（東京国立博物館所蔵、図版65）が残存している。当該文書にはやや疑問点もあるが（後述）、必ずしも異例の文書とは言えないのではないだろうか。問題なのはむしろ追而書の文字数が多いことである。平安・鎌倉期の書札礼では、袖の部分を二・三行分を空けて本文を書き出すのを定法としているのであり[67]、当時の書状類はほとんどこの礼法に適っている。東京国立博物館所蔵の袖判御教書の追而書は四十二字であるが、袖の部分は窮屈になり、頼朝が花

押を署す空間がほとんどないような状況になっている。当該文書の追而書は五十七字が袖の部分に書かれ、頼朝の袖判を署す余白があるのであろうか。疑問を感じる。

次に、御教書の奉者が中原親能であることについて、親能が奉者として執筆した痕跡があるのは、頼朝文書中で当該文書の他に、次に示す元暦二年二月日付源頼朝下知状案(68)の二例のみである。

（端裏書）
「鎌倉殿御下知案文」

下　豊前国大名在庁等所

　可早任下知存知其旨　宇佐宮神官海三大夫成忠身事

右人者、鎌倉殿年来之御家人也、至于彼子息伴類等、不可煩、若又有申触事者、各不可見放者、依鎌倉殿仰、下知如件、

　　元暦二年二月日

　　　　　　　　　　斎院次官藤原朝臣在御判

頼朝の時期にこのような下文様式の下知状は発給されておらず、また「鎌倉殿年来之御家人」の文言の使用は不自然である。また下文とすれば奉者が署判をなすことはあり得ないことであり、既に安田元久氏・瀬野精一郎氏が指摘されているようにこの文書は偽文書と考えられる(69)。とすれば、当該文書の御教書のみが親能が奉者として執筆した唯一の文書となる。しかし、『鏡』の記事中に中原親能が頼朝の意を奉じて執筆（右筆）した例（記事）も皆無であり、これらの事実から勘案して若干の疑問を呈した。

元暦二年八月二十一日付源頼朝袖判下文（「鹿島神宮文書」）　図版24　編年文書139

（花押）

下　常陸国鹿嶋社司幷在庁官人□〔等〕

可早停止地頭妨為中臣親広沙汰勤仕神事橘郷事

右件郷、任先例令停止地頭之妨、一□〔向カ〕可令勤行神事之由、先日成下文畢、而下河辺四郎政義依令補南□〔郡〕地頭、号郡内張行之間、指無由緒、追□百姓妻子等、可随地頭之進止之由、□〔取カ〕起請畢云々、所行之旨、神慮有恐事□、早任先例令停止地頭之妨、一向可令勤□〔行カ〕神事之状如件、以下、

元暦二年八月廿一日

この文書で最も気になるのは「地頭」の文言である。

文治の勅許以前の元暦二年八月二十一日に東国の常陸国において「地頭」の文言が使われている。この常陸国南郡地頭職は前年の元暦元年に下河辺政義が志田義広追討の功として補任されたとある。『鏡』同年四月二十三日条収載の源頼朝御教書に、「而南郡国役責勘之間、云地頭得分、云代官経廻、於事不合期之由」「地頭職所当官物、無対捍儀者」と「地頭」「地頭職」の文言が使用されている。(70)『鏡』収載の文書の場合、編纂の過程で原本の御教書に記載されていた何らかの所職を、(71)当時多くの御家人が所帯していた「地頭職」の文言に置き換えた可能性は否定できない。したがって、原本の文章、文言を正確に伝えているかは疑問である。

そこで当該文書であるが、本文の書出しに「右件郷、任先例令停止地頭之妨、一□〔向カ〕可令勤行神事之由」とある文言が、後半に「早任先例令停止地頭之妨、一向可令勤□〔行カ〕神事之状如件」と再度ほぼ同文でくり返されている。文章も練れていないし、全体の筆跡も乱雑で、頼朝の右筆の手にかかった文書とは考え難い。

頼朝は挙兵以来、没官領・謀叛人跡等に恩賞としてそのまま従来の所職（下司職・預所職等）を与えていたと思わ

れるが、本文書をもって文治勅許以前に東国において地頭が存在したという証にはならないと考える。

文治元年十二月六日付源頼朝下文案（「諫早家系事蹟集二」）編年文書141

下　肥前国御家人龍造寺季家所
右、平家背朝威、零落之時、鎮西輩大略雖相従、季家等、不与彼凶賊、所致忠功、神妙也、仍季家任相伝之由緒、可為龍造寺村地頭職、於有限年貢所当者、用本所之下知、如先例不可有懈怠、向後為御家人、可抽忠勤之旨、依
鎌倉殿仰、執達如件、
　　文治元年十二月六日　　　　盛《（平）》時奉

この文書は牧健二氏の本領安堵に関する論考で、その論拠となる文書の一通であるが[72]、いくつか疑問点があるので、少し述べてみたい。

まず充所が「肥前国御家人龍造寺季家所」とある点である。

当該文書が発給された文治元年（一一八五）当時は、仮の充所にするのが主流であり[73]、このように受給者の氏名を記すのは少し時期が早いのではないだろうか。また頼朝は自身の家人を「御家人」と呼称するであろうか。

次に下文の場合「下」の次行に必ず事書を記すのが一般的であるが、この下文はそれを欠いており、頼朝の下文で事書を欠く正しい文書は存在しない。また「依鎌倉殿仰、執達如件」とある書止文言は通常御教書に用いられるもので、下文には用いられていない。

ついで日下に「盛時奉」とあり、奉者名が記されているが、下文には奉者を記さないのが通常の様式である。

瀬野精一郎氏は龍造寺季家は文治年間には藤原季家を号し、龍造寺を称していないこと、御家人と称しているなど

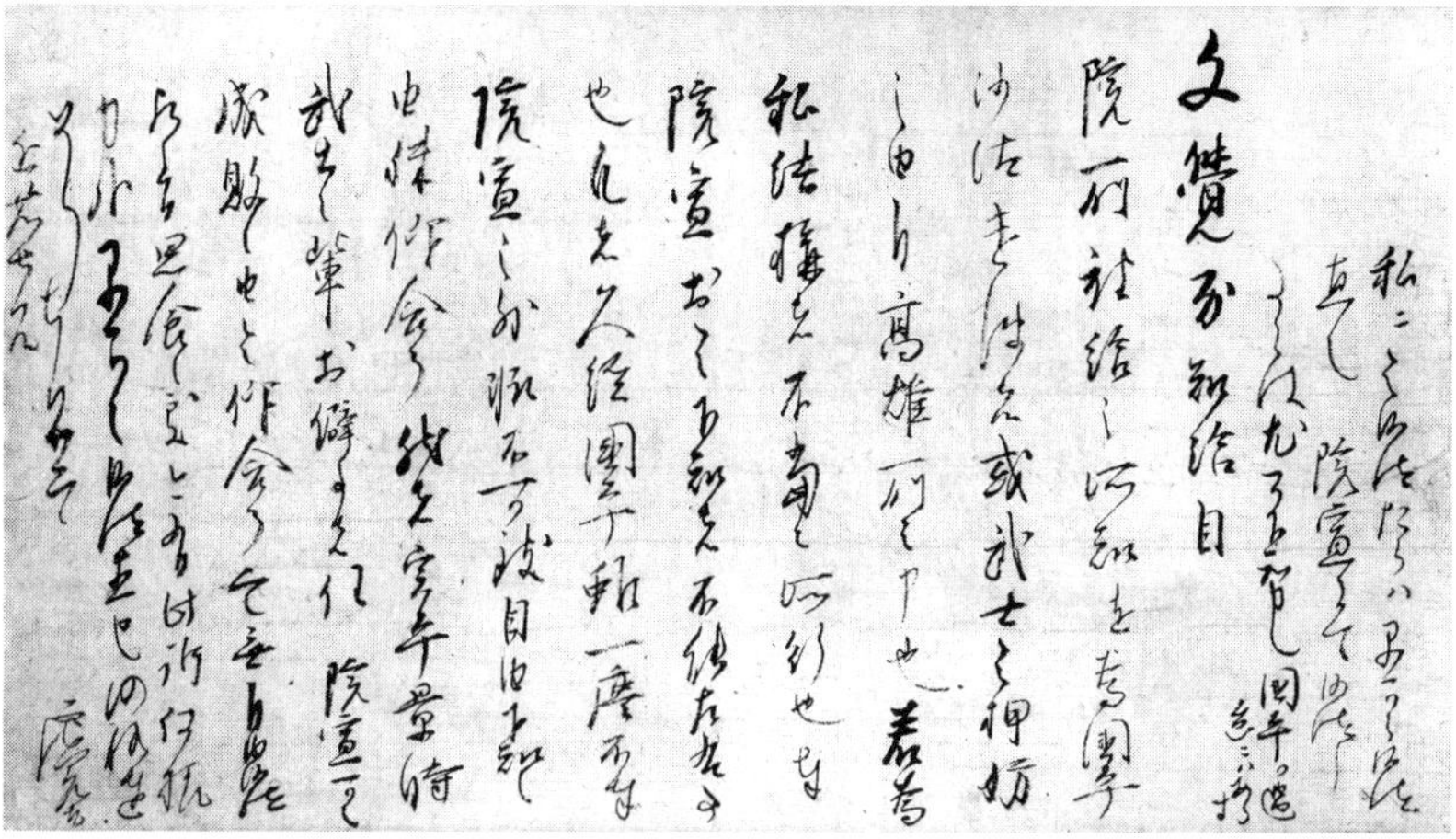

図4　源頼朝袖判御教書（「東京国立博物館所蔵文書」）

後世の偽作と思われることを述べられている。[74] やはり問題の多い文書である。仮に龍造寺村が季家の当知行地であったとしても、文治元年十二月段階での季家の地頭職は疑問といえる。

（元暦二年ヵ）七月二十二日付源頼朝袖判御教書（「東京国立博物館所蔵文書」）　図版65　編年文書177

私ニ令沙汰たらハ、早可令沙汰直也、　院宣にて沙汰したらは、尤可下知申候、国平か過怠ニハあらす、

（花押）

文覚房知給自

院（後白河法皇）所被給之所知を、為国平（近藤）沙汰遣使者、或武士令押妨之由、自高雄所令申也、若為私結構者、不当之所行也、奉　院宣於令下知者、不能左右事也、凡者久経（中原）・国平雖一塵不奉　院宣之外、輙不可致自由下知之由、殊仰含了、然者実平（土肥）・景時（梶原）武士之輩於僻事者、任　院宣可令成敗之由、令仰含了、定無自由沙汰歟之旨、思食之処、今有此訴、何様事哉、早可令沙汰直也、仍執達如件、

（元暦二年ヵ）七月廿二日　　広元（大江）奉

近藤七（国平）殿

当該文書には「検討ノ要アリ」と按文を付しておいた文書であるが、[75] その疑問の根拠の第一は文書の袖の部分に「□（花押）」とした点にある。この文書に目を凝らして見てみると、微かに花押の跡らしきものが目に映ってくる。原本の調査を行なうと写真より確実に頼朝の花押らしき形跡を目にすることができた。この時点で花押が摺り消されていることを確信し、拙編においては「□（花押）」と明示しておいた。ところがその後、東京大学史料編纂所の写本、「諸家文書」に当該文書の写しがあることに気づいた。[76] 写本では袖の部分—摺り消しの場所—に花押（図A）が署されており、その他は正文とまったく同一であった。何故に花押を摺り消したのかが疑問とした点である。ところで、その袖判であるが、花押の形状は「文治二年」四月三十日付源頼朝書状に近いように見えるが、花押の線の中間に至る部分がやや異なるように見える。花押の形状は図Bより小形であるが、寸法に問題はないように思われる。[77]

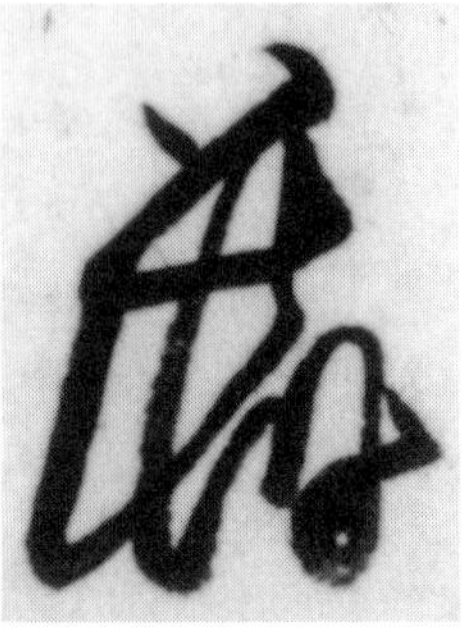
A「諸家文書」

B「反町英作氏所蔵文書」

図5　源頼朝の袖判

花押の形がやや異なる点については、本文書が臨写された時期が明治十九年で、いまだ正確な影写に力点が置かれるようなことが少ない時代であり、花押まで正確に写し取られたのかどうかは明らかではないが、「写し」を観察した所見は前記の通りである。

本文の後半があまりにも尻すぼまりで充所の空間が狭く、広元がこのような書様をなすのであろうかという疑問をもった。

「文治二年」八月一日付源頼朝書状（「高野山文書宝簡集二」）図版84　編年文書182

閏七月九日御教書、同廿八日到来候、謹令拝見候了、備後国大田庄事、実平（土肥）請文給見候了、任被仰下候之旨、早
可令下知遠平（土肥）候也、以此旨可令披露給候、頼朝恐々謹言、

「文治二年」
八月一日　　　頼朝（花押）

（礼紙）
「逐言上
背　院宣候之条、返々奇恠候、態差専使、可令下知候者也、重恐々謹言、」

現時点で本文書の本文・文言について特に疑問を呈するものではない。ただ、文字一字一字の線が細く、また筆跡が全体に弱々しく写しではないかと感じた（次頁図版参照）。また花押の形体は文治二年前半のものに近似しているが、筆順がやや異なっている。(78)

文治二年八月九日付源頼朝下文案（「諫早家系事蹟集一」）編年文書186

下　肥前国小津東郷内龍造寺村田畠住人
可早以藤原季家（龍造寺）為地頭事
右件所者、藤原季家依相伝之由緒、給府宣令沙汰之処、為神埼郡住人海六大夫重実被妨之云云、爰季家者、不属
平家謀反、仰朝威致忠勤畢、重実者、為平家方人、益企謀反、已重科也、就中不入鎌倉殿見参之条、是則心中猶

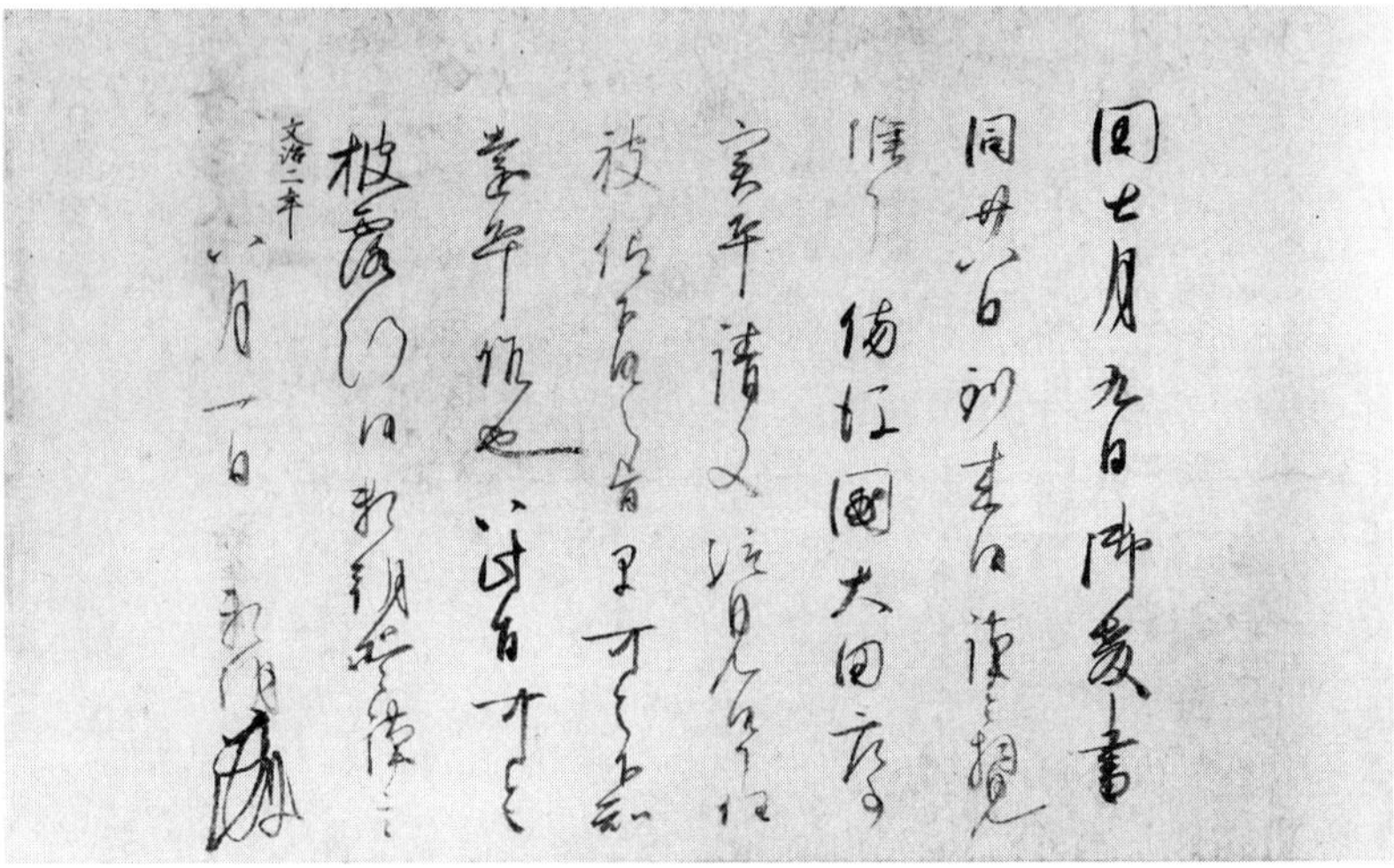

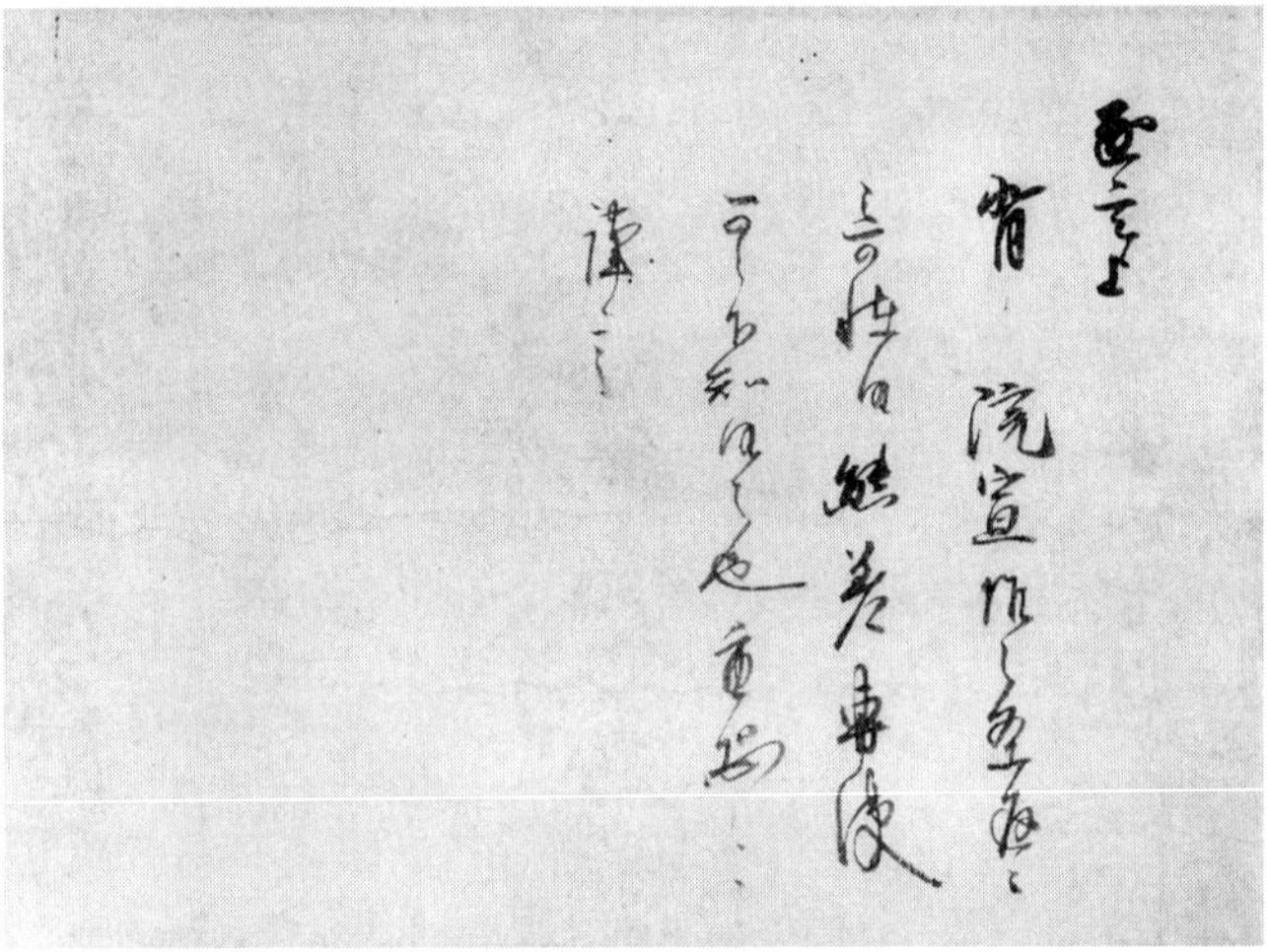

図6　源頼朝書状（「高野山文書」宝簡集二，金剛峯寺所蔵）

思平家逆徒事故歟、結構之旨甚以奇怪也、然者永停止重実之妨、以季家可令為地頭職、但於有限年貢所当者、用
本所之下知、任先例可致其勤之状如件、以下、

文治二年八月九日　　「御判《(附箋)》」

藤原季家と海六大夫重実の小津東郷内龍造寺村をめぐる相論により、季家を龍造寺村の地頭として安堵した下文と解釈される。ただ、幕府初期の文治二年八月の時点でたとえ相伝の由緒があったとしても、遠隔地の肥前国小津東郷内龍造寺村田畠の地頭職を補任（安堵）することができたのであろうか。(79)

また「鎌倉殿」とある点についての疑問は、寿永三年三月一日付源頼朝奥上署判下文の項で述べたので(80)、この項では特に付け加えることはない。

次に日付の下に附箋「御判」とある点である。頼朝の下文の場合、署名は奥上署判または袖判であり、日下に署判がなされた信憑性の高い下文の類例は皆無である。この点も疑問である。

文治二年九月五日付源頼朝袖判下文（「賀茂別雷神社文書」）　図版31　編年文書191

（花押）

下　丹波国由良庄

可令早停止義時《(北条)》知行勤仕神役事

右件庄者、賀茂別雷社領也、而依義時之知行、有限之神役及闕怠之旨、以社家之申状、自院《(後白河法皇)》所被仰下也、早停
止義時之知行、可令勤仕神役之状如件、以下、

文治二年九月五日

当該文書については原本を数回調査する機会に恵まれた。特に様式、文章・文言、料紙の法量に疑問を持つことはなかったが、ただ料紙が薄いように感じたことと、筆跡は抑揚に少し欠け平面的ではないかと思った。この文書は成巻されている。年月を経るに従って数回の装幀を繰り返したと考えられ、結果として料紙は薄くなるとともに墨色も薄れて来たと解釈することも可能であろうが、前記のような疑問を感じたことを述べておく。

文治二年九月五日付源頼朝袖判下文（「鳥居大路文書」）図版32　編年文書192

（花押）
下　播磨国安志庄室御厨　―林田庄
可令早停止旁武士狼藉勤仕神役事
右件庄々御厨者、賀茂別雷社領也、而近日依面々武士等之狼藉、有限之神役及闕怠之旨、以社家之申状、自
院（後白河法皇）所被仰下也、於自今以後者、早停止彼等之妨、可令勤仕神役、若又有武士之押領外之狼藉、直可令経　奏聞
之状如件、以下、
文治二年九月五日

賀茂別雷神社の社家鳥居大路家に伝来した文書であるが、少しだけ問題点に触れておく。

主要な疑問点は袖判についてである。目を凝らして花押（図(1)）を見てみると筆順が正しい文書の花押[81]（図(2)）と異なっている。

また「下　播磨国安志庄室御厨　―林田庄」とあるが、「―」（音引）の意味が不明であり疑問である。

(1)「鳥居大路文書」

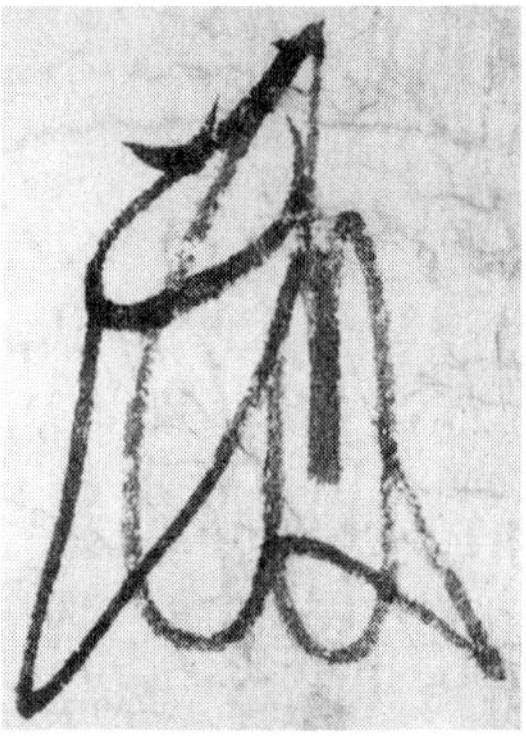

(2)「島津家文書」

図７　源頼朝花押

「文治三年」八月七日付源頼朝書状案（「宗像神社文書」）編年文書217

校正了
宗像社事、故盛俊（平）之知行也、可令没官之条勿論候歟、雖須令下地頭候、依仰令止其儀候畢、且氏実重代人仁候、如本可令安堵候也、道理候波牟事波雖不申候、依御計尤御裁許可候歟、以此旨可令披露給候、恐々謹言、
文治三年
八月七日　　頼朝在裏御判

平家没官領宗像社に対する地頭職補任に関わる要件を述べた書状である。充所は記されていないが、「依御計尤御裁許可候歟、以此旨可令披露給候」と披露状の文言を用いているところから、形式的には当時朝廷と関東との執奏・伝達に携わっていた吉田経房充であり[82]、実質上は後白河法皇に充てたものである。

この書状は朝廷で保管されていたものであったが、懸案の当事者である宗像社に渡されたと考えられる[83]。

この文書に疑問を持ったのは本文中の「道理候波牟事波」とある箇所である。頼朝文書中の書状・奏状・言上状等を点検しても、文章中に万葉仮名を用いた例はなく、異例と言わざるを得ない。ただ案文であるので、書写中にこのような万葉仮名が竄入した可能性が高いと考えるが、当該文書をそのまま評価するとすればやや疑問が残る。

「文治三年」十一月九日付源頼朝書状（「遠山記念館所蔵文書」）　図版95　編年文書229

斎宮寮東国納物注文遣之、此注文ハ即自寮所進也、仍沙汰進せんと思食之処、済例不分明、且ハ政所ニ済物抄帳雖有、一々ニ不分明之間、差飛脚て所仰遣也、此注文色目一々分明ニ済例ヲ任先例て可令勘申給也、又此中見色にて可有物ヲも、即見色とも子細分明ニ可令注申給也、忩々可令申給之由、仰事候也、仍以執啓如件、

「文治三年」
十一月九日　（花押）

山城《（久兼）》介殿

原本（正文）を一見して感じたのは、筆が走っていると思ったことである。今まで見てきた頼朝文書にない書風である。また、本文中に「政所」とあるが、付年号の文治三年が正しいとすれば、従来の前右大将家政所開設の建久二年説からすると疑問である。政所はそれ以前から置かれていたとする説もあり[84]、検討を要する点である。

次に充所は上所がなく「山城《（久兼）》介殿」となっている点については御家人であるから然るべきであると考えるが、書止文言の「仍以執啓如件」について問題がある。久兼は文治二年三月に「伊勢国神領顛倒奉行等事」で使節として上洛しており[85]、以降幕府の吏僚として伊勢国に関わる案件に関与しており、本文（事実書）との齟齬はない。しかしこの久兼は頼朝の御家人である。仮に『吾妻鏡人名総覧』を参考にし、「山城介に補任され、従五位下に叙爵されている」[86]としても、彼の官位から書止文言は「……状如件」で然るべきであり、「執啓如件」では頼朝の書状としては過重な書止めの表現ではないだろうか[87]。

最後に日下の花押（図Ⅰ）についてである。書止めの図③の部分が①より伸びて②に至る線を越えて内側に伸びている。基準となる頼朝文書の花押（図Ⅱ）にこのような書止め③の部分が内側に伸びる例は見られない。

見事な書風の書状に見えるが、前記のような問題を含んでいるのである。

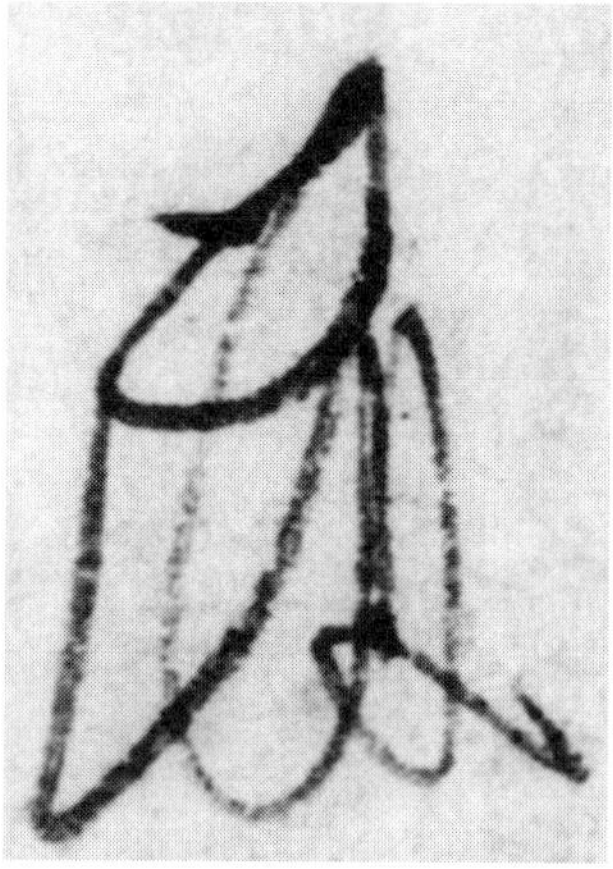

Ⅰ「遠山記念館所蔵文書」

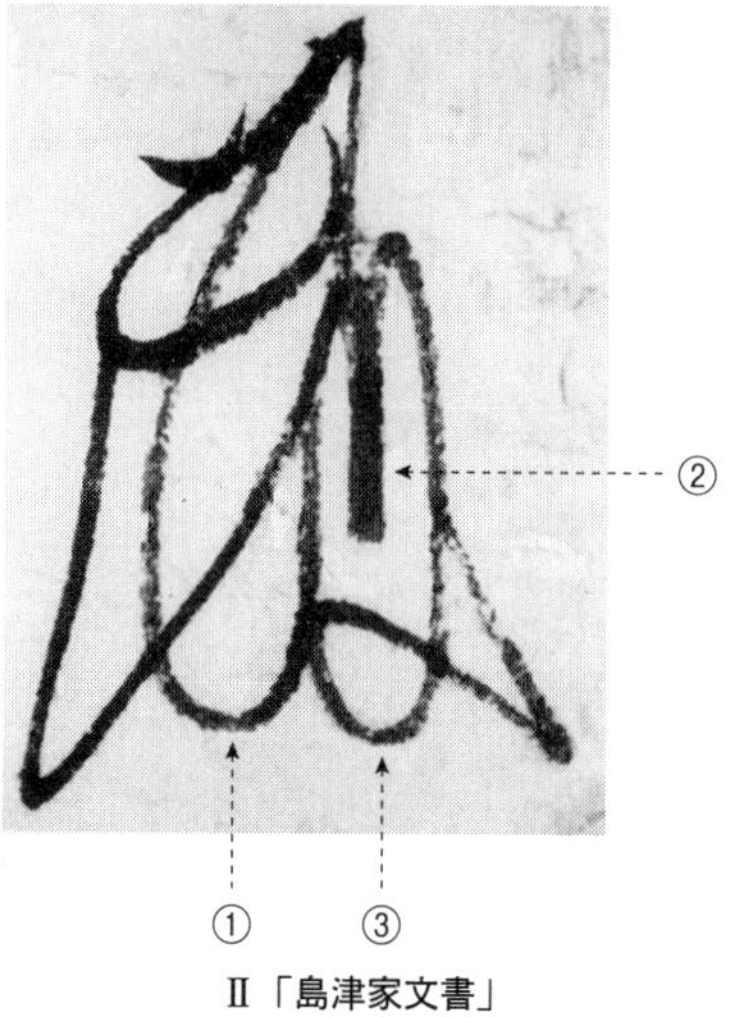

Ⅱ「島津家文書」

図8　源頼朝花押

文治五年二月九日付源頼朝袖判下文（「島津家文書」）図版36　編年文書241

（花押）

下　嶋津庄地頭忠久（島津）

可令早召進庄官等事

右件庄官之中、足武器之輩、帯兵杖、来七月十日以前、可参着関東也、且為入見参、各可存忠節之状如件、

文治五年二月九日

この文書は正文として現存するもので、原本を観察すると他の信頼できる「島津家文書」中の正文の花押に比べても、袖判の線が細く筆勢を感じられない点に疑問を感じた。

また料紙の横幅が四二センチと、この時期の下文の料紙が五〇センチから五六センチ前後であったのに対し、やや狭小なのではないだろうか。また、「手鑑」への装幀の際に料紙の左右を裁断したとしても、紙幅の狭さは否めない。

文治六年四月十八日付源頼朝下文（『鏡』建久元年四月十八日条）　編年文書271

下　美濃国犬丸・菊松・高田郷地頭等
右、犬丸・菊松地頭字美濃道上（尼イ）・高田郷地頭保房等、如私領知行、不致所当以下勤之由、依在庁訴申、自院（後白河法皇）被仰下、可改
仍可致勤之由、度々下知、猶以対捍之間、重所被仰下也、然者度々院宣其恐不少、於今者、件両人地頭職、可改
補他人也、早可退出郷内之状如件、以下、
文治六年四月十八日

下文の場合「下　美濃国犬丸・菊松・高田郷地頭等」の次行に事書が書かれるのが本来の様式であるが、当該文書にはそれが欠けており、下文としての要件を欠くもので、問題点として指摘しておきたい。

建久二年二月二十一日付前右大将家政所下文（「下諏訪神社文書」）　図版47　編年文書294

前右大将家政所下　捧紀五近永
可早弁済陬方下宮神領塩尻西条所当物事

副下御下文

右所当、称作田不作之由、乍耕作田数、近年不弁済所当之由、祝四郎大夫盛次所訴申也、事実者、甚不当也、慥可弁済也、兼又令追補百（マヽ）姓等、捜取資財物、居住郷内盛次所従男女十七人、寄事於左右搦取之由訴申、事実者、早可糺返之状如件、以下、

建久二年二月廿一日　　　　案主藤井（後長）（花押）

令主計允藤原（行政）（花押）　　　　知家事中原（光家）（花押）

別当前□□□□（因幡守中）原朝□（臣）（広元）　　　　掃部允惟宗（花押）

藤　原

鎌倉幕府発給の政所下文で、最も早い時期の文書として注目されている前右大将家政所下文である。

この文書は、充所に「捧紀五近永」と直接の受給者が記されている。充所は形式的（仮の）充所とするのが初期の政所下文では通例である。確実な政所下文は「相摸国南深沢住人」[88]「信濃国高井郡内中野西条幷檜山住人」[89]と全て仮の充所となっている。[90]この点がまず疑問に思えた。

次に、政所の家司についてである。『鏡』建久二年正月十五日条の政所吉書始の記事には次のごとく記されている。

政所

別当

前因幡守平（中原）朝臣広元

令

主計允藤原朝臣行政

案主
藤井俊長鎌田新藤次
知家事
中原光家岩手小中太

政所の下家司は藤井俊長と中原光家の二名である。「掃部允惟宗」「藤原」なる人物は『鏡』でも確認できない。残存する政所下文を検証しても、建久三年中の下家司は藤井俊長と中原光家の二名であった。文書全体をみても同筆で、後人の追筆はないようである。疑問が残るところである。

さらに筆跡であるが、他の政所下文に比べて品格の低い粗雑なものであり、頼朝の右筆の筆跡とは考え難い。

また、事書の次行に「副下御下文」とある「御下文」は頼朝袖判下文と考えられるが、しかし『鏡』建久二年正月十五日条によれば、吉書始において従前に発給した恩沢の袖判下文を召し返し、「家御下文」―政所下文―に改める旨を定めている。つまり、政所設置以降袖判下文は発給しないことを定めたと解釈できるであろう。とすれば、「副下御下文」をどのように解釈すればよいのであろうか、疑問である。なお、残存する源頼朝文書を検証しても、建久二年以降幕府の有力御家人に政所下文に任せて所々の地頭職を領掌すべきの旨の袖判下文を政所下文に添えて下した例はあるが(91)、その他の要件による袖判下文の発給の例はない。

そして、本文についてである。初期の政所下文を召し返した下文の主旨に従った地頭職の補任・安堵が主な内容の文書がほとんどであり、武士の狼藉等の停止を命じるような政所下文は見当たらない(92)。この点も問題と言えよう。

最後に、料紙についても若干の疑問を感じた。紙質は楮紙―奉書紙ヵ―であるが経年による劣化が見られ、正確ではないが頼朝の料紙とは異なる紙ではないかと思った。

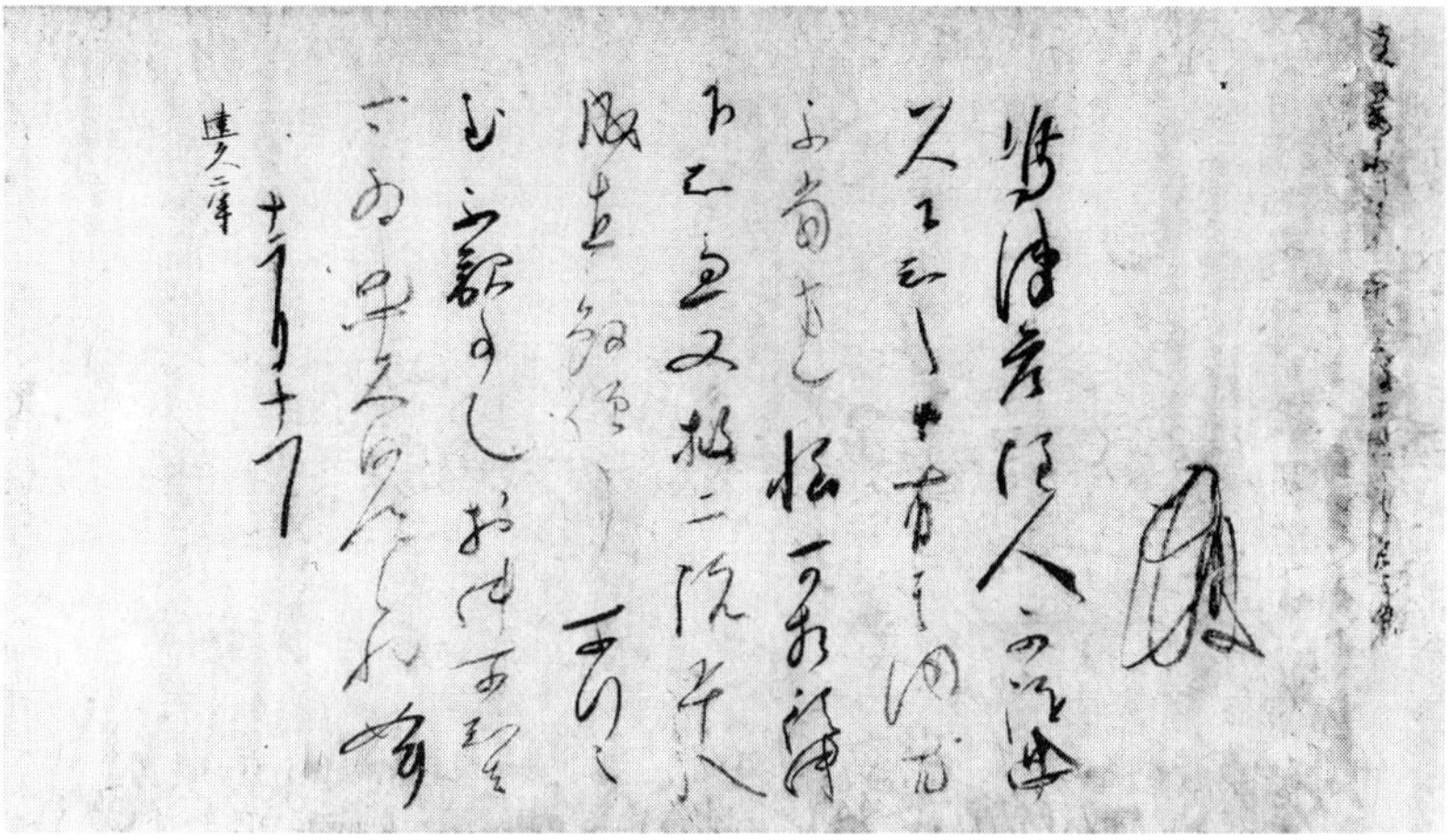

図9　源頼朝袖判下文（「島津家文書」，東京大学史料編纂所所蔵）

「建久二年」十二月十一日付源頼朝袖判書下（「島津家文書」）図版39　編年文書305

（花押）

嶋津庄住人不随忠久《島津》下知之由、有其聞、尤不当事也、慥可相従件下知、兼又救二院平八成直殺僧了、所行之至、不敵事也、於件所知者、可為忠久沙汰之状如件、

「建久二年」十二月十一日

この文書は、一応正文として現存する袖判書下である。(93) しかし、一見して写し（案文）ではないかと感じた。まず袖判であるが、詳細に観察すると正しい頼朝の花押に比べて線が細く勢いがない。また、筆の運びや形がやや異なっているし、袖判の墨色と本文の墨色とが同じように見えた。

本文の文字は古いように見えるが雑な筆跡で、私には当時の書下（直状）とは思えなかった。

建久三年二月二十八日付源頼朝袖判下文写（「佐田文書」）編年文書308

頼朝御判
（花押）

下　豊前国伊方庄住人
　補任地頭職事
　　前所衆中原俊房
右、前地頭貞種不渡貴賀嶋、又追討奥州之時不参会、依此両度過怠、可停止彼職也、仍以俊房所補任也、於限有（マヽ）
課役者、任先例可致其勤〔勤〕之状如件、以下、
　　建久三年二月廿八日
　　　右本書、黒田筑前殿所望在之間、進之候也、

京都より鎌倉に帰った頼朝は建久二年正月十五日政所吉書始を行ない、従来家人に与えていた袖判下文・奉書を召し返し、「家御下文」（政所下文）に改める旨を定めている。(94) この日以降、原則として新たに袖判下文を発給しないということになる。残存する頼朝文書を検証すると、当該文書の他に建久二年以降袖判下文発給の例は、千葉常胤充建久三年八月五日付源頼朝袖判下文と小山朝政充建久三年九月十二日付源頼朝袖判下文のみである。(95) 二通共に旧来の下文（奥上署判・袖判）に替えて改めて出された政所下文の添状とも言うべき下文で、新規の要件を記述した袖判下文は皆無なのである。実際に政所下文に改編の後は新たな袖判下文は発給していないのであり、地頭職の補任であれば当然政所下文で要件を果たすべきものであろう。当該文書を例外的な袖判下文と理解するより、『鏡』等の記事(96)から鑑みて後世に偽作された文書と考えている。

建久三年六月二日付前右大将家政所下文（「松浦山代文書」）図版48　編年文書311

前右大将家政所下　肥前国宇野御厨内山代浦住人等

可早以字源六郎囲為地頭職事

右人、為令執行彼職、補任先□□於本所御年貢已下雑事者、□□《任先カ》例、無懈怠可令致沙汰也、住人等宜承知、敢勿違失、以下、

建久三年六月二日　　　案主藤井《俊長》（花押）

令民部丞藤原《行政》（花押）　　　知家事中原《光家》（花押）

別当前因幡守中原朝臣《広元》（花押）

当該文書を見て最初に感じたのは、料紙が小さいということであった。縦三四・五センチ、横四一・〇センチである（表1参照）。他の政所下文に比べて料紙の横幅が狭い。表装—巻子装—の際に裁断された可能性も否定できないが、文字の配列・バランスが一応整っており、大きく裁断されたとは考え難い。この点は疑問に思っている。

次に文書に改竄がなされていることである。充所の「肥前国〈宇野御厨内山代浦住人等〉」と、事書の部分「可早以字〈源六郎囲〉為地頭職事」および本文の一行目に「右人、為令執行彼職、〈補任先〉□□」とあるが、それぞれ〈　〉内が改竄・補筆されている。(97)

また本文中に「於本所御年貢已下雑事者、□□例、無懈怠可令致沙汰也」とあるが、他の地頭職補任の政所下文にはこのような文言を持つ文書は見当たらない。他の地頭職補任の政所下文—将軍家政所下文・（後期）前右大将家政所下文(98)—は一様に「補任彼職之状、所仰如件、住人（荘官）宜承知、勿違失、以下」の文言であるが、地頭職を補任される側の御家人にはそれぞれの事情—当知行地の安堵・本領安堵—があろうと、本文の文言は変わらないのである。

さらに、「令」（家令）の藤原（二階堂）行政の官途は「民部丞」と記されているが、当該文書以降の政所下文は「民部少丞」とあり、この点も不審である。

正文の正確な原形・原文を知ることは困難であるが、問題を包含する文書であることを指摘した。

建久三年六月三日付前右大将家政所下文写（「正閏史料外編一」）編年文書312

前右大将家政所下　周防国大島三箇庄并公領住人
　可早前因幡守中原朝臣広元為地頭職事
右、去文治二年十月八日御下文云、件島者、平氏知盛卿謀反之時、構城墎所居住也、其間住人字屋代源三・小田三郎等令同意、始終令結構彼城畢、所行之旨旁奇怪也、早以広元為地頭職、任先例可令勤仕本家所役矣者、而今可成政所下文之旨、依仰所改（マヽ）如件、以下、
　建久三年六月三日　　安主（マヽ）藤井（後長）判
　　　　　　　　　　知家事中原（光家）
令民部少丞藤原（行政）判
別当前因幡守中原（広元）朝臣判
　前下総守源（邦業）朝臣
　散位中原朝臣

この文書は、大江広元に文治二年十月八日付下文に替えて周防国大島三箇庄并公領の地頭職に補任した前右大将家政所下文である。

現存する政所下文で「以前の下文」に替えて発給した文書は、建久三年八月二十二日付将軍家政所下文[99]と同年九月十二日付将軍家政所下文[100]の二通のみである。建久二年・同三年発給の前期前右大将家政所下文[101]に「以前の下文」に替えて政所下文を発給した例は、数少ないデータからではあるが他に存在していない。幕府（頼朝）が「以前の下文」に替えて文書を発給したのは、建久三年八月五日の将軍家政所始以降の将軍家政所下文によってではなかったかと考えられる。

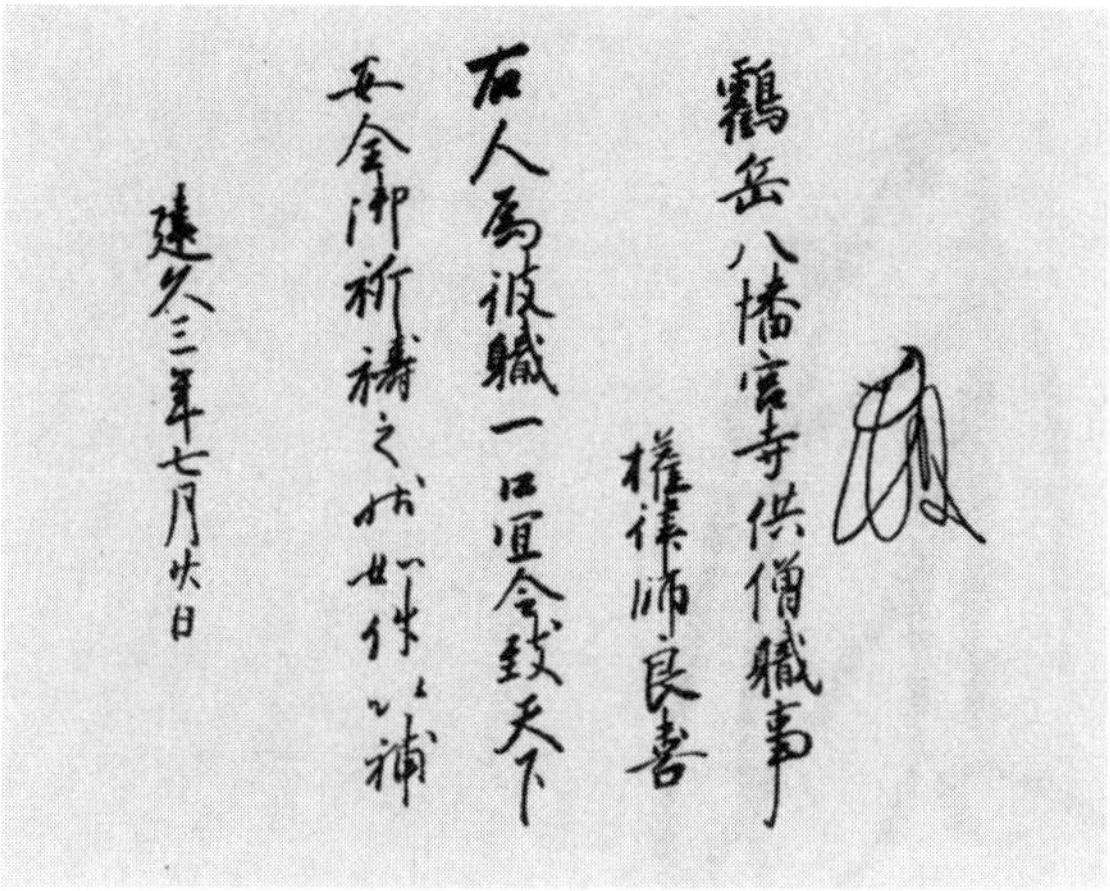
鶴岳八幡宮寺供僧職事
権律師良喜
右人為彼職一口宜令致天下
安全御祈禱之状如件以補
建久三年七月廿日

図 10　源頼朝袖判補任状（「相承院文書」）

次に問題だと思っているのは、政所別当の大江広元がこの文書の受給者であるが、その広元が別当として署判していることである。このような場合に、果たして当事者が政所別当として署判するものであろうか。いささか今日的な疑問であるが問題点として指摘しておきたい。

建久三年七月二十日付源頼朝袖判補任状（「相承院文書」[102]）編年文書314

（花押）
鶴岳八幡宮寺供僧職事
権律師良喜
右人、為彼職一口、宜令致天下安全御祈禱之状如件、以補、
建久三年七月廿日

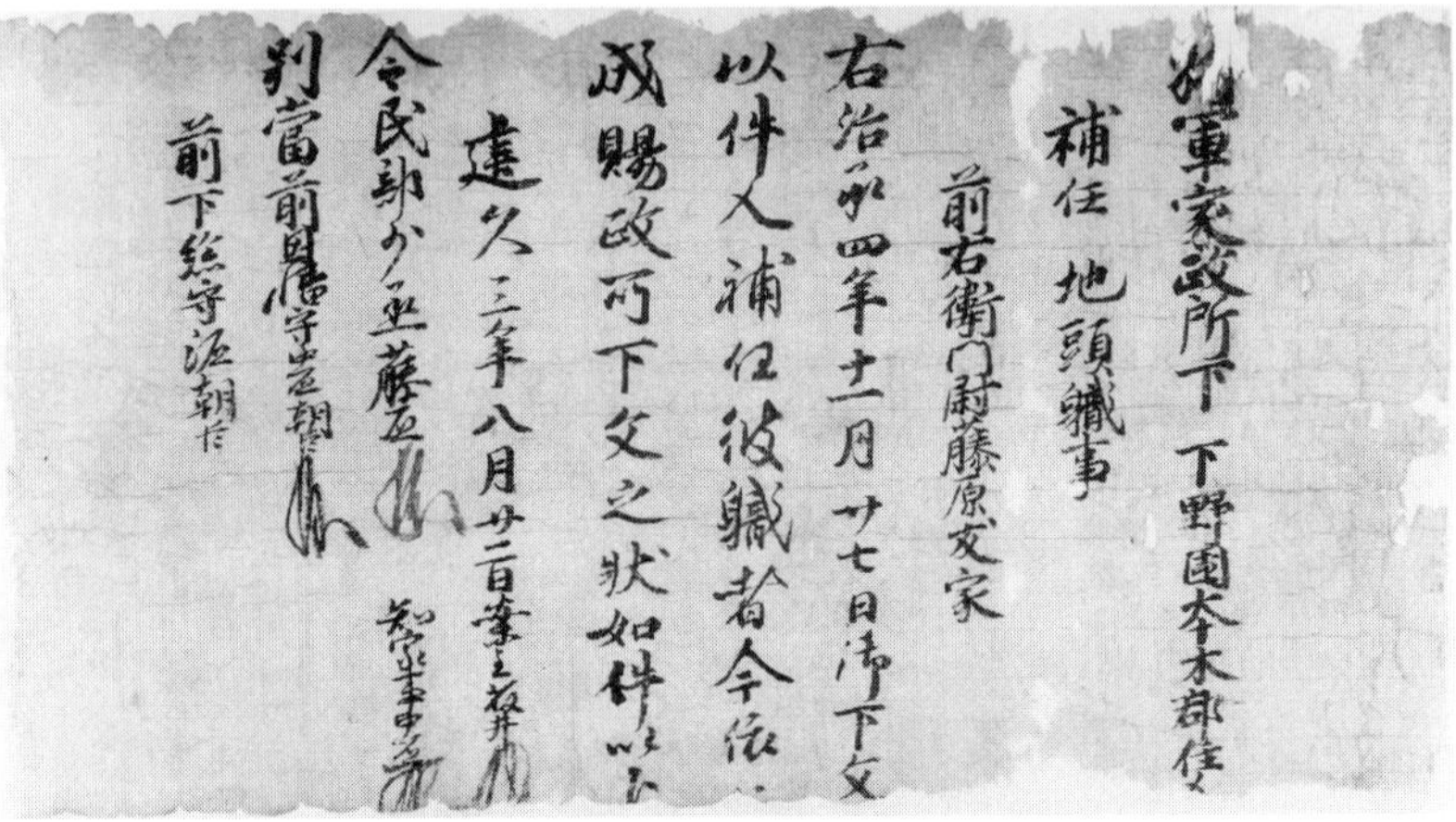

図11　将軍家政所下文（「茂木文書」）

正文（原本）を一見すれば直ちに当時の文書でないことに気づく。花押の線が細く筆勢がないこととともに、「天下安全御祈禱」の文言を頼朝が使用したとは考え難い。文章が練れていないように思われ、また筆跡・書風が当時のものではない。それに既に述べたように、建久三年には基本的に袖判の文書を出していないのである。以上が問題点として挙げることができる。

ただし、良喜が供僧に補任されたことを否定するものではない。『鶴岡八幡宮寺供僧次第』（良喜ノ項）に「治承四年庚子十一ー十五ー雖供僧職賜、直補任事者建久三壬子七ー廿日右大将家給御下文」(103)とある「御下文」が当該文書に当たるのであろう。この補任状は頼朝没後、供僧職(104)（坊）が世襲化されて行く過程で、頼朝による口頭（口状）の補任の事実が風化し、文書による相承が必要と意識される時期に口状を文書化したものと考えられる(105)。

建久三年八月二十二日付将軍家政所下文（「茂木文書」）　図版49

編年文書316

将軍家政所下　下野国本木〔茂カ〕郡住人

補任　地頭職事

前右衛門尉藤原友家
右治承四年十一月廿七日御下文□〔云カ〕、以件人補任彼職者、今依□〔仰カ〕成賜政所下文之状如件、以下、
建久三年八月廿二日　　案主藤井（俊長）（花押）
令民部少丞藤原（行政）（花押）　　知家事中原（光家）（花押）
別当前因幡守中原朝臣（広元）（花押）
前下総守源朝臣（邦業）

藤原友家（八田知家）は治承四年十一月二十七日御下文で八田氏の本領と考えられる下野国本（茂ヵ）木郡の「地頭職」に補任され、建久三年八月二十二日付の将軍家政所下文によって再度地頭職に補任され安堵されたことになっている。この治承四年の「地頭職」は佐竹氏追討の賞としての補任であろうが、『鏡』によれば頼朝が最も早く恩沢沙汰を行なったのは、治承四年十月二十三日に富士川合戦の帰途相摸国府で行なった「或令浴新恩、亦義澄為三浦介、行平如元可為下河辺庄司之由被仰云々」と記される口頭による行賞であった。(106) いまだ文書による充行がなされていないのである。そのわずか一ヵ月後に藤原友家への行賞が下文の形でなされたことになるが、時期的に今なお頼朝の周辺に諸機構は整備されない状況にあり、下文による「地頭職」の補任(107)は早すぎるのではないだろうか。

次に筆跡・書体であるが、写真による観察では纏まった筆跡に見えるが、原本を直接観察すると、他の政所下文の正文に比べて文字に切れがないように感じた。

建久三年十一月十一日付将軍家政所下文写（『太宰管内志』所収「宇佐宮記」）　編年文書324

将軍家政所下　筑前国粥田庄・羽生庄内貞清所領

可早以時員為地頭職事

右件庄内、貞清子息等為地頭之処、対捍造宇佐宮課役、依其過怠、為徴傍輩停止彼等職、以時員所補任地頭職也、

住人宜承知、不可違失之状、所仰如件、

建久三年十一月十一日　　安《（マヽ）》主《（マヽ）》藤原在判

令民部少丞藤原《（行政）》在判　　知家事中原《（光家）》在判

別当前因幡守中原《（広元）》朝臣在判

前上《（マヽ）》総守源《（邦業）》朝臣在判

まず問題となるのは充所が「筑前国粥田庄・羽生庄内貞清所領」とあることである。本文（事実書）に貞清の子息が宇佐宮造営の課役を対捍したことにより、地頭職を停止し、その替えとして時員を以て地頭に補任するとある。貞清跡の地頭職補任であるから「貞清所領」とあるのであろうが、形式的な充所「筑前国粥田庄・羽生庄住人（等）」とあるべきではないだろうか。このように充所を「○○○所領」とした例は他にない。

次に、事書と本文の書止文言との関係である。信頼度の高い政所下文を通覧すると二つの類型に分けられる。一つは、「中条文書」に代表されるような地頭職補任の場合である。(108)

□《（将）》軍家政所下　相摸国南深沢住人

[A]補任地頭職事

平宗実

右人、補任彼職之状、[B]所仰如件、住人宜承知、勿違失、以下、

建久三年十月廿一日　案主藤井（花押）

（以下略）

基本的には事書が傍線A、書止文言が傍線Bのような表現になるのが基準となるあり方である。[109]

二つめは、京都大番役催促や宇佐宮造営課役の勤仕等にみられる幕府の意志を伝達する場合である。その多くは事書に「可早……事」「可令早……事」、書止めに「……之状、所仰如件、以下」「……之状如件、以下」という文言が用いられている。

前記の類型を基に当該文書、その他の政所下文を再度見直してみると、事書は「可早以時員為地頭職事」とあり、基準となる地頭職補任の文言と異なっている。また、「所仰如件」が最後の文言となっており、地頭職補任の書止めとは順序が違っているのも気になる。

併せて他の政所下文についても、少し触れておこう。編年文書312・331・332は、事書・書止め共に基準の類型と異なっている。また、311・341は事書のみ、編年文書319・327・352は書止めが基準と異なっている。

これらの政所下文が全て疑問のある文書と否定するのは早計であろうが、一応、検討の材料として提示した。

建久五年五月十三日付源頼朝袖判下文案（「進美寺文書」）　編年文書338

　　　御判

□□巻数事

　□　被載其状也

奉読　法華経三千部

　　観世音経十万巻

右、御□□□請取畢、国中在庁大名等、件寺有芳心、不可致狼籍《(マヽ)》之状所□如件、

建久五年五月十三日　散位小野時広奉

建久五年五月十五日付源頼朝袖判下文案（「進美寺文書」）編年文書339

御判

下　但馬国在庁大名等

不可致狼藉於当国進美寺事

右寺、為御祈禱所年来之間、所致其勤也、国中在庁大名等、不可行狼籍《(マヽ)》之状□〔如〕件、

建久五年五月十五日　散位小野時広奉

源頼朝（幕府）が建久二年以降袖判の下文・奉書を発給しないように定めたことについては編年文書308の項で述べた。それは、当該文書にも当てはまると言える。この点からも問題の文書と言える。

頼朝の奉者として文書の執筆に当たる人物については別稿で述べているが、(110)小野時広が当該文書の他に奉者として執筆した形跡は見当たらない。ここでは、小野時広が但馬国惣追捕使(111)として頼朝の意を奉じ管下の進美寺に下した二通の袖判下文の奉者となっているが、頼朝の時代に武士が頼朝文書の奉者または右筆として活動した例はない。

また、両文書は共に袖判下文でありながら小野時広が奉者として署名しているが、そもそも袖判下文には奉者―執筆者―が署名しないのが基本であり、この点からも疑問のある文書―むしろ偽文書―といえる。

建久六年六月五日付源頼朝下知状（「高野山文書宝簡集七」）図版57　編年文書346

可早守仰旨致沙汰備後国大田庄訴申両条事

一　可停止為惣追捕使煩庄民事
右、寄事於惣追捕使之沙汰、猥云煩庄民之由、有其訴、所行之旨尤以不便、自今以後、可停止其煩、
一　可令庄官兼隆・光家等勤仕内裏大番事
右、依件役、不可致庄家煩、守次第月充、可勤其役、然者此外更不可云煩、
以前両条、依前右大将殿仰、下知如件、
建久六年六月五日
平（盛時）（花押）
前右京進（中原仲業）（花押）
前因幡守（大江広元）（花押）

この文書は高野山霊宝館に保管されているものであるが、原本の調査に恵まれなかった文書の一点である。そこで写真による観察を中心として検討を加えてみた。

書風・筆跡については、政所下文が全般にしっかりした楷書体であるのに対して、本文書は行書体で書かれている点を注意しなければならないであろうと感じた。

また、三名連署中で特に平盛時の花押に注目した。盛時の花押の類例は少ないが(112)、信頼度の高い「島津家文書」七月十日付源頼朝御教書（図版70）の奉者平盛時の花押(113)と比較すると書止めの部分に違いが認められる。また奉者の一人中原仲業の活動の時期は将軍実朝期に求められ、頼朝期とは合致しない(114)。

上記のような問題点をどのように解釈すればよいのであろうか。

それにしても、この下知状が頼朝と奉者三名が揃って東大寺供養のため在京しているという中で出されているのも気になる。本来なら「政所下文」の形式で発給されるべきところ、在京やその他の事情で鎌倉を離れている状況で発

給するという簡素化された臨時的な措置なのであろうか。(115)

ちなみに、『大日本史料　四編之四』建久六年六月五日条に「本文二通（別ニ添文一通アリ）ノ様式、共ニ頗ル異体ニ属シ、且、原本ヲ検スルニ、建久ノ旧ニアラザルガ如シト雖ドモ、今、姑ク此ニ収ム」と按文を付し、疑問を提示していることを付記しておく。

建久八年十二月三日付前右大将家政所下文（「島津家文書」）図版56　編年文書361

前右大将家政所下　　左兵衛尉惟宗忠久《島津》

　可早為大隅・薩摩両国家人奉行人致沙汰条条事

一　可令催勤内裏大番事

右、催彼国家人等可令勤仕矣、

一　可令停止売買人事

右件条、可禁遏之由、宣下稠畳、而辺境之輩、違犯之由有其聞、早可停止若有違背之輩者、可処重科矣、

一　可令停止殺害已下狼藉事

右、殺害狼藉禁制殊甚、宜守護国中可令停止矣、

以前条々、所仰如件、抑忠久寄事於左右、不可冤凌無咎之輩、而又家人等誇優恕之余、不可対捍奉行人之下知、惣不慮事出来之時、各可致勤節矣、以下、

　　建久八年十二月三日　　　　案主清原

令大蔵丞藤原《頼平》（花押）　　　　知家事中原

別当前因幡守中原（広元）朝臣
散位藤原（行政）朝臣（花押）

当該文書は大隅・薩摩両国の家人奉行人（守護職ヵ）に関わる史料としてつとに知られた文書である。

まず、充所についてである。「左兵衛尉惟宗忠久」とあるが、確実な政所下文は全て仮の充所となっており、受給者の姓名が直接記されたものは存在しておらず、気になるところである。

次に「別当前因幡守中原朝臣」と署名されている点である。大江広元が因幡守に任じられたのが元暦元年九月十一日、その職を辞したのが文治元年六月二十九日のことで、建久七年正月二十八日に兵庫頭に任じられ、頼朝死後の正治元年十二月九日には掃部頭に任じられている[116]。したがって広元は因幡守を辞した文治元年六月以降は前因幡守、建久七年正月以降は兵庫頭を名乗ることになる。実際、建久七年十月二十二日付前右大将家政所下文（「高野山文書又続宝簡集百四十七」〈編年文書353〉）以降の頼朝文書は当該文書を除いて全て兵庫頭と署されている[117]。広元の自署（花押）は為されていないが建久八年に「前因幡守」と記すのは疑問である。

二月十五日付源頼朝袖判御教書（「関戸守彦氏所蔵文書」）　図版62　編年文書368

（花押）

奉加勧進しつへからんひしりのま心ならむ、一人忩可令沙汰進給也、奉加のものとも沙汰して、為令進給候也、
兼又酒匂大郎ニハ田のなにとかやとり候なるをは、件免田の分をハ、一切不可取之由、昨日被仰含候了、可令存
此旨給之状如件、

二月十五日　広元（大江）奉

文養(覚淵)御房

書状には、その書状単独では文意を読み取ることが困難な場合が多々ある。当該文書も文意を読み取るのが難しい[118]。「奉加」したのは何処なのか、「免田」は何処の田地なのかまったく不明であり、難解な文書である。

充所の文養(陽)房覚淵は頼朝・政子の帰依を受けた走湯山の僧侶で、『鏡』では文治四年頃までの記事に散見される。

この文書は御教書と考えられるが、御教書・奉書では書止めに「仰旨如此、仍執達如件」「仍執達如件」等と奉書様式の文言が用いられるのが基本であるが、当該文書は「可令存此旨給之状如件」と御教書としては異例といえる文言となっている。頼朝の意を受けて奉じた広元は、他の御教書・奉書は奉書様式の文言を用いているのに[119]、このような書止めの御教書を書いたのであろうか。

また袖判（花押）であるが、別稿「源頼朝の花押の変遷について」（第Ⅱ部第四章）で述べているが花押の年代に当てはめても、どの年代にも当てはまらない。強いて推定すれば、文治二年後半より文治三年中頃の花押に近いと考えられる。ただ、署された花押の筆跡(勢)は弱々しく感じられた。

ところで、大江広元が頼朝の御教書の奉者として右筆を行なった時期は現存文書から類推すると文治元年末までである[120]。文治五年七月、頼朝が奥州討伐のため自ら出陣すると、当時広元に代わり御教書の奉者として執筆を行なっていた平盛時も奥州に供奉したため、鎌倉に留まっていた広元が臨時に執筆した例はあるが、花押の年代推定とは少しずれる。

大江広元の筆跡に対する些細な疑問ではあるが、従来あまり問題視されない文書でありあえて提言を試みた。

以上が疑偽—検討ノ要アリ—文書に対する説明・解釈である。思いだけが先行し、意図した説明も不十分な点が多々あったと思うが、一応の意趣は述べたつもりである。

今回は取り上げなかった文書についても、解説した文書と疑問点が共通するものもあると思っている。参考にしていただければ幸甚である。

註

(1) 佐藤進一氏『〔新版〕古文書学入門』(第三章第三節「武家様文書」)。以下、佐藤氏の論考は全て本書による。

(2) 『源頼朝文書の研究』編年文書の5・35・40・43・49・55・61・81の袖判下文(案・写)に当たる。67・68の「久我家文書」を袖判下文案としたが、源頼朝袖判直状案と訂正する。

(3) 元暦元年六月日付源頼朝袖判下文(「神護寺文書」、図版15、編年文書84)について若干の疑問(袖判・筆跡)があり、元暦元年説にはやや懐疑的であるが、現時点では佐藤説に従った。

(4) 八代国治氏『吾妻鏡の研究』第七章「吾妻鏡の誤謬」。

(5) 註(1)に同じ。

(6) 相田二郎氏『日本の古文書』。

(7) 註(1)に同じ。

(8) 註(4)に同じ。

(9) 『鏡』養和元年(治承五)三月十二日条に関連記事あり。

(10) 「櫟木文書」永暦二年正月日付源義宗寄進状案(『平安遺文』七巻、三一二一号所収)。

(11) 「高山寺文書」長寛三年六月日付阿闍梨聖顕寄進状案(『平安遺文』七巻、三三五二号所収)。

(12) 「妙法院文書」永暦二年正月日付後白河上皇院庁寄進状案(『平安遺文』七巻、三一二二号所収)。

(13) 当該文書の疑わしきことついては、第Ⅱ部第六章「源頼朝の口状について」でも述べている。

(14) 編年文書23。

(15) 第Ⅱ部第四章「源頼朝の花押の変遷について」参照。
(16) 編年文書73。
(17) 第Ⅱ部第四章「源頼朝の花押の変遷について」参照。
(18) 註(1)に同じ。
(19) 筆跡・内容（文言）・花押共に確実なのは、元暦二年六月十五日付源頼朝袖判下文（「島津家文書」、図版21・22、編年文書131・132）と考えている。
(20) 平泉澄氏「頼朝と年号」（『史学雑誌』二十八編十号所収）。
(21) 『鏡』所載の頼朝発給の文書は真偽にかかわらず治承四年より寿永元年まで、全て治承の年号を使用している。
(22) 「大谷大学所蔵文書」永暦元年五月五日付後白河院庁下文（『平安遺文』七巻、三〇九三号所収）。
(23) 第Ⅱ部第四章「源頼朝の花押の変遷について」参照。
(24) 社寺の別当・供僧職の補任状が発給されなかったことについては、第Ⅱ部第六章「源頼朝の口状について」参照。
(25) 「醍醐寺文書」文治元年十二月三十日付源頼朝袖判下文案（編年文書145）。
(26) 『尊卑分脈』第三篇、『公卿補任』第一篇、『吾妻鏡』、『鎌倉年代記』。
(27) 治承七年五月三日付源頼朝奥上署判下文（「光明寺文書」図版11、編年文書50）の解説を参照。
(28) 「Ⅳ封建的所領の形式に関する諸問題　五「御家人」の用法」（『日本初期封建制の基礎研究』所収）。
(29) 拙稿「伊勢神宮と源頼朝」（雑誌『悠久』54号）。
(30) 八代国治氏『吾妻鏡の研究』第五章「吾妻鏡の編纂年代」。
(31) 第Ⅱ部第四章「源頼朝の花押の変遷について」参照。
(32) 『右大将家御書案文』（東大寺図書館所蔵）。
(33) 『東大寺要録』筒井英俊校訂。
(34) 「東大寺雑集録」（『大日本仏教全書（東大寺叢書二）』所収）。
(35) 『勅書並ニ諸文章之写』（内閣文庫所蔵）。
(36) 註(31)に同じ。

(37) 書札礼として料紙の最初の二・三行分を空けることを礼法としていることについては、『消息耳底秘抄』（『群書類従』消息部）。

一、消息故実事私注レ之

書始上下ノ事。上ハ一寸余置レ之。下ハ六分許置レ之。端ハ三行許置テ可レ書也。或説云。笏一置程端ヲバ可レ置云々。

(38) 註（4）に同じ。

(39) 『鏡』元暦元年七月五日、同八月二・三・二十三日条。

(40) 『山槐記』（『史料大成』所収）元暦元年八月十日・十二日条、『百錬抄』（『国史大系』所収）元暦元年八月十日条。

(41) 註（1）に同じ。

(42) 確実な袖判下文として「島津家文書」（図版21・22、編年文書131・132）に求められる。

(43) 図版13参照。

(44) 図版16参照。

(45) 書止めの変化については第Ⅱ部第四章「源頼朝の花押の変遷について」参照。

(46) 当該文書の筆跡に近似した文書に図版15（「神護寺文書」）がある。

(47) 「長寛二年」八月十一日大僧正寛遍請文案（「高野山文書又続宝簡集五六」『大日本古文書』所収）。

(48) 『清水町誌』。

(49) 嘉元二年三月七日後宇多上皇院宣案（「高野山文書又続宝簡集七八」『大日本古文書』所収）。

(50) 註（1）に同じ。

(51) 安田元久氏「御家人制成立に関する一試論」（『日本初期封建制の基礎研究』所収を参照）。

(52) 図版17参照。花押全般の説明については第Ⅱ部第四章「源頼朝の花押の変遷について」を参照。

(53) 表1「現存する源頼朝文書の正文の法量（寸法）」参照。

(54) 「田代文書」の影写本は京都大学文学研究科図書館に架蔵されている。

(55) 治承四年十一月一日付源頼朝下文（「尊経閣古文書纂」、編年文書18）の解説を参照。

(56) 註（51）に同じ。

(57) 図版88を参照。

(58)『群書類従』消息部所収。
(59)茨城県立歴史館の飛田英世氏の教示を得た。
(60)図版19参照
(61)頼朝文書の料紙の寸法については表1参照。
(62)当該文書が『鏡』編纂に別の史料―石清水八幡宮より提出された正文または案文―を基にしたとも考えられる。
(63)「鎌倉遺文月報1」所収。
(64)第Ⅱ部第二章「源頼朝の追而書・礼紙書文書小考」参照。
(65)『日本国語大辞典』。
(66)註(63)に同じ。
(67)註(37)に同じ。
(68)編年文書110(「蠣瀬文書」)。
(69)安田元久氏「御家人制成立に関する一試論」(『日本初期封建制の基礎研究』所収)、瀬野精一郎氏「中原親能と鎮西の関係」(『鎮西御家人の研究』所収)。
(70)編年文書74。
(71)八代国治氏『吾妻鏡の研究』第五章「吾妻鏡編纂の年代」は、『鏡』頼朝記の編纂を文永年間と比定している。この比定に従い編纂の時期に「当時」の語を用いた。
(72)牧健二氏『日本封建制度成立史』第九章第一節「本領安堵と封建関係」。
(73)註(1)に同じ。
(74)瀬野精一郎氏『鎮西御家人の研究』十三頁の注。
(75)図版65、編年文書177。
(76)「諸家文書」、東京大学史料編纂所(写本)。
(77)「文治二年」四月三十日源頼朝書状(反町英作氏所蔵文書)、『花押かゞみ鎌倉時代一』。
(78)文治二年の花押の形体、ならびに花押の筆順については第Ⅱ部第四章「源頼朝の花押の変遷について」を参照。

(79) 充所に「肥前国小津東郷内龍造寺村田畠住人」とあるが、頼朝文書中に充所を「田畠住人」と記述した文書は他に類例をみないもので、他の奥上署判下文、袖判下文、政所下文共に「……郷住人」・「……庄住人」・「……庄官等」等で、仮の充所であっても一通として「……田畠住人」に充てた文書は存在していない。
(80) 編年文書63の項を参照。
(81) 文治三年五月三日付源頼朝袖判下文（図版33）。
(82) 文治二年当時の後白河への奏状、書状（請文）はほとんど吉田経房充であった。拙編著『源頼朝文書の研究』（史料編）の文治二・三年の京都充の書状・奏状を参照。
(83) 文書が充所と異なり、必要とする当事者の許に残（保管）されたことについては、鈴木茂男氏『古代文書の機能論的研究』参照。
(84) 新田英治氏「鎌倉幕府政所設置の年代について」（『論集　鎌倉政権論』）所収。石井良助氏「鎌倉幕府政所設置の年代」（『大化改新と鎌倉幕府』所収）。
(85) 『鏡』文治二年三月十六日条。
(86) 「公事奉行人山城介久兼とその系譜」（安田元久編『吾妻鏡人名総覧』所収）、『兵範記』仁安二年四月十四日条参照。
(87) 『概説古文書学』所収の「書状」の項を参照。
(88) 「中条文書」図版51、編年文書321。
(89) 「市河文書」図版53、編年文書325。
(90) 拙編著『源頼朝文書の研究』（史料編）建久三年以降の政所下文を参照。
(91) 建久三年九月十二日付（小山朝政充）源頼朝袖判下文、図版40、編年文書318。
(92) 註(90)に同じ。
(93) 拙編著『源頼朝文書の研究』において文書名を源頼朝袖判下文としたが、「源頼朝袖判書下」に訂正した。
(94) 『鏡』建久二年正月十五日条。
(95) 『鏡』建久三年八月五日条、編年文書315。「久米春男氏所蔵文書」（松平基則氏旧蔵）。現在、神奈川県立博物館所蔵、図版40、編年文書318。
(96) 『鏡』文治三年九月二十二日条、同四年二月二十一日条、同五月十七日条。

(97) 図版48を参照。
(98) 建久二年より建久三年八月の将軍家政所設置までに発給された政所下文を「前期前右大将家政所下文」と呼称し、建久六年の頼朝の征夷将軍辞任以後に発給された政所下文を「後期前右大将家政所下文」と呼称する。
(99) 「茂木文書」、図版49、編年文書316。本文書に若干の疑問があることについては別項（編年文書316）で述べたが、一応、内容を参考として採用した。
(100) 「山川光国氏所蔵文書」（松平基則氏旧蔵）、図版50、編年文書317。
(101) 註（98）に同じ。
(102) 相州文書。
(103) 『鶴岡八幡宮叢書』（第四輯）所収。
(104) 頼朝の口頭（口状）については第Ⅱ部第六章「源頼朝の口状について」を参照。
(105) 「鶴岡八幡宮寺供僧次第」の成立時期が室町中期に当てられており、口状を文書化したのがそれ以前であることは当然と考えている。
(106) 『鏡』同日条。
(107) 「以件人補任彼職者」の「彼職」を地頭職と解釈すれば、頼朝の東国における「地頭職」補任の時期の問題に広がるが、本項ではこの件に触れないことにする。
(108) 編年文書321。
(109) 編年文書317参照。初期の将軍家政所下文には「今依仰成賜政所下文之状如件、以下」と例外的な表現もあるが、これはあくまでも一時的なもののようである。
(110) 第Ⅱ部第一章「源頼朝の右筆について」（三「源頼朝御教書にみたる奉者について」）。
(111) 但馬国守護（惣追捕使）については、佐藤進一氏『鎌倉幕府守護制度の研究』（但馬国）参照。
(112) 『花押かゞみ』（鎌倉時代一）。
(113) 図版70。
(114) 中原仲業の活動期については、第Ⅱ部第一章「源頼朝の右筆について」に詳述している。

(115) 当該文書の疑問については、第Ⅱ部第一章「源頼朝の右筆について」を参照。
(116) 『尊卑分脈』。
(117) 建久七年七月十二日付の「青方文書」が現存するが（編年文書352）、「検討ノ要アリ」の文書であり除外した。
(118) 相田二郎氏「伊豆走湯山領相摸柳下郷に関する古文書」（『古文書と郷土史研究』相田二郎著作集2、所収）参照。
(119) 源頼朝（大江広元奉）袖判御教書（編年文書177）、源頼朝（大江広元奉）御教書（編年文書261）、参照。
(120) 第Ⅱ部第一章「源頼朝の右筆について」の表3「源頼朝御教書・奉書」を参照。

第Ⅱ部　源頼朝文書の政務と文書様式

第一章　源頼朝の右筆について

はじめに

源頼朝文書による諸研究を行なう場合、基礎的な作業として頼朝文書中に夥しく存在する疑偽文書を選び出し、信憑性の高い文書による研究がなされるようにすることが重要と考える。

そこで源頼朝の右筆の研究は、基本的には頼朝文書の筆跡を知り、真偽（疑）の判断をする上で欠くことのできない作業と言えるであろう。

今日残存する頼朝文書が全て右筆の執筆による文書であると理解される現状で、[1]頼朝の右筆を究明するとともに、右筆の筆跡を解明することができれば、疑偽文書選別の有力な手掛りとなることは言を俟つまでもないことであろう。鎌倉幕府草創期の右筆は室町幕府以降の右筆と異なり、いまだ職能者集団として独立しておらず、京下りの吏僚として幕府の種々の役職を遂行していた。このような職能者が幕府機構の中でどのような役目を果たしているかを明らかにすることは、草創期の鎌倉幕府政治史を明らかにする意味においても重要な研究になると考えている。

源頼朝の右筆について、相田二郎氏は「鎌倉時代における武家古文書の筆蹟」において、『吾妻鏡』より九名の人物を挙げて関係記事を紹介したのち、頼朝文書の正文を基に右筆の筆蹟が十一種類存在することを述べられている。この相田氏の研究以外に頼朝の右筆に関する本格的な論考はいまだ存在しないようである。(2)

平安末、鎌倉期の右筆について関説したものとして、五味文彦氏の論考がある。この論考は源義経の右筆中原信康に触れたものである。(3)また、鎌倉幕府の吏僚に関しては目崎徳衛氏の労作「鎌倉幕府の吏僚について」(4)があるものの、研究の深化が著しい鎌倉幕府政治史の中にあって比較的研究の薄い分野のように思われる。そこで、右筆についていくつかの視点より若干の考察を試みよう。

一 『吾妻鏡』にみたる源頼朝の右筆

相田二郎氏は『鏡』(5)に収載されている頼朝の右筆関係の記事を網羅され、(6)頼朝の右筆として藤原邦通から始まり大蔵丞武藤頼平まで九名を抽出され、頼朝文書の正文として伝わる文書の筆跡を考える上での参考にしようとされた。小論においても相田氏の論考に導かれながら、『鏡』所載の右筆関係記事を網羅するように努め、頼朝文書筆跡研究の一助としたい。

『鏡』に収載されている右筆関係の記事を編年順に考察を加えていくことにする。

1 藤原邦通(大和判官代)

源頼朝が石橋山合戦に先立って山木兼隆の居所を襲う計画を立案した際、彼の地の地形の絵図を得るため送り込んだ人物が藤原邦通であった。邦通を『鏡』では「洛陽放遊客也」と記述している。また、この邦通を「因縁」のある安達盛長が推挙したとある。(7) 邦通の前歴については不明な点も多いが、山木兼隆にも面識があり、その後に安達盛長との縁を頼り頼朝の許に身を寄せた人物で、たとえ同じ流人であっても時の権力者平氏一門の山木兼隆方を辞し、頼朝方に伺候するほどの人物である点に着目し、邦通の活動を見て行くことにしよう。

まず治承四年（一一八〇）六月二十二日条に、京都の三善康信の使者が帰洛するにあたり、「康信之功」を謝す書状を送る記事がある。

武衛遣委細御書、被感仰康信之功、大和判官代邦通右筆、又被加御筆幷御判云々、

邦通が書状を右筆し、頼朝が加筆し「御判」を加えたとある。この記事が『鏡』における最初の右筆の史料である。

次に治承四年八月十九日条では、邦通は頼朝の命によって、山木兼隆の親戚の史大夫知親なる人物が、蒲（蒲）屋御厨において奉行を行なうことを停止するように下文を以て下知を加えている。『鏡』の地の文に「為奉行」とあり、その後に「下文」を収録しているところから考えて、この場合「奉行」は右筆を行なったと理解される。また地の文に「是関東事施行之始也」と記しているが、同日条に掲げられている下文が正しい文書でないことについては既に八代国治氏が述べられている通りであり、(8) 相田氏も正しい文書とは考え難いと述べられている。(9) とすれば「施行之始」とは必ずしも事実とは言えないようであるが、この時期―治承四年後半頃―に藤原邦通が下文の右筆として存在したであろうことは考えられることであろう。

さらに治承四年十二月十四日には、武蔵国の住人に本知行地主職を以て、元のごとく執行するように下知が加えられ「邦通書下之」しているのである。邦通が右筆を行なったことは確かであろう。

この後、右筆の記事として現われるのは元暦元年（一一八四）十月になってである。

新造公文所吉書始也、安芸介中原広元為別当着座、斎院次官親能、主計允藤原行政、足立右馬允藤内遠元、甲斐

四郎大中臣秋家、藤判官代邦通等、為寄人参上、邦通先書吉書、広元披覧御前[10]、

幕府の重要な儀式と考えられる吉書始の右筆を務めた邦通は、この時期—元暦元年頃まで—の右筆の中心的な存在であったと考えられる[11]。

次に邦通の右筆に関わる記事は、文治元年（一一八五）十二月六日に源行家・同義経に与した後白河法皇の近臣並びに北面の武士の処罰を求める折紙を、大江広元・三善康信・藤原俊兼等とともに沙汰を行なっているものである。この時、頼朝は院奏の折紙二通と九条兼実充の言上状一通を京都に送っている[12]。確定はできないが、邦通がこの文書のいずれかを右筆したものと考えられないだろうか。

さらに邦通が右筆として活動した徴証が文治二年五月二十九日条にみられる。東海道の諸国の守護に命じ惣社並びに国分寺の破損の状況を調べ、修造を加えるように命じ、三善善信・藤原俊兼・藤原行政・平盛時等とともに、邦通が「面々被下御書」奉行を行なっている。この記事を最後に藤原邦通の右筆に関わる記事は見当たらなくなる。

2　昌寛（一品房）

昌寛の右筆としての初見は『鏡』養和元年（一一八一）五月二十三日条である。

御亭之傍、可被建姫君御方并御厩、且土用以前、為被始作事、不論庄公別納之地、今明日内可召進工匠之旨、被仰遣安房国在庁等之中云々、昌寛奉行之、

安房国の在庁に充てた「下文」が発給され、その執筆者が昌寛であったと理解される。

次に養和元年七月三日条に、鶴岡若宮造営のため浅草（寺ヵ）の大工を召し進ずるように御書を浅草（寺ヵ）の沙汰人等中に下しており、「昌寛奉行之」したとある。また同年八月二十九日には頼朝は御願成就のため伊豆・箱根両

山等に長日祈禱を行なうようにおのおの一紙の注文を両山に送り遣わしているが、昌寛がこれを奉行している。『鏡』では地の文に続いて祈禱注文を載せており、「奉行」とあるのは昌寛が執筆したと解釈してもよいのではないだろうか。さらに元暦元年五月三日条では、頼朝が伊勢皇太神宮と伊勢太神宮に武蔵国飯倉・安房国東条を寄進した際、(13)一品房昌寛が奉行として両通の寄進状を遣わしている。昌寛が寄進状を執筆したのであろう。

昌寛の右筆としての活動はしばらく『鏡』ではみられなくなるが、建久元年（一一九〇）十一月九日条に突然現われる。頼朝は建久元年十月に上洛し、十一月九日に権大納言に任じられているが、吉田経房により院宣が頼朝の滞在する六波羅の新御亭に届けられると、「此状到着六波羅、被進御請文、昌寛書之」とあり、頼朝の上洛に供奉していた昌寛が請文を執筆しているのである。

相田氏は昌寛を右筆として挙げておられないが、氏が右筆のメルクマールとした要件は満たしており、(14)昌寛を除外する理由は見当たらないのである。昌寛が鎌倉幕府初期に藤原邦通とともに右筆であったことは明らかであろう。少ない史料からではあるが、主に昌寛が寺社の建立・修造等に関わり、奉行として携わっていたと考えられる。

3　成尋（義勝房）

『鏡』養和元年七月二十日条によれば、鶴岡若宮宝殿の上棟の際に、臨席した頼朝を襲わんとした左中太常澄なる人物を下河辺行平が捕らえるという事件が起きた。行平のこの働きに対し頼朝は恩賞として、行平の所望に応え下総国御厩の毎年の貢馬を免除するように取り計らい、「於御前成給御下文、成尋奉行之」している。この地の文の後に下文を掲載しており、(15)成尋が右筆したものと考えられる。

成尋の右筆に関わる『鏡』の記事はこの一件のみであるが、次節「記録・文書にみたる頼朝の右筆について」で述べる成尋の史料のことを加味して右筆の一員に加えた。

4　惟宗孝尚（筑前三郎）

『鏡』元暦元年四月三日条では、尾張国住人大屋中三郎安資が功によって、元のごとく所帯の管領を許され下文を給わっている。この下文発給の奉行を筑前三郎（惟宗孝尚）が行なっている。下文の執筆（右筆）をしたと考えてよいのではないだろうか。

惟宗孝尚が右筆を行なった記事はこの一件のみであるが、孝尚はこれ以降公文所に関わる記事が主であり、右筆の側近くで活動する人物であったようである。(16)

5　藤原俊兼

『鏡』元暦元年四月二十三日条に、常陸御目代充の源頼朝奉書を収載している。この奉書の日下の差出書に「俊兼奉」と記されている。俊兼が頼朝の仰せを受けて出した奉書であり、俊兼が頼朝の右筆として執筆しているのである。

続いて同年七月二十日条では、頼朝が鶴岡若宮の傍に熱田大明神・熱田社を勧請し、これに参詣した折「被奉寄相摸国内一村、筑後権守俊兼被召宝前、書御寄附状」と、俊兼に寄進状を書させている。

次に元暦元年十月二十日条の問注所開設の記事である。頼朝は諸人訴論の対決のことは、俊兼・盛時等を相具し召し決するように、かつその問注の詞を注記させるように三善康信に指示している。問注記の執筆役を俊兼が行なっている。また同月二十八日条では、石清水八幡宮別当成清の申請による「弥勒寺庄々事幷宝塔院庄々」の興行に関して、高階泰経充に請文を申し送った時、(17)「俊兼奉行之」とあり、俊兼が執筆（右筆）したものと考えられる。

さらに文治元年四月二十六日条には、（畿内）近国の惣追捕使に任じられた土肥実平・梶原景時に対し、眼代の狼藉を停止せしむべきの旨を両人に下文を以て沙汰している。この下文の奉行を俊兼が勤めている。同年五月八日に大江広元・中原親能・二階堂行政・惟宗孝尚（筑前三郎）および俊兼が参会し、鎮西のことに関して協議を行ない、施行すべきの由を俊兼が奉じている。俊兼が幕府の意を伝える文書（御教書ヵ）の右筆を勤めている。なお、藤原邦通の項でも述べたが、文治元年十二月六日に、義経謀叛に与した廷臣・北面の武士の解任等を求める二通の折紙奏状と九条兼実―名目上の充所は藤原光長―充言上状の三通の内のいずれかを俊兼が右筆したのではないかと考えられる。

以下、俊兼が右筆したと考えられる記事を列記する。

文治二年四月七日条
　法皇御灌頂用途等事、為京進被出解文、為俊兼善信等奉行、

文治二年七月二十八日条
帥中納言奉書到来、新日吉領武蔵国河肥庄地頭、対捍去々年乃貢事、并同領長門国向津奥庄武士狼藉事、（中略）可令致厳密弁之旨、被遣御書於武蔵守之許云々、俊兼為奉行云々、

文治二年八月十五日条
二品御参詣鶴岡宮、而老僧一人徘徊鳥居辺、怪之、以景季令問名字給之処、佐藤兵衛尉憲清法師也、今号西行云々、（中略）然而恩問不等閑之間、於弓馬事者、具以申之、即令俊兼記置其詞給、縡被専終夜云々、

文治四年六月十七日条
常陸房昌明者、近年自京都所参也、元住延暦寺武勇得其名也、（中略）便宜事可加扶持之旨、可給御書於在京御家人中之由望申、（中略）則令俊兼書改之給、

文治五年十二月二十三日条

奥州飛脚去夜参申云、有予州幷木曾左典厩(義仲)子息、及秀衡入道男等者、各令同心合力、擬発向鎌倉之由、有謳歌説云々、仍可分遣勢於北陸道歟之趣、今日有其沙汰、雖為深雪之期、皆可廻用意之旨、被遣御書於小諸太郎光兼、佐々木三郎盛綱已下、越後信濃等国御家人云々、俊兼奉行之、

建久元年四月十九日条

造太神宮役夫工米地頭未済事、頻有職事奉書、神宮使又参訴之間、可致不日沙汰之旨、下知給、於有子細所々者、今日令注進京都給、因州(広元)幷盛時俊兼等奉行之、

建久二年五月三日条

被付　奏書於高三位卿(泰経)、善信草之、俊兼清書也、申刻、雑色成重帯之上洛、其状云、（建久二年五月三日付源頼朝言上状ヲ略ス）

三善康信に草案を作らせ、俊兼に清書をさせたこの言上状は、後白河法皇に直接披見されることを意識したものであり、俊兼が清書しているのは、彼が能筆家であったことを示すものであろう。この建久二年五月三日条の記事を最後に藤原俊兼の右筆に関わる記事は見当たらなくなる。

6　三善康信（善信）

『鏡』元暦元年五月二十一日条に、

武衛被遣御書於泰経朝臣、是池前大納言、同息男、可被還任本官事、幷御一族源氏之中、範頼、広綱(源)、義信(大内)等可被聴一州国司事、内々可被計奏聞之趣也、大夫属入道(善信)書此御書、付雑色鶴太郎云々、

とあり、三善康信は頼朝の「内々奏聞」の「御書」を執筆している。

さらに文治二年四月七日条には、後白河法皇の灌頂用途等のことで、京都に進める解文を俊兼とともに奉行している。どちらが解文を執筆したかは不明であるが、康信が右筆の周辺にいたことは確実であろう。

次に文治四年十二月十六日条では、

所同意予州（義経）之山門悪僧俊章事、為被糺断之、早可召進之旨、被仰遣衆徒之中、彼御書善信書之、

とあり、明らかに康信が執筆している。京都の情勢（比叡山）にも詳しい康信が執筆に当たったのも頷けるのである。

建久四年六月二十日には、炎旱により鶴岡・勝長壽院・永福寺の供僧に祈雨法を奉仕するように、善信（康信）が奉行として奉書を諸寺に遣わしている。全ての奉書を善信が執筆したかどうかは不明であるが、善信が執筆者の中心にあったのではないだろうか。

善信の右筆に関わる最後の記事は建久五年五月二十九日条である。東大寺再建にあたって頼朝はこれを助成するために、「為因幡前司広元、大夫属入道善信于奉行、被下御書於諸国守護人、可致勧進国中之由」と、御書を諸国守護人に下し、国中を勧進するように命じている。守護人への御書を執筆したのは、記事を素直に解釈し、広元と善信が執筆（右筆）したとするのが妥当であろう。

元暦元年十月には問注所の執事に補された三善康信を右筆の列に加えるのは適当ではないかもしれないが、康信が頼朝文書の執筆を行なっていたことは前述のごとく明らかである。頼朝の右筆とするよりむしろ、臨機に執筆に携わる人物の一人として考えるべきであろうか。ただし、現存文書の筆跡を考える上で執筆者（右筆）の一員に入れておくべきであろう。

7 平盛時

平盛時は源頼朝の右筆として最も活躍する人物であるが、出自が今一つ明らかでない。盛時が『鏡』に初めて現われるのは、俊兼の項で述べた元暦元年十月二十日条の問注所において問注の詞を俊兼とともに執筆するようになった記事である。文治二年八月五日になると吉田経房よりの奉書の請文を執筆している。

五日己夘、就帥中納言奉書、被進御請文、是新日吉領武蔵国河越庄年貢事、并長門国向津奥庄狼藉等也、平五盛時染筆云々、

（八月五日付源頼朝書状〈請文〉(18)ヲ略ス）

「染筆」という表現を用いて盛時の執筆を明示しており、『鏡』には珍しい記述である。

続いて文治三年四月十八日条は、美濃国御家人平九郎瀧口清綱が乃貢対捍により国司から訴えられている記事である。

募武威不随国衙下知、対捍乃貢、（中略）依在庁之訴、（中略）所被下　院宣也、仍成御下文副請文、被遣帥卿之許云々、平五盛時奉行之、

（追而書ヲ略ス）

美濃国内清綱地頭所、未済為先対捍国催之由、依在庁訴、重自　院所被仰下也、（中略）自今以後、可随国衙下知、若猶令対捍者、早可離散国中、仰旨如此、仍以執達如件、

四月十八日　　盛時奉

平九郎瀧口殿(19)

『鏡』の地の文では「平五盛時奉行之」とあり、御教書では日下に「盛時奉」と奉者として盛時が署名しており、『鏡』の地の文の「奉行」の文言は奉者の意味で使用されていることが分かる。奉書は主人の意を受け文案を起草し校閲を経て右筆が執筆するものであるが、頼朝御教書の場合、基本的に奉者が執筆するものであったと理解される。文治三年十月二十五日条にも、盛時は頼朝の意を奉じて大江広元に遣わす御教書を執筆している。この御教書の日下に「盛時奉」とあり、盛時が右筆したことは確実であろう。

続いて文治四年五月十七日条に、

今日被定云、御忩劇之時、御教書不可被載御判、可為掃部頭判、若故障之時者、可為盛時判之由云々、

とあり、頼朝が多忙の時、御教書に盛時の「判」（花押）を署す場合もあると記されており、右筆の史料として挙げておく。

ついで文治五年九月二十日条には、奥州・羽州等のことで、頼朝は吉書始を行なった後、勲功の勇士に恩賞を充行った時、小山政光の郎党に旗弓袋に銘を加えて下賜しているが、「盛時書之」と盛時が銘を執筆している。次に建久元年正月七日、奥州藤原泰衡の与党大河次郎兼任が奥州において叛乱を企てたので、相摸国以西の御家人に参陣を促す召文を盛時と二階堂行政が執筆している。また同年二月二十二日条では、京都の吉田経房の奉書に対して請文を「盛時染筆」ている。

以下、盛時が奉者・奉行として右筆した記事を列記することにする。

建久元年四月十九日条

造太神宮役夫工米地頭未済事、頻有職事奉書、神宮使又参訴之間、可致不日沙汰之旨、下知給、於有子細所々者、今日令注進京都給、因州（大江広元）并盛時・俊兼等奉行之、其状云、

（以下、注進状ヲ略ス）

省略した注進状に「已上九ヶ所、以消息別触申右兵衛督畢」「此外所々下文上、相副請文」「此外所々成下文副注文」とあり、これらの消息・請文・下文等を盛時・俊兼等が手分けして執筆したものであろう。

建久元年五月十二日条

加賀国井家庄の地頭へ下知を加える御教書の奉者として執筆している。

同年八月三日条

後白河院よりの申し入れにより河内国の地頭の押妨・狼藉を停止するように、北条時定・大江公朝に充てた御教書の奉者を盛時が勤めている。

同年九月九日条

奥州の古庄能直より大河兼任の伴党の所領の注進を受け、盛時が奉行として能直に賞罰の条々事書を下している。

同年十一月二日条

頼朝は御書を在京中の大江広元に遣わしている。この御書（御教書）の奉者として「盛時奉」と奉っている。

建久二年十二月十九日条

十九日癸巳、為鶴岡神事、遣山城江次久家以下侍十三人、可伝神楽秘曲之由、所被成下御教書於好方之許也、

（以下、御教書ヲ略ス）

この申し入れの御教書に「盛時奉在判」と、盛時が奉者を奉っている。

建久三年三月四日条

頼朝は神楽秘曲相伝のため家人を上洛させ、御教書を多好節の許に遣わしているが、地の文に「平民部丞盛時奉

行之」とあり、また御教書の日下に「盛時奉」とあり、盛時の執筆を確認できる。

建久三年十月十五日条

左女牛若宮（六条若宮八幡宮）領土佐国吾河郡は、京都大番役以外の公事を停止する旨、土佐国守護人佐々木経高に二階堂行政とともに平盛時が奉行として伝えている。行政か盛時が執筆しているのである。

建久六年七月十六日条

武蔵国務を行なう大内義信の成敗は最も民意に叶う由を頼朝が聞き、御書を下すと同時に「壁書」を掲げさせている。この奉行を盛時が行なっており、壁書の執筆をしたと考えられる。

盛時が頼朝の右筆として務めた最後の記事は、次の建久六年七月十九日条である。

故平大納言時忠卿左女牛地事、雖被入没官領注文、自然所被閣也、今度御上洛之時、依為便宜之地、可宛賜若宮供僧等之旨、内々有御計、而御下向之後、彼亜相後室尼上、并帥典侍尼等伝聞此事、追差進専使、殊愁申、其状去夕到着、今朝有御返事、盛時書之、当時無収公之儀歟、早彼跡如元可進退領掌之由云々、

盛時執筆の請文によって元のごとく平時忠後室の進退領掌とすべきを伝えている。

『鏡』は建久七年正月より建久十年（正治元年）正月末日まで欠巻であり、盛時に関する記事も当然ながらみることはできない。ただ、頼朝没後——建久十年以降——、頼家将軍期の建仁三年四月六日、伊予国御家人河野通信は鎌倉より帰国するに際し、旧のごとく忠勤を励むようにとの御教書を与えられており、盛時がこの御教書の奉行——執筆——を行なっている。このような事実を踏まえて勘案すると、建久六年で盛時の右筆としての活動が終ったのではないことは明らかであろう。

頼朝の右筆の内で平盛時の執筆・右筆に関わる記事が『鏡』では最も多く記載されている。この事実は、頼朝の右

筆として信頼・重用されていたことを物語るものであろう。

なお、盛時が大江広元とともに頼朝の信任が厚かったことを示す文治二年十月一日の記事については、次の大江広元の項で述べている。

8　大江広元

大江広元が草創期の頼朝（幕府）の政務を輔佐し、朝廷とを結ぶ重要な人物であったことは周知のことであろう。広元も三善康信とともに右筆の範疇に入れるのは適当ではないとも考えるが、以下に見るように頼朝文書の執筆を行なっているのであり、頼朝文書の筆跡を検証する上では執筆者として取り扱うことが必要と考えるので、右筆の一員とみなすことにする。

『鏡』における右筆としての初見の記事は文治元年三月六日条で、加藤景廉の所労について頼朝は心配し、療養を加え平癒の後は早く帰参するようにと、鄭重な「御書」を景廉の許に遣わしている。この時「因幡前司奉行之」とあり、広元が御書を執筆したのであろう。

ついで文治元年十二月六日条であるが、藤原俊兼の項で述べた通り、広元を筆頭として右筆を行なったのであろう。

文治二年三月四日条では、

主水司供御粁丹波国神吉、依補地頭職、有事煩之由、依訴申之、可被免除之旨、被遣御消息於北條殿《時政》、因幡前司《広元》沙汰之、

この場合の「沙汰」とは消息を執筆したと解釈しておきたい。

さらに文治五年十月二十四日、頼朝は営中に広元を召して、消息を吉田経房・一条能保に遣わしており、また同日、

広元が奉者となり出羽留守所充の御教書を遣わしている。共に広元が執筆したものと考えられる。

次の建久元年四月十九日条は、平盛時の項で触れた記事である。文治元年十二月六日条と同じく広元を筆頭として京都への注進状を執筆したものと考えられる。

広元が右筆として活動した最後の記事は建久五年五月二十九日条で、三善康信の項で触れたが、広元は康信とともに諸国守護人に下す「御書」(下文) の奉行を行なっている。この時も広元が執筆を務めたと考えられる。

『鏡』文治二年十月一日条に「如此奏覧状に、判をし候てまいらせ候、而広元、盛時か手跡にて候ハざらん時は、判ヲ可仕候也、是一筆にて候へは、今度ハ判ヲ仕候ハぬに候」と、広元や盛時が執筆した場合は頼朝は判を据えないと言っているのである。[20]必ずしもこの記事のごとく頼朝が実行したかどうかはともかくとして、広元や盛時に対する信任の厚さを物語るものであろう。

9　二階堂行政

二階堂(藤原)氏は鎌倉幕府の政所執事を家業とする家へ定着するのであるが、行政がその初祖となる人物で右筆の一人でもあった。

文治元年四月十三日条に、頼朝の沙汰を経て、大江広元が下知を加え行政・足立遠元・甲斐大中臣秋家・藤原邦通・惟宗孝尚等の公文所の寄人が連署した「公文所下文」とも言うべき文書が発給された記事—地の文—が載せられている。右筆に関わる記事として提示しておく。

文治二年十月三日条に「貢馬并秀衡所進貢金等所被京進也、主計允行政書解文」と、京都に進める貢馬・貢金の解文を行政が執筆している。次に文治五年九月八日条である。奥州合戦の次第を京都の吉田経房に付すに当たり、行政が消息を執筆している。翌建久元年正月七日条では、平盛時の項で述べたが行政は盛時とともに召文の執筆を行なっている。ついで建久三年四月二十八日条では、故後白河法皇の来る四十九日の仏事に鎌倉および武蔵・相摸・伊豆の宗たる寺社に御書を下し、供僧等がその請に応ずべきことを行政は中原仲業とともに奉行している。

建久三年十二月十日条では、

女房大進局、先日拝領伊勢国三ヶ山事、依被申子細、重被遣政所御下文、民部丞行政奉行之、

と、行政が単独で奉行を行ない[21]、翌四年十一月十二日条では広元・行政の両名が政所下文の「奉人」を行なったとあるが、建久二年の政所開設以降、広元は別当、行政は家令「令」の役職にあり、この場合の奉行は政所の別当と家令を指しているものと考えられる。したがって家令であった行政が執筆した可能性は高い。

次に建久五年九月二日条では、

東大寺供養御布施用途、被進京都、仲業・行政等為奉行、下送文於御使雑色時沢・清常云々、

とあり、行政と中原仲業が共に京都への送文を執筆したと思われる。続いて同年十二月十七日に、明春の頼朝上洛のため東国の御家人等を供奉人として催促しているが、中原親能が惣奉行を、行政がこれを書下している。また、建久六年八月二十九日、頼朝は鶴岡八幡宮灯油料のことで、対捍があるので毎日の結番を定めた時、雑色清常の所に書下を付しているが、これを行政が奉行している。結番の御家人名・順番を執筆したのが行政であったのである。

行政は主に政所下文との関わりでみるべき人物のようである。

10　中原仲業（右京進）

中原仲業は建久二年正月十五日、政所吉書始の記事に公事奉行人の構成員「左〔右〕京進中原朝臣仲業」として名前を連

ねたのが初出の史料である。(22)

建久三年四月二十八日、故後白河法皇七七日忌御仏事に、武蔵・相摸・伊豆の宗たる寺社に、参勤の供僧の召文を下している。(23)仲業は行政とともに奉行している。分担して執筆したのであろう。続いて同年六月三日条に、

有恩沢沙汰、或被加新恩、或被成改以前御下文、其中有文武抽賞、所謂前右京進仲業、励右筆勤之処、未預賞之間、今日始拝領之、

仲業が右筆の勤めを行なう人物であることを端的に示すものであろう。

建久五年九月二日、東大寺供養布施用途を京都に進める奉行を行政とともに仲業が行なっているが、この時、送文も共に執筆したと考えられる。仲業が右筆として活動した最後の記事は建久五年十月九日条で、頼朝が小山朝政邸に赴き弓馬の故実について談じた時、相伝の家説を仲業に筆記させている。右筆としての行動と考えられる。

中原仲業の活躍の期間が政所下文発給の時期と重なっているが、彼の政所機構内における右筆としての活動が明確に現われてくる記事は少なく、充分に仲業の右筆像を明らかにすることができなかった。(24)

11　武藤頼平

武藤頼平が頼朝の右筆として最後に現われる御家人—吏僚—ではないかと考えられるが、確たる史料が存在するわけではない。そこで僅かに根拠として提示できるのではないかと考えている記事を挙げることにする。まず建久四年十一月三十日条である。

人々浴恩沢、因幡前司広元・民部大夫行政・大蔵丞頼平等奉行之云々、

大江広元・二階堂行政・武藤頼平が分担して恩沢の下文を執筆したと考えるべきであろうか。建久四年には既に政

所が機能しており、現存する政所下文から考察すると、行政は建久四年四月頃に家令を頼平と交替し、行政は広元とともに別当を勤めている(25)。この『鏡』の記事の「奉行之」とは当時の政所の「上」家司三名を記したもので、分担執筆者を表現したものではない。では、政所下文を執筆したのは誰であろうか。政所の新参である「令」の頼平が執筆したのではないかと、次の史料から類推していえるのではないだろうか。建久四年十二月五日、安田義定の所領遠江国浅羽庄の地頭職を収公し、「今日賜御下文、大蔵丞頼平奉行之」と、頼平が下文の奉行を勤めている。「下文」とは将軍家政所下文であろう。当時政所の「上」家司は広元・行政、家令の頼平であり、頼平一名を「奉行之」と記したのは、家令が執筆を勤めていた明証となるであろう。

12　安達盛長

相田二郎氏は「鎌倉時代における武家古文書の筆蹟」において、安達盛長の右筆に関して次のごとく述べられている。

> 俊兼について現われる右筆と思われる者に、足立(安達)盛長がある。元暦元年七月十六日、頼朝が、渋谷次郎高重と申す者の武勇の功労を賞するために、その所領上野国黒河郷に国衙使の入部を止め、彼を別当となす下文を出しているが、その奉行人として盛長が挙(マヽ)げてある。この下文は或いは盛長が執筆したのであろう。

国史大系本の『鏡』も、吉川本の『鏡』も「被レ仰二含其由於国一、奉行人藤九郎盛長云々」と同じように返り点が付されている。国史大系本の底本となる北条本にも朱で返り点が付されており、当該の記事も大系本と同じ返り点となっている(26)。この返り点に従って解釈すれば相田氏の述べるごとくになる。

しかし、この返り点の打ち方は校訂者の誤りで、正しくは「仍今日被レ仰二含其由於国奉行人藤九郎盛長一云々」と

表2 『吾妻鏡』による右筆関連の記事―付，玉葉の記事―

年月日	文書名	奉者名	備考
治承 4. 6. 22	御書	邦通	右筆
治承 4. 8. 19	下文	〃	奉行
治承 4. 12. 14	書下	〃	右筆
養和元. 5. 23	御書カ	昌寛	奉行
養和元. 7. 3	御書	〃	〃
養和元. 7. 20	下文	成尋	〃
養和元. 8. 29	注文	昌寛	〃
寿永 3. 3. 23	奏状	広元	執筆(玉葉)
寿永 3. 4. 7	〃	〃	〃
元暦元. 4. 3	下文	惟宗孝尚	奉行
元暦元. 4. 23	奉書	俊兼	〃
元暦元. 5. 3	寄進状	昌寛	〃
元暦元. 5. 21	御書	善信	書（右筆）
元暦元. 7. 20	寄進状	俊兼	右筆
元暦元. 10. 6	吉書	邦通	〃
元暦元. 10. 20	問注勘記	俊兼・盛時	〃
元暦元. 10. 28	請文	俊兼	奉行
文治元. 3. 6	御書	広元	〃
文治元. 4. 13	下文カ	広元・行政・遠元・秋家・邦通・孝尚	連署
文治元. 4. 26	下文	俊兼	奉行
文治元. 5. 8	下文カ	〃	〃
文治元. 12. 6	請文	広元・善信・俊兼・邦通	〃
文治 2. 3. 4	消息	広元	沙汰
文治 2. 4. 7	解文	俊兼・善信	奉行
文治 2. 5. 29	御書	善信・俊兼・邦通・行政・盛時	〃
文治 2. 7. 28	〃	俊兼	〃
文治 2. 8. 5	請文	盛時	右筆
文治 2. 8. 15	聞書	俊兼	〃
文治 2. 10. 3	解文	行政	〃
文治 3. 4. 18	奉書	盛時	奉者
文治 3. 9. 13	〃	〃	〃
文治 3. 10. 25	〃	〃	〃
文治 4. 5. 17	御教書	盛時ノ判タルベシ	〃
文治 4. 6. 17	御書	俊兼	御書ヲ改ム
文治 4. 12. 16	〃	善信	右筆

文治 5.7.10	下知	盛時	奉行
文治 5.9.8	消息	行政	右筆
文治 5.9.20	(旗弓袋ニ銘)	盛時	〃
文治 5.10.24	消息	広元	〃
〃	御教書	〃	奉者
文治 5.12.23	御書	俊兼	奉行
建久元.1.7	召文	盛時・行政	右筆
建久元.2.22	請文	盛時	〃
建久元.4.19	注進状	広元・盛時・俊兼	奉行
建久元.5.12	御教書	盛時	奉者
建久元.8.3	〃	〃	〃
〃	〃	〃	〃
建久元.9.9	事書	〃	奉行
建久元.11.2	御教書	〃	奉者
建久元.11.9	請文	昌寛	右筆
建久 2.5.3	〃	俊兼	〃
建久 2.12.19	御教書	盛時	奉者
建久 3.3.4	〃	〃	〃
建久 3.4.28	御書	行政・仲業	奉行
建久 3.6.3		仲業	(右筆ノ賞)
建久 3.10.15	(下知)	行政・盛時	奉行
建久 3.12.10	政所下文	行政	〃
建久 4.6.20	奉書	善信	〃
建久 4.11.12	政所下文	広元・行政	〃
建久 4.11.30	〃	(広元・行政)・頼平	〃
建久 4.12.5	〃	頼平	〃
建久 5.5.29	御書	広元・善信	〃
建久 5.9.2	送文	仲業・行政	〃
建久 5.10.9	聞書	仲業	右筆カ
建久 5.12.17	書下	行政	右筆
建久 6.7.16	壁書	盛時	奉行
建久 6.7.19	請文	〃	右筆カ
建久 6.8.29	書下	行政	奉行

註　相田二郎氏「鎌倉時代に於ける武家古文書の筆蹟」(一，吾妻鏡にみたる源頼朝の右筆)の表示とはかなり異同がある。

あるべきである。安達氏が国奉行である記事が建暦二年八月二十七日条に「安達左衛門尉申上野国奉行辞退事」とあり、国奉行人であることは明らかであろう。したがって安達盛長を右筆の列に加えるのは適切ではないと考える。

以上が『鏡』に現われた頼朝の右筆である。全体を概観すると、頼朝の初期、いまだ大江広元・三善康信等の京下りの吏僚が鎌倉に下向していない、治承四年（一一八〇）～寿永元年（一一八二）頃は、藤原邦通・昌寛・成尋が右筆を勤め、元暦元年（一一八四）～文治二年（一一八六）頃になると、京下りの下級吏僚であったと考えられるが、出自の明らかでない藤原俊兼が右筆の中心となっている。文治二年の後半より平盛時が俊兼に代わり右筆の中心となり、頼朝に重用されるようになるが、建久二年（一一九一）頃から政所下文が発給されるようになると、盛時の右筆活動は書状・御教書の執筆が中心となる。また中原仲業が右筆に加わり、二階堂行政・武藤頼平が政所下文の執筆者であったようである。

大江広元・三善康信は御書（書状・御教書等）の執筆にも当たっているが、必要に応じて重要な文書の起草・執筆に参加する人材であったと理解すべき人物ではないだろうか。

『鏡』の右筆に関る記事を抽出し、人物ごとに述べてきたが、表2は考証の便のために編年順に表示したものである。

二　記録・文書にみたる源頼朝の右筆

鎌倉幕府初期の頼朝の右筆について記した記録は管見の限り『玉葉』に記述された記事のみであるが、『鏡』だけでは知り得ぬ事柄を多少ではあるが知ることができる。

『玉葉』寿永三年（元暦元、一一八四）三月二十三日条に「件脚力十九日到来、頼朝奏院之状、即広元執筆付泰経卿云々」と、大江広元が後白河法皇充奏状を右筆していることを知ることができる。ついで同年四月七日条である。

　雅頼卿来、談世上之事、頼朝卿後見史大夫清業、去比来納言許語云、下官事、頼朝推挙存堅事云々、奏聞之日、於八幡頼朝奉祝云々、宝前、能致祈念之後、仰広元令書之云々、

頼朝が鶴岡八幡宮寺に祈念したその後に、広元に挙状―九条兼実を内覧に推薦ヵ―を右筆させている。今後の頼朝の政治的立場に大きく影響するような、文書の執筆を行なっているのである。

広元の『鏡』における記事は『玉葉』より約二ヵ月後の元暦元年（一一八四）六月一日条に突然に現われる。頼朝が鎌倉に招請した平頼盛が帰洛するに当たり、引出物として砂金一嚢を伝える役を広元が務めている。両記事から推測して広元は寿永三年（元暦元）の初旬には関東に下向していたと考えられる。下向後まもなく頼朝の信頼を得た吏僚として活動している。

次に諸々の古文書の内より右筆に関わる記事を有す文書を抽出することに努めたが、管見の限りでは次に提示する二通の文書を見出すに止まった。

　肥後国御家人平河三郎良貞・同四郎師時（申脱カ）当国球磨郡永吉地頭并名主職事、

右、越訴之趣、子細雖多、所詮、如良貞等申者（中略）爰如良貞等所進遣于遠景（天野）・盛時（平）六月十六日付文治三年奉書案者、（中略）如同所進遠景同十二月状案者、下球磨御領、可早任御教書、被安堵平河三郎（良貞）身事、右去六月十六日御教書今月三日到来、子細云々者、早任状、如本可令安堵云々、取詮如同所進遣于遠景・盛時七月十七日付文治五年奉書在御判者、平河次郎師貞為勤京大番、所令上洛也云々、（後略）

弘安六年七月三日　　駿河守平朝臣(27)在御判
（陸奥守平朝臣脱カ）在御判

読み取りに難儀な文書である。圏点の箇所を強いて読めば「爰如下良貞等所レ進二遣于遠景一、盛時六月十六日付文治三年奉書案上者」、「如下同所レ進二遣于遠景一、盛時七月十七日付文治五年奉書在御判上者」と読むのであろう。(27) 天野遠景は文治三年当時鎮西奉行として鎮西にあり、(28)「文治三年」六月十六日付の盛時奉書案を、また「文治五年」七月十七日付で御判（頼朝）の盛時奉書を遠景の許に遣わしたと読み取ることができるであろう。文治三年・同五年の盛時奉書の存在を示唆する文書である。

次に「東大寺衆徒等重訴状案」中に記載された文言である。(29)

東大寺衆徒等重言上

（中略）

右当寺者、三代相承之御願□鎮護国家、（中略）□於其身者、号重代御家人、至所領者、称□武家之御成敗之由、掠申之、□条々不可然者也、先為重代御家人之旨、如備進之状者、非御家人之所見者哉、根本号右大将家御下文者、義宗法橋（義勝房成尋カ）之状也、以件義宗之状□号御家人之例無之歟、以広元已下土肥《実平》・梶原《景時》□書、備御家人之証拠者、為傍例歟、於義宗者不被叙用之由所承及也、此状被棄置者、不可為御家人之条、不及子細歟、義宗以後、於関東御教書御家人某登被載之者、有訴人何国御家人誰登致《被》載申状事、無支申仁之時者、其例常途之□先義宗之奉書、被究用捨之御沙汰□之実否、如風聞者、以義宗之奉□（書カ）□輩多以被棄捐歟、加之、件奉書□上、無年号、無御判、尤可被糺定真偽者哉、縦□（被）叙

用義宗之状、（後略）

永仁六年三月［　］

「東大寺衆徒等重訴状」に義宗（義勝房成尋）の奉書の存在を示している。ただ、義宗奉書は証拠文書として採用されなかったようである。この奉書の信憑性を疑問視する根拠として「無年号」・「無御判」を挙げている。しかし、奉書・御教書が無年号であることは、書状系の文書の書札礼に適うもので[30]、とくに疑問視する問題ではない。一方、「無御判」とは頼朝の「判」（花押）が署されていないとの意味であろう。現存する頼朝奉書・御教書には御判（袖判）が署された多少の例を認めることができるが、基本的には奉書・御教書に頼朝が「判」を署さないのが通例であり、島津忠久充七月十日付源頼朝御教書では日下に「平（花押）奉」とあるように、頼朝の花押（袖判）は署されていない[31]。このように考察を進めていくと、必ずしも「無年号」・「無御判」が疑偽文書の指標とはならないことは明らかであると思う。当該の「重訴状」からは、頼朝御教書の奉者としての義勝房成尋の存在を窺わせるが、義勝房成尋が頼朝の意を奉じて奉書を執筆したとは考え難いものの、頼朝の右筆としての成尋の存在を知る手掛りにはなり得るのではないかと考えている。

数少ない史料からであるが、大江広元について、『鏡』初出の記事以前の史料を提示することができた。また平盛時の文治三年・同五年の奉者としての活動および義勝房成尋の右筆としての存在を微かながら窺い知ることができたと思う。

三　源頼朝御教書にみたる奉者

頼朝の右筆を最も良く表現した史料が御教書・奉書の奉者ではないだろうか。頼朝の場合、奉者がその執筆者であったと比定するのはまず誤りないであろう(32)。そこで、今日残存する信憑性の高い源頼朝御教書・奉書の奉者を抽出することにより、右筆を知ることにしたい。

ここでは、現存する御教書・奉書—正文・案文（案）—二十四通より奉者を抽出し、人物ごとに考察を加えていくことにする。

1　藤原俊兼

最初に頼朝の奉書に奉者として名前を現わすのが藤原俊兼である。『鏡』元暦元年四月二十三日条に見えている。

三郎先生義広謀叛之時（中略）政義自最初依令候御前、以当国南郡、充賜政義之処、（中略）此一両年国役連続之間、於事不諧之由、属筑後権守俊兼愁申之、仍可随芳志之由、被遣慇懃御書於常陸目代、

常陸国務之間事、三郎先生謀叛之時（中略）以当国南郡、充給下河辺四郎政義畢、而南郡国役責勘之間、云地頭得分、云代官経廻、於事不合期之由、所歎申也、（中略）地頭職所当官物、無対捍儀者、雖何輩何共煩候哉、以此旨可令申触之旨、鎌倉殿所仰候也、仍執達如件、

四月廿三日　　俊兼奉

謹上　常陸御目代殿(33)

勲功のあった下河辺政義に常陸国南郡の所領の「有限所当官物、恒例課役」以外は「芳意」を施し給うように常陸目代に申し入れており、この奉書の奉者を俊兼が務めている。俊兼の『鏡』における初出の記事である。地の文に下河辺政義が俊兼に属して愁い申したとあるが、前掲の奉書にはその文言は見当たらない。『鏡』の記事を通覧しても、俊兼と下河辺政義、俊兼と常陸国を仲介するような関連の記事も出てこない。恐らく俊兼が奉書の奉者であったことを『鏡』の編者は「属俊兼」してと表現したのではないだろうか。

俊兼が御教書・奉書の奉者を務めたのはこの奉書一回のみで、この後、頼朝の右筆は行なっているが、御教書・奉書の奉者は務めていないようである。

2　大江広元

大江広元は藤原俊兼に遅れること一ヵ月後に『鏡』に現われる。[34] 頼朝御教書・奉書の奉者として広元の名前を見るのは（寿永三年、一一八四）七月二日付大江広元奉源頼朝御教書においてである。[35] 頼朝の意を受け、一、北陸道における かたがたの狼藉の事、二、伊賀国鞆田庄の事、三、東大寺大仏の滅金の事、この三ヵ条について東大寺に申し送っており、広元が奉者を務めている。

続いて広元は、①（元暦二年）六月八日付源頼朝袖判御教書案、②（文治二年）十一月二十五日付源頼朝袖判御教書案の奉者を務めている。[36] 共に、当時、頼朝が京都に滞在していた大内惟義に充てた袖判御教書で、①では多田行綱を勘当すること、その後の始末を行なうべきこと、②では源行家・義経を捜索すべきこと等を伝えており、日下に「広元奉」と広元が奉者を務めたことを示している。

次に（元暦二年ヵ）七月二十二日付源頼朝袖判御教書は、正文として残る数少ない御教書の内の一通である。[37] 当時、京都および畿内近国に派遣していた近藤国平に充てて、高雄山神護寺等への武士の押妨を後白河法皇の指示に従って沙汰するように命じた御教書で、日下に「広元奉」とあり、広元が奉者を務めている。

ついで（文治二年カ）二月十五日付源頼朝袖判御教書は、頼朝が帰依していた走湯山の文陽（養）房覚淵に充てた御教書である。[38]

（花押）

奉加勧進しつへからんひしりのま心ならむ、一人忩可令沙汰進給也、奉加のものとも沙汰して、為令進給候也、兼又酒匂大郎ニハ田のなにとかやとり候なるをは、件免田の分をハ、一切不可取之由、昨日被仰含候了、可令存此旨給之状如件、

二月十五日　　広元奉

文養御房

日下に「広元奉」とあり、広元が奉者を務めた大江広元奉書と言うべき文書であり、（元暦二年）七月二十二日付源頼朝袖判御教書とともに、広元の筆跡を知る有力な手掛りとなる文書であろう。

前記の（文治二年）二月十五日付の御教書―奉書―を以て、これ以後、広元が頼朝の右筆―含、奉者―した文書は見当たらなくなり、一応、広元の頼朝右筆としての活動は終わると考えられる。ただ、文治五年に一度だけ広元が奉者として登場する。（文治五年）十月二十四日付出羽留守所充源頼朝御教書の奉者を務めている。[39] 十月二十四日は頼朝が奥州合戦を終え、鎌倉に帰着した日である。[40] 文治五年当時、御教書の奉者を務めていた平盛時は頼朝に供奉して従軍し鎌倉を離れており、留守を護っていた広元が召し出され御教書の奉者を臨時に務めたものと考えられる。

3　中原親能

中原親能が頼朝の右筆として（元暦二年）六月十日付大内惟義充源頼朝袖判御教書の日下に「親能」と署名して奉者を務めている。[41] 親能が頼朝文書の右筆を行なった形跡は当該文書の他に見当たらない。ただ、この文書を偽文書として捨て去るにはいまだ決定的な根拠は見出し得ない。親能が臨時に奉者を務めたことも考えられる。一応、奉者の一人としておきたい。ただ、右筆の筆跡研究の対象としては外すのが適当と考える。

4　平　盛　時

平盛時は元暦元年十月二十日、問注所設置に伴う諸人訴訟における問注勘記の執筆の役を行なっている。『鏡』における盛時の初見の記事である。盛時が御教書・奉書の奉者として活動を始めるのは、（文治三年）四月十八日付平清綱充源頼朝御教書からで、日下に「盛時奉」とあり、奉者を承っている。[42]

広元は頼朝の側近の吏僚として臨機に諮問に応じ、時に自ら書状・御教書等の執筆も行なっていたのであるが、頼朝の右筆―含、奉者―としての活動は前述のように文治二年後半で一応終わる。[43] 御教書・奉書の奉者は基本的に単独であったようで、[44] そこで広元の跡を受け御教書の奉者を担当したのが盛時であり、広元が使節として上洛する二ヵ月前のことである。[45] 平清綱充の御教書以降盛時が奉者として執筆した御教書は表3のごとく（文治三年）四月十八日付瀧口清綱充源頼朝御教書より始まり、七月十日付島津忠久充源頼朝御教書まで十六通の奉者を承っている。[46] 十六通の御教書の内、七月十日付島津忠久（宗兵衛）充源頼朝御教書は日下に「平（花押）奉」とあり、奉者盛時が花押を署した正文で、右筆―奉者―の筆跡を知る貴重な文書である。[48]

建久三年三月以降、盛時は頼朝の御教書の奉者としての活動はみられなくなる。ということは、とりも直さず頼朝の御教書の発給もなくなると考えられる。(49)いかなる理由によるものであろうか。頼朝文書を通覧すると、建久三年七月十二日、頼朝は征夷大将軍に叙されており、それは将軍家政所下文を本格的に発給する時期と重なっている。本来、御教書と政所下文とでは文書のもつ効力は異なるのであるが、新たな政所機構による文書発給の仕組みに何らかの変化が生じたことによるものではないだろうか。結論はいまだ出ていない。

盛時の御教書の奉者としての活動は頼家将軍の時代に続き、(50)『鏡』建仁三年四月六日条に「伊予国御家人河野四郎通信（中略）給御教書、平民部丞盛時奉行之」との記載があるが、この記事以降右筆としての盛時の姿を見ることはない。

現存する二十四通の源頼朝御教書・奉書を通覧すると、奉者は基本的には常に一人であった。幕府草創期の元暦元年には藤原俊兼がこれを務めている。俊兼は能筆者として知られた人物であったようであるが、奉者として活動した文書は常陸国目代充の奉書一通のみである。同年中頃になると朝廷の事情に通じた大江広元の鎌倉下向により俊兼に替わって奉者を務めている。広元は源頼朝の側近として時に応じて右筆を務めているが、「寿永三」七月二日付の奉書より奉者として執筆に携わり、現存する御教書・奉書は六通を数えることができる。ただ、文書自身に多少の疑問のあるものも存在するが、広元が当該時期に御教書・奉書の奉者を務めたことは否めない事実である。文治二年六月頃より度々上洛する事情もあってか頼朝の奉者は広元から平盛時へと交替している。文治五年に再度奉者を務めているが、これは盛時が奥州合戦にあたって、頼朝に供奉して鎌倉を留守にしていた間の臨時の代行であった。たしかに広元は頼朝に近侍し奉者として執筆にも当たっているが、一介の御教書・奉書の奉者と捉えるのは適当ではないとも

表3　源頼朝御教書・奉書

年月日	書止文言	奉者	充所	出典		備考（袖判有無）
元暦一、四、二十三	鎌倉殿所仰候也、仍執達如件、	（藤原）俊兼奉	常陸御目代	『鏡』	編年74	
「寿永三」七、二	鎌倉殿仰如此、仍以執遠如件、	散位広元奉	ナシ	東大寺文書	編年86	
「元暦二」六、八	あなかしこ〳〵、	広元奉	大内惟義	多田院文書	編年128	袖判
「元暦二」六、十	そのころをゐておハしますべし、	親能	〃	〃	編年130	〃
（元暦二）七、十八	仍執達如件、	広元奉	近藤国平	東京国立博物館所蔵文書	編年177	袖判、正文
「文治二」十一、二十五	あなかしこ〳〵、	広元	大内惟義	多田院文書	編年202	袖判
（文治三）四、十八	仰旨如此、仍以執達如件、	盛時奉	平清綱	『鏡』	編年208	
文治三、九、十三	依仰執達如件、	平	ナシ	〃	編年224	
（文治三）十、二十五	仰旨如此、仍以執啓如件、	盛時奉	大江広元	〃	編年226	
（文治五ヵ）二、二十一	仰旨如此、仍以執進如件、	盛時□（奉）	〃	宝生院所蔵	編年243	前欠
（文治五ヵ）八、五	ゐこんのことにてあるへきなり、	盛時□（奉）	畠山重忠	島津家文書	編年254	袖判、正文
（文治五）十、二十四	依鎌倉殿仰、執達如件、	前因幡守	出羽留守所	『鏡』	編年261	
（建久一）五、十三	仰旨如此、仍以執達如件、	盛時奉	都幡隆家	〃	編年274	
（同上）八、三	〃	〃	北条時定	〃	編年280	
同上	……所候也、	〃	大江公朝	〃	編年281	
（建久一）十一、二	被仰下之由ヲ申者候也、	〃	大江広元	〃	編年288	
（同上）十二、十	御消息如此、仍執達如件、	〃	八幡別当僧都御房（成清）	『石清八幡宮記録』所収「石清水文書」	編年291	袖判
建久二、八、一	鎌倉殿仰旨如此、仍執達如件、	〃	天野遠景	宗像神社文書	編年299	
（建久二）十二、十九	鎌倉殿江仰旨如此、仍執達如件、	〃	多好方	『鎌』	編年306	

閏十二、二十八	……候也、仍執達如件、	盛時奉	佐々木定綱	『群書類従』所収「渋柿」	編年307		△
（建久三）三、四	鎌倉殿仰旨如此、仍執達如件、	〃	多好節カ	〃	編年309		
「建久三」四、十	依鎌倉殿仰、執達如件、	盛時（花押）	天野遠景	宗像神社文書	編年310	袖判	△
七、十	前右大将殿仰、仍執達如件、	散位範高奉	ナシ	神宮雑書	編年351		×
建久八、八、十九	依前右大将殿仰、執達如件、	前右京進中原（仲業）・大蔵丞在（藤カ）原（頼平）・散位藤原（行政）	ナシ	高野山文書又続宝簡集百四	編年358		
（建久九カ）九、八	前大将殿仰如此、仍執達如件、	平御判	加藤景廉	甲斐大善寺文書	編年364		△
二、十五	可令存此旨給之状、如件、	広元奉	文養御房（覚淵）	関戸守彦氏所蔵	編年368	袖判、正文	
四、六	仰旨如此、仍執達如件、	盛時奉	佐々木高綱カ	大手鑑隠心帖	編年373	正文	
五、九	鎌倉殿仰旨如此、仍執達如件、	〃	島津忠久	島津家文書	編年375	袖判	×
五、十四	仰旨如此、仍以執達如件、	〃	天野遠景	〃	編年376	〃	
五、二十七	あなかしこ、	広元奉	源義経	益田家文書	編年377		×
七、十	前右大将殿仰如此、仍執達如件、	平（盛時）（花押）奉	島津忠久	島津家文書	編年379	袖判、正文	

考えられる。しかし、頼朝文書の筆跡研究には重要と考え奉者の一人とした。

大江広元に次いで御教書・奉書の奉者を務めたのが平盛時である。盛時は建久二年の政所始の記事に「公事奉行人民部丞平朝臣盛時」とあり、公事奉行を務めているが、文書上で活動が認められるのは「文治三」四月十八日付の御教書(51)からで、以下十五通の執筆を確認できた。ただ、執筆の時期—御教書発給の年月日—を明らかにできたのは建久三年三月までで、政所下文の発給時期と微妙に前後する。[52]文書の持つそれぞれの機能に着目して論ずべきであろうが、ここでは指摘するに止めた。盛時は常に頼朝に近侍し奉者を務め、頼朝の最晩期まで右筆として活動していたようで、次代の鎌倉殿頼家奉書の奉者を務めている[53]ことからも活動の時期を窺うことができる。

源頼朝の右筆は十一名を数えることができたが、御教書・奉書の奉者については、元暦元年より建久三年まで藤原俊兼、大江広元・平盛時と交替しながら一人が務めていたことを指摘した。

四　源頼朝文書の正文にみたる右筆

1　相田二郎氏の分類をめぐって

相田二郎氏は頼朝文書の正文を基に右筆の筆跡を、第一筆跡より第十一筆跡までに分類されている。後に補説を加えられ、第四筆跡と第十一筆跡が同筆であり、執筆者―右筆―は右京進仲業であると結論づけられた。したがって、頼朝文書の筆跡は第十筆跡までとなる。本書の第Ⅰ部「源頼朝文書における疑偽文書について」において、相田氏が第十筆跡までに提示した頼朝文書の正文の内には疑問または偽文書に近い文書が複数含まれていることを述べた。相田氏の論考の内の一部については改めて筆跡の分類を行なう必要が生じるのではないだろうか。第Ⅰ部と重なり煩瑣ではあるが若干の問題点を指摘しておきたい。

相田氏の論考の内で、問題を含む文書が採用されていると考えられ、筆跡の分類について再考の必要があると思われるものを次に示した。

1第二筆跡。元暦元年十二月二十五日付源頼朝袖判下文（常陸国鹿嶋社司幷在庁官人等）(54)
この一通を基に第二筆跡とされているが、問題点として、袖判が稚拙であり、筆跡が粗雑。元暦元年十二月時点で東国に地頭職の補任がなされたのか等を指摘した。
2第六筆跡。元暦二年八月二十一日付源頼朝袖判下文（常陸国鹿嶋社司幷在庁官人等）(55)
第二筆跡と同じくこの文書一通を基に第六筆跡を立てられているが、問題点として、元暦二年八月の時点で東国に地頭職補任の事実があるのか、また筆跡が稚拙であること等を指摘した。
3第九筆跡。建久二年二月二十一日付前右大将家政所下文（捧紀五近永）(56)
この政所下文も一通の文書を基に第九筆跡を立てられている。問題点は、充所が仮の充所であるべきと考えるが、直接受取人を充所にしていること、下家司に「掃部允惟宗（花押）」とあるが、政所の構成員でない人物が署名していること、建久二・三年の時点で武士の狼藉の停止を命じる政所下文は発給されていないこと、筆跡が他の政所下文に比べて稚拙であること、などがある
ついでではあるが、前記の指摘の他にも取り上げておきたい筆跡群がある。次に示す第一筆跡の八通の文書がそれである。
一　寿永二年十月十日　下文　賀茂神主重保〔賀茂別雷神社所蔵〕(57)
二　元暦元年六月日　下文〔神護寺所蔵〕(58)
三　元暦元年七月二日　下文　紀伊国阿氏川庄〔高野山文書宝簡集三十三〕(59)
四　文治二年五月日　外題（高野山住僧等解）〔高野山文書宝簡集二十七〕(60)
五　文治二年閏七月二十九日　下文　近江国建部庄住人〔前田侯爵家所蔵武家手鑑〕(61)

六　文治二年八月三日　下文　島津御庄官等〔島津家文書 歴代亀鑑〕(62)

七　文治二年九月五日　下文　播磨国安志庄林田庄室御厨〔鳥居大路家所蔵〕(63)

八　文治二年九月五日　下文　丹後国由良庄〔賀茂別雷神社所蔵〕(64)

この内で相田氏が「六」として挙げられた、文治二年八月三日付源頼朝袖判下文を除くと、すべて拙編著『源頼朝文書の研究』（史料編）で「検討ノ要アリ」と、何らかの疑問を呈した文書である。とくに一・三・七・八の文書については第I部でその疑問点を述べた問題を含む文書であり、(65)これらを第一筆跡として分類するには一考を要するのではないかと考えられる。

2　相田二郎氏の第四・第十一筆跡中原仲業執筆説を素材として

(1) 建久六年六月五日付源頼朝下知状の中原仲業執筆説についての疑問

相田氏が補説において、建久六年六月五日付源頼朝下知状(66)を素材としその執筆者を追及し、その結果中原仲業に比定され、続いてこの文書の筆跡を範とし第四筆跡と第十一筆跡が同筆であり、その執筆者―右筆―は中原仲業であること、また「仲業はすでに元暦二年六月頃から頼朝の右筆で、建久六年の頃までも続いてその任務についていた」と述べられているが、ここでは改めて考察を加えてみたい。

相田氏が第四筆跡、第十一筆跡として挙げられた頼朝文書は、左記の八通の下文と一通の書状および建久八年十二月三日付の政所下文である。

第四筆跡

一　元暦二年六月十五日　下文　伊勢国須可御庄〔島津家文書 歴代亀鑑〕(67)

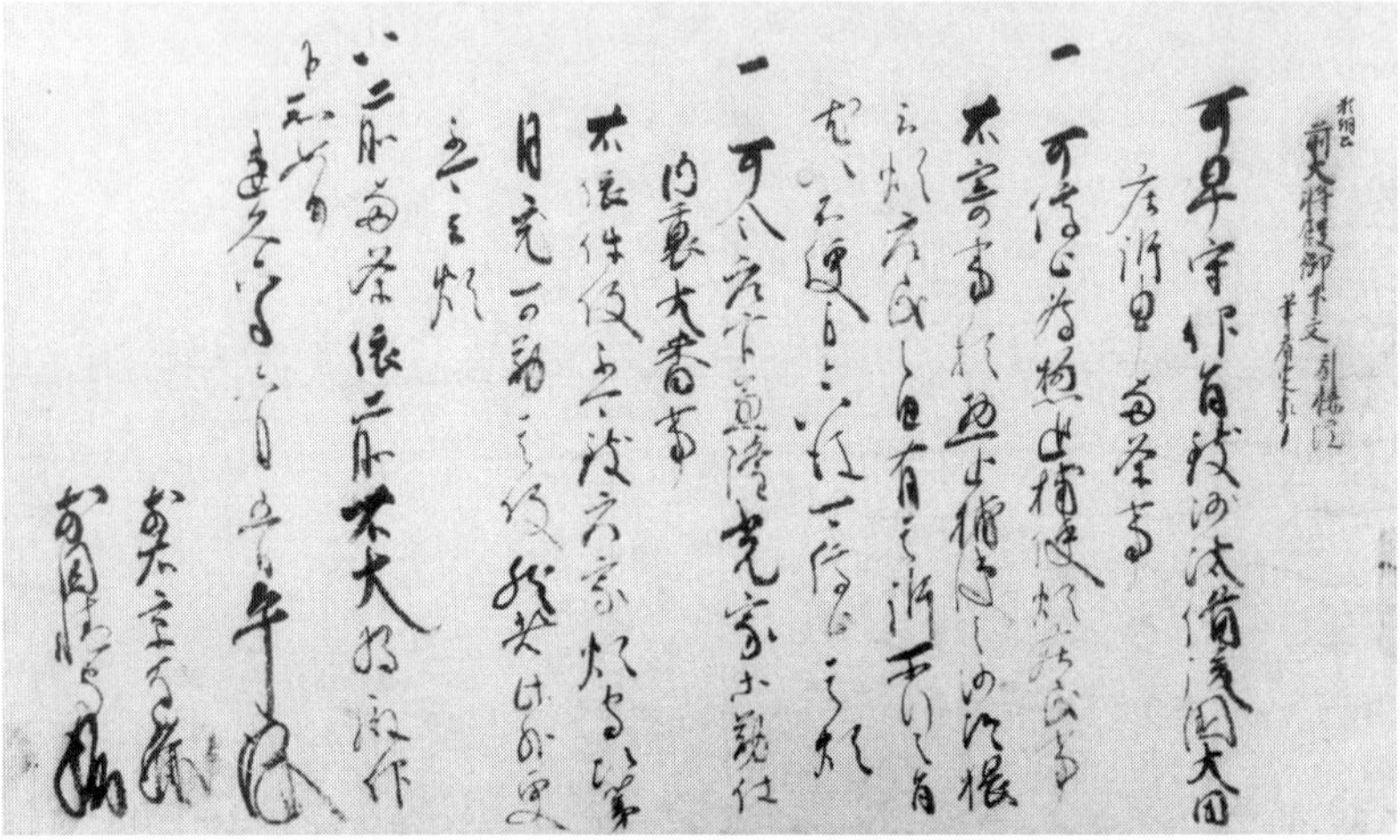

図 12　源頼朝下知状（「高野山文書」宝簡集七，金剛峯寺所蔵）

二　文治二年四月三日　下文　島津御庄〔同右〕[68]

三　文治二年九月五日　下文　周防国伊保庄竈戸関矢嶋柱嶋等住人〔賀茂別雷神社所蔵〕[69]

四　文治三年五月三日　下文　大秦元光〔「島津家文書」歴代亀鑑〕[70]

五　文治三年九月九日　下文　島津庄〔同右〕[71]

六　文治三年十月九日　書状〔東大寺所蔵〕[72]

七　文治三年十二月一日　下文　下野国寒河郡阿志土郷〔「皆川文書」〕[73]

八　文治五年二月九日　下文　島津庄地頭忠久〔「島津家文書」歴代亀鑑〕[74]

九　文治五年四月七日　下文　伊賀国鞆田庄住人〔「保阪潤治氏所蔵文書」〕[75]

第十一筆跡

建久八年十二月三日　政所下文　左兵衛尉惟宗忠久〔「島津家文書」歴代亀鑑〕[76]

行論の都合上、まず相田氏が中原仲業の筆跡であるとされた建久六年六月五日付源頼朝下知状について取り上げ、その後に第四筆跡と第十一筆跡の問題について考察を加えることにする。

可早守仰旨致沙汰備後国大田庄訴申両条事
一　可停止為惣追捕使煩庄民事
右、寄事於惣追捕使之沙汰、猥云煩庄民之由、有其訴、所行之旨尤以不便、自今以後、可停止其煩、
一　可令庄官兼隆・光家等勤仕内裏大番事
右、依件役、不可致庄家煩、守次第月充、可勤其役、然者此外更不可云煩、
以前両条、依前右大将殿仰、下知如件、
建久六年六月五日
平（盛時）（花押）
前右京進（中原仲業）（花押）
前因幡守（大江広元）（花押）

源頼朝文書中において初出の下知状で、頼朝が東大寺供養のため上洛し京都に滞在中、高野山領備後国大田庄の訴訟に関して発給した文書である。下知状の奉者の前因幡守大江広元・前右京進中原仲業・平盛時の三名は頼朝に供奉して京都に滞在中であり、このような状況下での下知状の発給であった。

相田氏はまず奉者中の広元の筆跡の奉書、続いて盛時筆の奉書を詳細に観察・検討され、いずれの筆跡も下知状の筆跡とは異なるとした上で、残る奉者の仲業が執筆したとの結論を導き出されている。いわゆる、消去法による判断であり、基準となるような仲業の筆跡と照合して得た結論（判断）ではなく、気になるところである。(77)

また、この文書には前述のような疑問の他に二、三の気になる点がある。その第一点は、当該文書の平盛時の花押と現時点で最も信頼できると考えられる平盛時筆の奉書「島津家文書」七月十日付源頼朝御教書の花押と比べてみる(78)と書止めの部分に違いが認められ、疑問が生じる。その第二点は、既に第Ⅰ部「源頼朝文書における疑偽文書につい

て」で述べたように(79)、下文の系統の文書が楷書で書されているのに対し当該文書は行書で書されていること、第三点は、奉者の「前因幡守」と「前右京進」は同筆であり「平（盛時）」のみが別筆のように感じられること。上記の三点が気掛りなところである。

(2)中原仲業の活動の時期

次に仲業の活動の跡を幕府の発給文書によって辿り、右筆として活動した時期を明確にしておきたい(80)。

中原仲業署名の文書の初見は前述の建久六年六月五日付源頼朝下知状で、大江広元・平盛時とともに連署した奉者の一人として登場する。源頼朝期の仲業の活動を示す文書はこの下知状一通のみで(81)、頼朝の晩期に右筆として活躍した痕跡は認められるが、積極的な意味において仲業が頼朝の右筆として活動していたとは考え難い。

では、いつの時期まで活動の跡を辿ることができるのであろうか。頼朝の次代の頼家期は鎌倉殿、将軍としての期間が短かったこともあってか、仲業が右筆として活動した形跡―署判の文書―は見当たらず、実朝の鎌倉殿・将軍期を待つことになる。

実朝将軍の初期は外祖父北条時政が将軍の意を奉じて、建仁三年九月頃より下知状・御教書を発給している。この時期に仲業が右筆および公事奉行人として活動した文書史料は見当たらないが、時政が奉じて発給した下知状・御教書の様式は次期実朝将軍の下知状・御教書のあり方―様式―にも関連し、ひいては前に述べた建久六年六月五日付源頼朝下知状の問題にも関わると考えるので、煩雑ではあるが書止文言と署名を中心に考察を加えておくことにする。

まず、下知状と御教書の代表的な文書を見てみよう。

信濃国春近領志久見郷地頭職事

藤原能成

右件人、如本可為彼職、抑依能員非法、難安堵之由依聞食、於得分者、所被免也、然者成安堵思、可致官仕忠之状、依鎌倉〔殿脱カ〕仰、下知如件、

建仁三年九月廿三日　　遠江守平（花押）[82]

〔押紙〕
「とうたうミのかうのとの丶御下文
ミくうし御めんの御はん」

「津田嶋
鎌倉故右大将〔臣カ〕家御下文案」

春日社家案一通遣之、如状者、乱入社領被張行無道云〻、子細見其状候歟、為新議〔儀〕之非法者、宜被止其妨、若又有子細者、可令進陳状給者、依鎌倉殿仰、執達如件、

元久二年五月十九日　　遠江守在判

佐々木中務入道〔経高〕殿[83]

下知状が下文と御教書との中間的な様式であることについては、佐藤進一氏が既に述べられているところであるが[84]、北条時政が奉じ発給した下知状について再度見てみると、書止文言は頼朝期の政所下文の「所仰如件」ではなく「依鎌倉殿仰」と御教書の文言を用い、「執達如件」に替えて「下知如件」を使用している。また署判は日付の次行の下部—日下奥下—に「遠江守平（花押）」と署しているが、時政が奉じた下知状で信頼できる文書は全てこの署判—署名・花押—で統一されている。

御教書についてであるが、頼朝期の御教書の書止文言には、①「鎌倉殿所仰候也、仍執達如件」、②「鎌倉殿仰

表4　中原仲業署判の下知状・下文・政所下文―付、遠江守北条時政署判の下知状―

年月日	文書名	奉者	書止文言	出典（鎌倉遺文番号）		
建久六、六、五	源頼朝下知状	平・前右京進・前因幡守	依前右大将殿仰、下知如件、	高野山文書（宝簡集）	七九四	
建仁三、九、二十三	関東下知状	遠江守平	依鎌倉「殿脱」仰、下知如件、	市河文書	一三八一	
同四、二、二十一	〃	遠江守	依仰下知如件、	〃	一四三四	
同四、二、二十八	関東下知状案	〃	〃	甲斐大善寺文書	一四三五	
元久一、三、十九	関東下知状	遠江守平	依鎌倉殿仰、下知如件、	市河文書	一四四一	
元久一、八、二十二	関東下知状案（下文）	遠江守	〃	青方文書	一四七三	
元久一、九、六	〃	遠江守平	〃	東寺百合文書	一四七九	
元久一、十二、三	関東下知状	遠江守	〃	宗像神社文書	一五〇八	
元久一、十二、―	僧継尊申状案外題	遠江守平	〃	醍醐寺文書	一五一三	
元久二、一、九	関東下知状案	〃	〃	伊万里文書	一五一七	△
元久二、二、二十二	関東下知状（下文）	〃	依鎌倉殿仰、下知如件、以下、	中条家文書	一五一九	
元久二、三、十三	関東下知状案（下文）	〃	〃	醍醐寺文書	一五二七	
元久二、三、二十二	〃	〃	依鎌倉殿仰、下知如件、	菊大路家文書	一五二九	
元久二、四、二十二	関東下知状	遠江守	〃	北島文書	一五三二	×
元久二、四、二十五	〃	遠江守平	〃	武雄神社文書	一五三四	
元久二、五、六	関東下知状案	〃	〃	長隆寺文書	一五三九	
元久二、五、二十三	関東下知状	〃	〃	尊経閣所蔵文書	一五四五	
元久二、五、二十七	関東下知状案（下文）	〃	〃	高野山御池房文書	一五四八	
元久二、五、二十八	将軍家政所下文案	清原・＊前右京進中原・左衛門尉平・前大膳大夫中原朝臣	所仰如件、以下、	中院家文書	一五四九	△

元久二、六、五	関東下知状（下文）	遠江守平	依鎌倉殿仰、下知如件、	尊経閣所蔵文書	一五五〇	
元久二、七、二十五	関東下知状案（下文）	遠江守平朝臣	依鎌倉殿御（マヽ）下知如件、	相良家文書	一五五六	×
建永一、七、十四	将軍家下知状案	惟宗・＊民部丞中原・散位藤原朝臣・書博士中原朝臣・散位大江朝臣	依鎌倉殿仰、下知如件、	書陵部所蔵参軍要略抄下裏文書	一六二六	
建永一、七、四	将軍家下知状（下文）	〃	依鎌倉殿仰、下知如件、以下、	宗像神社文書	一六二八	
建永二、六、四	将軍家下知状案（下文）	惟宗・前図書允清原・＊散位中原朝臣・散位藤原朝臣・書博士中原朝臣	〃	青方文書	一六八七	
承元一、十二、—	将軍家下知状（下文カ）	〃	依鎌倉殿仰、下知如件、故下、	壬生家文書	一七〇九	
承元二、三、十三	将軍家下知状案（下文）	〃	依鎌倉殿仰、下知如件、以下、	報恩寺年譜	一七二三	
承元二、閏四、二十七	将軍家下知状（下文）	〃	〃	忽那文書	一七四〇	
承元三、三、十七	将軍家下知状案（下文）	〃	〃	香取大禰宜家文書	一七八四	
承元三、六、十六	〃	〃	依鎌倉殿仰、下知如件、	和田文書	一七九四	
承元三、七、二十八	将軍家政所下文案	令図書允清原・別当書博士中原朝臣・右近衛将監源朝臣・駿河守平朝臣・＊散位中原朝臣・知家事惟宗・案主清原	所仰如件、以下、	宗像神社文書	一七九七	
承元三、十二、十一	〃	令図書允清原・別当相摸守平朝臣・書博士中原朝臣・左（マヽ）近将監源朝臣・駿河守平朝臣・＊散位中原朝臣・知家事惟宗・案主清原	……之状如件、以下、	詫摩文書	一八二一	

承元四、二、九	〃	令図書允清原・別当相摸守平朝臣・書博士中原朝臣・右近衛将監源朝臣・武蔵守平朝臣・＊散位中原朝臣・知家事惟宗・案主	所仰如件、以下、	三浦家文書 一八二八	
承元四、二、十	〃	〃	〃	高野山文書又続宝簡集七八 一八二九	
承元四、七、九	将軍家政所下文	〃	〃	塚原賢三氏所蔵文書 一八四一	
建暦二、十、二十七	〃	令図書少允清原・別当相摸守平朝臣・右近衛将監兼遠江守源朝臣・書博士中原朝臣・＊散位中原朝臣・知家事惟宗・案主菅野	〃	多久文書 一九四八	
建暦二、十二、十三	将軍家政所下文案	〃	所仰如件、庄官宜承知勿違失、以下、	上妻文書 一九五八	△

註（1）本表は中原仲業の署判の初見の文書より始め、現時点で最後の署判の文書と考えられる建暦二年末日までの文書を収載した。
（2）位署書の上に「＊」を付した人物は全て中原仲業である。
（3）疑偽文書の一部は割愛し、本表には採用しない文書がある。
（4）出典欄の下段の〇×は疑いのある文書の印。

(旨)如此、仍以執達如件」、③「仰旨如此、仍以執達如件」、④「依鎌倉殿仰、執達如件」等の文言[85]が使用され、奉者の署名は、①′「俊兼奉」[86]、②′「広元奉」、②′「盛時奉」、③′「盛時奉」、④′「前因幡守」と署されている。頼朝期の御教書の奉者は三名に限られていた。

北条時政が奉じた御教書の書止文言は「依鎌倉殿仰、執達如件」であり、署判は「遠江守在判」とある。これは

「文治五年」十月二十四日付で出羽国留守所に充てた④大江広元奉書—源頼朝御教書[87]—の用例に準じたもののようである。時政が奉じた御教書の残存数は非常に少なく確たることは言えないが[88]、署判は「遠江守（花押）」で通したようである。

さて、時政が将軍の意を奉じて下知状・御教書を発給するようになって約二年（二十三ヵ月弱）後の元久二年（一二〇五）閏七月に平賀朝雅将軍擁立事件により伊豆へ蟄居すると、北条義時の後見の時代となる。

実朝は父頼朝・兄頼家と同じように従三位に叙されるまでは政所を開設しておらず、下文は「家」令・別当以下の家司が署名するいわゆる政所下文の様式は採らず、政所の吏僚（家司）が日下に連署する将軍家下文・下知状を発給している[89]。その吏僚（奉者）の一人として仲業が初めて文書（下知状）上に姿をみせることになる。

堀尾（尾張）庄地頭行直訴申、俄為長岡庄官越往古四至堺、欲押領田地由事
右、云堀尾庄云長岡庄、共以雖為殿下御領、庄号各別、其地不混合、本自堺四至打牓示、年来更不相論堺之処、今以新儀為長岡庄官越四至、欲割堀尾庄〻領云〻、事実者甚濫吹也、早停止其□旧可糺定之状、依鎌倉殿仰、下知如件、
建永元年七月四日
惟宗（孝実）在判
民部丞中原（仲業）在判
散位藤原（行光ヵ）朝臣在判
書博士中原（師俊）朝臣在判
散位大江朝臣[90]在判

下知状・下文の様式—書止文言—は前述の北条時政が奉じた関東下知状とほとんど同じであるが、奉者が五名で連

署する方式[91]が目立った違いである。政所下文の場合、政所の家司の令・別当・知家事・案主がそれぞれ職名—令民部少丞藤原《行政》（花押）・別当前因幡守中原朝臣《広元》（花押）・知家事中原《光家》（花押）・案主藤井《俊長》（花押）—等を冠して連署するが、将軍家下知状では政所の職名を冠せず、日下に奉者が連署する様式であり政所下文とは一線を画すものとしている。

ところで、この下知状で注目したいのは、中原仲業の署名が「民部丞中原在判」であるのに対し、他の三名の奉者（家司）が「散位藤原朝臣・書博士中原朝臣・散位大江朝臣」と官職・姓・朝臣と署名している点である。時間的な差異は若干あるが、藤原行政も仲業も共に民部丞・民部大夫を称しており、仲業が他の三名の奉者と官位・官職が劣るとも考え難い。いかなる理由によって仲業のみが官職・姓で「朝臣」を除いた署名なのであろうか。そこで着目されるのが、鎌倉幕府初期の政所「下文」における「令」（家令）の署名との関連である。

頼朝期の政所は、基本的には摂関家の家政機関の政所の構成に倣って家司の一員として「令」（家令）を置いたと考えられる[92]。ただ、幕府の政所の家司は官給によるものではなく、頼朝の家人—頼朝と御家人との間には既に隷属的な関係にあった—によって構成されている。この内で主に文筆に携わる者を「令」に任じ、私的な職員（家令）であることを強調する意味で「朝臣」を外す署名を採用したのではないだろうか。『鏡』建久二年正月十五日条の吉書始の記事に「令　主計允藤原朝臣行政」と記述されているが、鎌倉初期の政所下文で藤原行政は「令民部少丞藤原（花押）」と署名し、「朝臣」は称していない。以降家令は常に令・官職・姓で通し、その形式は鎌倉末期までに続いている[93]。

さて、実朝将軍下の下知状の発給にあたって仲業は「民部丞中原在判」と署名し、他の奉者は全て姓の下に「朝臣」を加えて署名しており、頼朝期の家令の署名の例から鑑みて、仲業が家令「令」に当たる役職を担当したものと考えられる。

将軍家の家令は政所下文・下知状の文案を起草し執筆・調進する役目を担う者で、仲業は現存する文書から勘案すると、北条時政後見の時期には右筆・家司としての活動の跡はまったく見当たらず、時政失脚後の建永元年（一二〇六）七月頃に一時家令の職務を担当し(94)、右筆として執筆の活動をしていたようであるが、翌二年六月には下知状に連署する奉者の一人として「散位中原朝臣」と署名している(95)。また、『鏡』に仲業とともに執筆の役を担当する人物として記載される清原清定が(96)仲業に替わって「前図書允清原」と署名する家令の役を務めている(97)。

源実朝が承元三年（一二〇九）四月に従三位に叙せられると仲業は短期間ではあるが政所の家司として参与し、政所下文の発給に際しては上家司として署名するなど、幕府中枢の政務機関の吏僚として活躍している。しかし仲業は、

表5　中原仲業奉者の御教書―付、北条時政奉者の御教書（一部）―

No.	発給年月日	文書名	奉者署名	書止文言	充所	出典	
1	元久二年五月十九日	関東御教書案	遠江守	依鎌倉殿仰、執達如件、	佐々木経高	大東家文書	『鎌』一五四二
2	「元久二」後七月十二日	関東御教書	〃	鎌倉殿所候也、仍以執達如件、	ナシ	高野山文書	『鎌』一五六八
3	「建永元」六月二十八日	源実朝御教書案	民部丞中原	依鎌倉殿仰、執啓如件、	三善康信	〃	『鎌』一六二五
4	建永二年五月六日	源実朝御教書	散位(花押)	鎌倉殿仰候也、仍執達如件、	ナシ	忽那家文書	『鎌』一六八三
5	承元三年三月二十九日	源実朝御教書案	散位中原	依鎌倉殿仰、執達如件、	伊佐大進	高洲文書	『鎌』一七八五
6	承元四年三月十七日	源実朝御教書	〃	依仰言上如件、	相摸守	阿蘇文書	『鎌』一八三〇
7	建暦元年四月六日	〃	〃	依鎌倉殿仰、執達如件、	院林二郎	醍醐寺文書	『鎌』一八七一
8	「建暦元」五月二十四日	源実朝御教書案	散位在判	依仰執達如件、	大井尼上	東大寺文書	『鎌』一八七六
9	「建暦元」五月二十四日	関東御教書（副状ヵ）	相摸守	被仰候也、恐々謹言、	ナシ	東南院文書	『鎌』一八七七
10	建暦二年四月六日	源実朝御教書案	散位中原	□鎌倉殿仰、執達如件、	藤原資頼	金剛寺文書	『鎌』一九二四

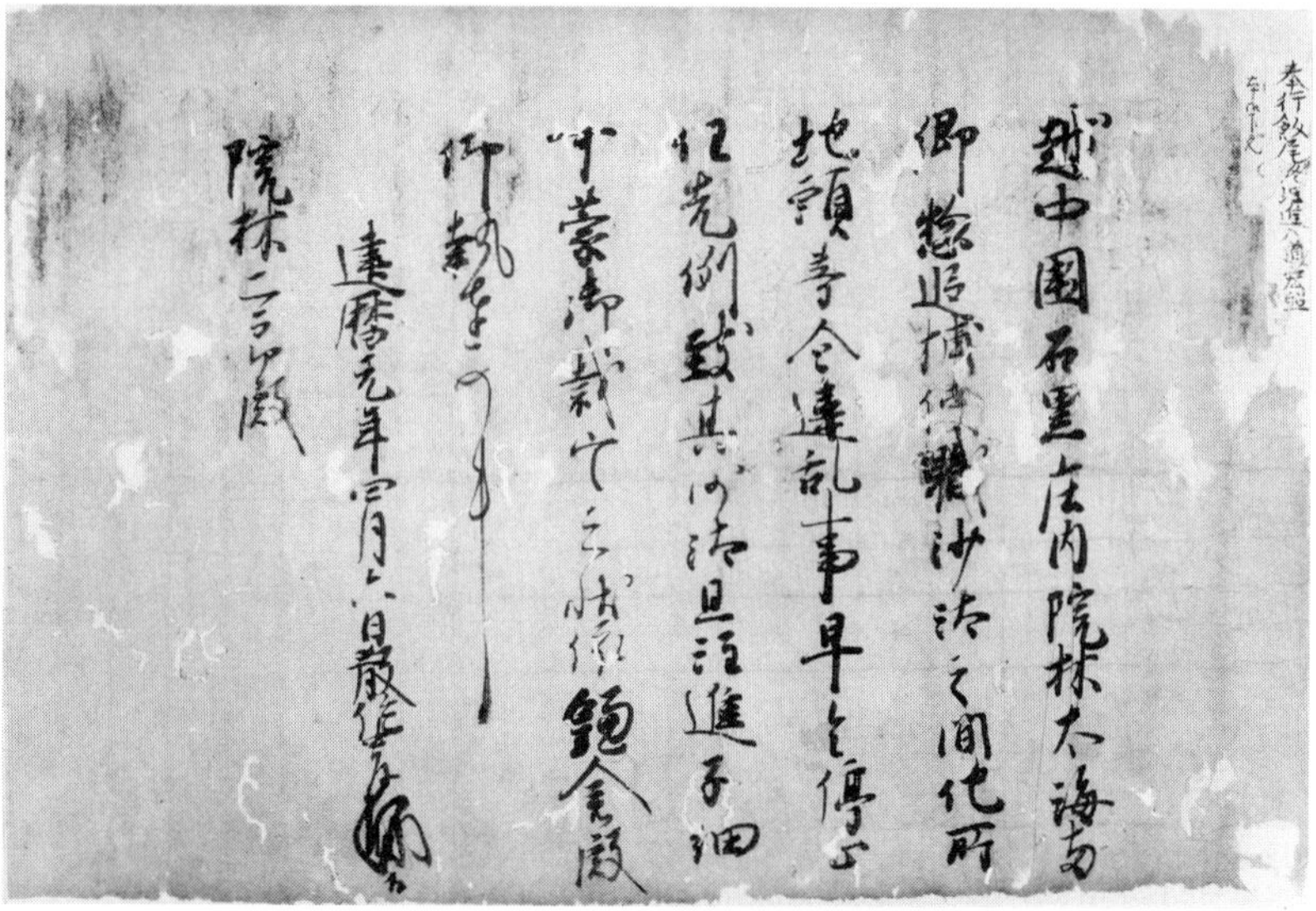

図13　源実朝御教書（「醍醐寺文書」，醍醐寺所蔵）

建暦二年（一二一二）十月二十七日付将軍家政所下文を最後に文書上では政所の家司としての活動を停止している。[98]いかなる事情によるものかは不明であるが、以降政所下文・下知状（御教書）に仲業の活動の跡をみることはない。

一方、中原仲業は将軍実朝に近侍して右筆を務め、御教書の奉者として執筆を行なう主要な人物でもあった。

次に、仲業が奉者として執筆した御教書を『鎌倉遺文』より抽出し、その一覧（表5）を掲げ仲業の活動の跡を辿ってみることにしよう。

現存する源実朝御教書によって中原仲業の活動の時期を追究すると、3「建永元年」六月二十八日付御教書案を初見とし、10建暦二年四月六日付御教書案まで主に仲業が右筆として執筆していることを指摘することができる。

ついで、本項が目指す仲業の筆跡の追究に資すると考える仲業執筆の御教書の正文はわずか二通現存するに過ぎず、建久六年（一一九五）六月五日付源頼朝下知状の筆跡と比較するとしても、7建暦元年（一二一一）四月六日付の醍醐寺文書とでは約十六年の歳月の隔たりがあり、同筆と比定するのは困難である。しかも下知状は行書体であるのに対し、御教書は比較的楷書に近い書体で書されており、筆の流れ・筆癖等を比較するのをなお難しくしている。推測の域を出ないが二通の正文の御教書6・7に限った仲業の筆跡と下知状の筆跡には共通性を認めることができず、別筆であると言えるのではないだろうか。

ただ、仲業が将軍（源実朝）家政所下文・下知状を執筆していた時期と、御教書の奉者としての時期が重なっていた事実を確認することはできたと思う。

上記の指摘を踏まえ、相田氏が提案された建久六年六月五日付源頼朝下知状の中原仲業執筆説について検討を加えると、以下のような考えが導き出される。

下知状そのものから得られる知見として、第一に、文書が正文であると見做した場合、日下の平盛時の署名―「平（花押）」―と仲業・広元の位署書―「前右京進（花押）・前因幡守（花押）」―とでは筆勢に違いがあり、盛時の署名には勢いを感じるが、仲業・広元の署名は同筆でそれぞれ自署としての力強さを感じられない。

第二に、三名の奉者の署名と本文の筆跡を比べると、盛時の筆跡に近いと思われる。

第三に、頼朝期の政所下文、北条時政奉書ならびに実朝期の政所下文・下知状には位署・署名（姓）共に署されているのであるが、この文書に限って仲業と広元の二名は位署のみが署され極めて異例である。

ただ、下知状を正文ではなく「写し」であるとすれば、上記の三点の指摘は考えなおす必要がある。ただし、「写し」とすれば相田氏の説は成立しにくくなる。

次に、視点を変え仲業が奉者・右筆として活動した時期に焦点を当て考察を加え、下知状の発給時期との整合性を検討すると、仲業が将軍家の家令（「令」）および幕府の政務機関（政所）の吏僚としての活動が特定できるのは、北条時政失脚後の建永年間からであった。建久六年の時点で既に幕府の公事奉行人として活動は認められるが、政所の家令は当時武藤頼平が担当し、頼朝に近侍し右筆・奉者を務めたのは大江広元・平盛時であった。したがって仲業の活躍の時期は実朝将軍期に求めるのが妥当と考えられる。

前記のように仲業の活働の跡を辿っていくと、建久六年六月五日付源頼朝下知状の執筆者を仲業に比定するには無理があるのではないかと考えられる。

なおまた第四筆跡の発給時期に当たる（一）元暦二年六月十五日付源頼朝袖判下文より（九）文治五年四月七日付源頼朝袖判下文までの期間に仲業が頼朝文書の発給に関わることはなかったと言えるのではないだろうか。前述の通り、仲業が右筆として、また御教書の奉者として活動したのは実朝将軍期の建永元年頃であり、(99) 仲業の活動期と第四筆跡・第十一筆跡の文書発給の時期とではかなりの時間的な開きがあり、この点からも仲業の筆跡とは考え難いのである。ただ、仲業の信憑性の高い筆跡を規範に第四・第十一筆跡を詳細に比較検討することができなかったことには不安もあるが、一応の成果は得られたと思う。

むすび

源頼朝の右筆について四節に分けて考察を試みた。各節の文末にそれぞれの見解を述べたが、新しい知見として第一節で、頼朝の右筆に昌寛（一品房）・成尋（義勝房）・三善康信を加えることができた。ついで第三節で頼朝の御教書・奉書の奉者は基本的には藤原俊兼、大江広元、平盛時と順次交替しながら一人が務めていたことを明らかにしえたと思っている。次の第四節では建久六年六月五日付源頼朝下知状の執筆者の究明を試みる内で、中原仲業が本格的に右筆・奉者として活動した時期が源実朝将軍の建永元年頃からであったことを明らかにしえたと考えているが、頼朝下知状の執筆者を確定するには至らなかった。また、政所下文の起案・執筆は家令「令」が担当し、別当の点検・承認を得、ついで頼朝の裁可を経て発給される手続きであったであろうことも見取ることができたと思う。

相田二郎氏は「頼朝の自筆文書正文の存否」(「鎌倉時代における武家古文書の筆蹟」)の「付記」に次のごとく述べておられる。(100)

筆者は、頼朝の文書の正文として伝わるものを悉くみたわけではない。本稿に用いたものは、筆者が原本か或いは写真版について、親しく観察することのできたものに止まる。なお原本についてみる機会を得た時、もしくは今後新に資料が発見せられた時には、本稿説くところに修補を要すべきことは申すまでもない。(後略)

と、修補もあり得ると述べられている。

今日では『平安遺文』・『神奈川県史』(史料編)・『鎌倉遺文』等の史料集が刊行され、多くの情報を得ることができるようになり、相田氏の論考以後、頼朝文書の原本の存在・所在もかなり明らかになり、原本の調査にも恵まれるようになっている。このような環境が整った状況下で、本章では相田氏の驥尾に付していささかの原本の調査を行ない、研究を進めることができたのを機会に私見を述べたものである。

註

(1)「鎌倉時代に於ける武家古文書の筆蹟」(相田二郎著作集1『日本古文書学の諸問題』所収)。以下、相田氏の論考は全て本書に拠る。

(2) 源頼朝文書の右筆の筆跡—とくに文字の異同を中心—について考察した、林譲氏の論考があるが、今回は取り上げなかった。

(3) 五味文彦氏『吾妻鏡の方法』。

(4)『古文書研究』(三号)所収。

(5)『吾妻鏡』は国史大系本を底本とし、『鏡』と略記する。

(6) 註(1)に同じ。
(7) 『鏡』治承四年八月四日条。
(8) 八代国治氏『吾妻鏡の研究』。
(9) 註(1)に同じ。
(10) 『鏡』元暦元年十月六日条。
(11) 表2「『吾妻鏡』による右筆関連の記事」参照。
(12) 編年文書142・143・144。
(13) 編年文書78・79。両文書については「検討ノ要アリ」としたが、本項では右筆の史料の参考とした。
(14) 註(1)に同じ。
(15) 『鏡』同日条、編年文書24。
(16) 『鏡』元暦元年八月二十八日・文治元年四月十一日・同年四月十三日・同年五月八日・同年九月五日各条。
(17) 編年文書97。
(18) 編年文書185。
(19) 編年文書208。
(20) 『鏡』文治二年十月一日条、編年文書198。
(21) 『鏡』建久三年十月十五日条。
(22) 『鏡』同日条。
(23) 『鏡』同日条。
(24) 中原仲業の活動の時期については、四「源頼朝文書の正文にみたる右筆について」において詳しく述べている。
(25) 建久三年十二月十日付将軍家政所下文（「市河文書」）に「令民部丞藤原《（行政）》（花押）」とあり、ついで建久四年四月十六日付将軍家政所下文（「毛利家文書」）の位署書に、

令大蔵丞藤原《（頼平）》（花押）

別当前因幡守中原《（広元）》朝臣（花押）

散位藤原（行政）朝臣（花押）

とあり、建久三年十二月十日以降、建久四年四月十六日以前に藤原頼平が「令」に任じられたことがわかる。また、『鏡』建久四年正月二十七日条に「安房守以下輩浴新恩、広元・行政等奉行之」と、政所の上家司は、別当大江広元、令二階堂行政の二人であったことが確認でき、この時点で頼平はいまだ「令」に就任していないようである。

(26) 国史大系本『吾妻鏡』は北条本を底本とし、諸本を校合している。『吉川本吾妻鏡』（国書刊行会刊）は吉川家蔵『吾妻鏡』を底本としている。それぞれに若干の異同はあるので注記した。

(27) 弘安六年七月二日付関東下知状案（「平河文書」、『鎌倉遺文』一四八九八号）所収。

(28) 『鏡』文治三年九月二十二日条「遠景元来在鎮西」。

(29) 「東大寺文書」（『大日本古文書』家わけ所収）。

(30) 「雲州消息」・「消息耳底秘抄」（『群書類従』消息部所収）。

(31) 七月十日付源頼朝御教書（「島津家文書」）、図版70、編年文書379。

(32) 源頼朝御教書奉書の奉者が右筆（執筆）していることについては、一「『吾妻鏡』にみたる源頼朝の右筆について」（7「平盛時」の項）で述べている。

(33) 編年文書74。

(34) 『鏡』元暦元年六月一日条。

(35) 「東大寺文書」、編年文書86。

(36) 「多田院文書」、編年文書128・202。当該文書に若干の疑問があることについては、第I部「源頼朝文書における疑偽文書について」（編年文書128・202）において述べた。

(37) 「東京国立博物館所蔵文書」、編年文書177。『源頼朝文書の研究』（史料編）では年号の推定を「文治二年」としたが「元暦二年（文治元年）」に訂正する。

(38) 「関戸守彦氏所蔵文書」、編年文書368。当該文書が果たして御教書と称すべき文書であるかどうかについては疑問もあるが、当面大江広元奉書としておきたい。

(39) 『鏡』文治五年十月二十四日条、編年文書261。

(40)『鏡』文治五年十月二十四日条の地の文。
(41)「多田院文書」、編年文書130。当該文に疑問な所があることについては、第Ⅰ部「源頼朝文書における疑偽文書について」において述べている。
(42)『鏡』文治三年四月十八日条、編年文書208。
(43)一「『吾妻鏡』にみたる源頼朝の右筆について」(「8大江広元」の項)参照。
(44)表3を参照。
(45)『鏡』文治三年六月二十一日条。
(46)編年文書379。
(47)表3の備考欄で△×を付した、疑問のある文書については除外した。
(48)拙稿『古文書研究』(二三号)口絵解説参照。
(49)『鏡』によると、平盛時は建暦二年二月十九日条まで吏僚としての記載がある。
(50)頼家の御教書・奉書は編年文書397参照。
(51)編年文書208。
(52)建久二年二月二十一日付前右大将家政所下文(「下諏訪神社文書」、編年文書294)を疑偽文書とする拙論が正しいとすれば、建久三年発給の政所下文が最も早い時期の政所下文となる。
(53)『鏡』建仁三年四月六日条、編年文書397。
(54)図版19。
(55)図版24。
(56)図版47。
(57)図版12。
(58)図版15。
(59)図版16。
(60)図版58。

(61) 図版28。
(62) 図版29。
(63) 図版32。
(64) 図版31。
(65) 第Ⅰ部「源頼朝文書における疑偽文書について」の編年文書54・85・191・192を参照。
(66) 図版57、編年文書346。
(67) 図版21。
(68) 図版26。
(69) 図版30。
(70) 図版33。
(71) 図版34。
(72) 図版94。
(73) 図版35。
(74) 図版36。
(75) 図版38。
(76) 図版56。
(77) 『大日本史料　四編之六』建久六年六月五日条に「本文二通（別ニ添文一通アリ）ノ様式、共ニ頗ル異体ニ属シ、且、原本ヲ検スルニ、建久ノ旧ニアラザルガ如シト雖ドモ、今、姑ク此ニ収ム」と按文を付している。
(78) 図版70。
(79) 第Ⅰ部「源頼朝文書における疑偽文書について」（編年文書379）参照。
(80) 『鏡』記載の仲業の事績については一「『吾妻鏡』にみたる源頼朝の右筆について」（「10中原仲業」の項）で述べている。
(81) 「高野山文書又続宝簡集百一」建久八年八月十九日付源頼朝下知状案（編年文書358）に奉者の一人として署名しているが、様式・本文（内容）共に疑問が多く採用しなかった。

(82)『鎌倉遺文』第三巻（一三八一号）、「市河文書」。
(83)『鎌倉遺文』第三巻（一五四二号）、「大東家文書」。
(84)佐藤進一氏『［新版］古文書学入門』。
(85)①編年文書74、②編年文書86、③編年文書208・274・280、④編年文書261。
(86)藤原俊兼の御教書の奉者としての活動は、編年文書74の元暦元年四月二十三日付の文書に見られる。これは、頼朝の御教書・奉書として最も古い文書であるが、この奉書以降俊兼の奉者としての活動はみられない。
(87)編年文書261。
(88)『鎌倉遺文』では関東御教書として、一五四二・一五六八号の二通を挙げている。
(89)『鎌倉遺文』第三巻（一六二六号）、「書陵部所蔵参軍要略抄下裏文書」。表4を参照。
(90)『鎌倉遺文』三巻（一六二六号）。
(91)惟宗孝実を奉者の一人とするには問題もあると考えるが、便宜的に奉者の一人として記述しておく。
(92)頼朝の政所設置時期（建久二年）には、摂関家政所下文に「令」（家令）の存在を認めることができなくなっている。
(93)宗尊親王将軍以降は「令」の具体的な人物名は記されないのが一般的になる。
(94)『鎌倉遺文』三巻（一六二六・一六二八号）。表5参照。
(95)『鎌倉遺文』三巻（一六八七号）。仲業は建永二年には民部丞を辞したように文書上では理解される。
(96)『鏡』建仁三年十一月十五日条・元久元年十月十八日条・承元三年十一月二十日条。
(97)『鎌倉遺文』三巻（一六八七号）。
(98)『鏡』建保四年十二月二十五日条に「小笠原景清の申し出に対し、仲業にその奉行を仰せつかる」記事がある。
(99)表4・5参照。
(100)『日本古文書学の諸問題』（相田二郎著作集1所収）。

第二章　源頼朝の追而書・礼紙書文書小考

はじめに

源頼朝発給文書のなかで追而書・礼紙書のある文書の残存例は二十一通を数えるが決して多くはない。しかし、その考察は頼朝文書を研究する上で、また古文書学の上でも裨益するところであると考えている。以下二十一通の追而書・礼紙書文書の特色について追究し、頼朝文書研究の一助としたい。

一　追而書について

現在確認できる頼朝文書のうち、追而書をもつ比較的信頼度の高い文書は左記の六通である。

①（平頼盛充）（元暦二年ヵ）六月七日付源頼朝書状案（「久我家文書」[1]）
②（大内惟義充）「元暦二」六月八日付源頼朝袖判御教書案（「多田院文書」[2]）
③（大内惟義充）「元暦二」六月十日付源頼朝袖判御教書案（「多田院文書」[3]）

④（近藤国平充）（元暦二年ヵ）七月二十二日付源頼朝袖判御教書（「東京国立博物館所蔵文書」[4]）
⑤（大内惟義充）「文治二年」十一月二十五日付源頼朝袖判御教書案（「多田院文書」[5]）
⑥（平清綱充）（文治三年）四月十八日付源頼朝袖判御教書（『鏡』同日条所収[6]）

①平頼盛充の書状（請文）を除き全て御家人充の御教書であり、奉者は大江広元・中原親能[7]・平盛時の三名である。

文体をみていくと、本文は④近藤国平充と⑥平清綱充の二通が真名書で他の四通は仮名交じり文と両様で記されている。一方、追而書は六通全てが仮名交じり文である。このことから、頼朝の御教書・書状の追而書は仮名交じり文を基本としていたと思われる。

また、追而書の書止文言は「……候べし」・「……あなかしこ〳〵[8]」・「御意候也」・「……ニハあらず」・「……入れむとはするぞ」等と様々で、とくに定まった文言や儀礼的な文言もなかったようである。

追而書のある頼朝文書は六通中五通が御教書であり、その全てが御家人に出されている。残る一通は平頼盛充の書状である。頼盛の母池禅尼は平治の乱後頼朝を助命したことで知られている。この書状が出された前年の元暦元年には、頼朝はその恩に報いるため、没官された旧領を回復させ、頼盛父子の還任を実現させている。また、同年五月、頼盛は鎌倉を訪れているが、その際は客人として手厚くもてなし、帰洛する時は金・銀・馬、数多くの美麗な織物を餞別として贈っている[9]。このように両者は特別の関係にあり、内容も私的なことが述べられており、親しみを込めて署名（署判）を加えた書状にしたのではないだろうか。このような関係から頼盛充書状は特例と考えられる。

したがって、文書の袖に追而書を加える様式は基本的には御教書であり、充所は発給者と同等の地位か下位の人物（御家人）に限られていたと考えられる。

＊（源範頼充）正月六日付源頼朝書状（『鏡』元暦二年正月六日条所収、編年史料106）に、日付の前行―本文の最終行―に端書とも言

うような文章、「千葉介ことに軍にも高名し候けり、大事にせられ候へし」とある。これは礼紙書とは考え難く、『鏡』編纂以前の文書の原形は追而書だったのではないだろうか。

二　礼紙書について

1　書出しの文言

源頼朝文書のうち、礼紙書の存する文書が十五通残存している。その目録と礼紙書の書出し、書止文言を左に挙げ考察を進めていくことにする。

①（源範頼充）正月六日付源頼朝書状〈編年文書107〉（『鏡』元暦二年正月六日条所収）
　書出し「重仰」／書止め「……候べき也」

②（藤原光長充）十二月六日付源頼朝言上状〈編年文書142〉（『玉葉』文治元年十二月二十七日条所収）
　書出し「逐言上」／書止め「恐惶謹言」

③（九条兼実充ヵ）（文治二年ヵ）三月十一日付源頼朝書状（請文）〈編年文書154〉（「保阪潤治氏旧蔵文書」）
　書出し「追上啓」／書止め「重謹言」

④（藤原光長充）（文治二年）四月十九日付源頼朝書状〈編年文書158〉（本紙「松浦厚氏旧蔵文書」礼紙書「保阪潤治氏旧蔵文書」）
　書出し「追言上」／書止め「……令申候□〔也〕」

⑤（藤原兼光充）「文治二」四月三十日付源頼朝書状〈編年文書161〉（「反町英作氏所蔵文書」）
書出し「追啓」／書止め「謹言」

⑥（吉田経房充）「文治二年」八月一日付源頼朝書状〈編年文書182〉（「高野山文書」）
書出し「逐言上」／書止め「重恐々謹言」

⑦（吉田経房充）十月一日付源頼朝書状〈編年文書198〉（『鏡』文治二年十月一日条所収）
書出し「私啓」／書止め「恐々謹言」

⑧（吉田経房充）九月三日付源頼朝書状〈編年文書233〉（『鏡』文治四年九月三日条所収）
書出し「追言上」／書止め「恐々謹言」

⑨（吉田経房充）九月二十二日付源頼朝書状〈編年文書236〉（『鏡』文治四年九月二十二日条所収）
書出し「追申」／書止め「重恐々謹言」

⑩（後白河法皇充ヵ）四月二十一日付源頼朝自筆請文〈編年文書250〉（『鏡』文治五年四月二十一日条所収）
書出し（無し）／書止め「……おそれ憚にこそ候へ」

⑪（吉田経房充）九月十八日付源頼朝書状〈編年文書258〉（『鏡』文治五年九月十八日条所収）
書出し「私言上」／書止め「謹言」

⑫（高階泰経充ヵ）六月二十九日付源頼朝請文〈編年文書277〉（『鏡』建久元年六月二十九日条所収）
書出し「私啓」／書止め「重恐々謹言」

⑬（高階泰経充ヵ）十一月付源頼朝書状〈編年文書289〉（『鏡』建久元年十一月九日条所収）
書出し「追啓」／書止め「重恐惶謹言」

⑭（高階泰経充）建久二年五月三日付源頼朝言上状（奏状）〈編年文書297〉（『鏡』建久二年五月三日条所収）

書出し「追言上」／書止め「重恐惶頓首謹言」

⑮（高階泰経充）八月七日付源頼朝書状〈編年文書300〉（『鏡』建久二年八月七日条所収）

書出し「私申候」／書止め「恐々謹言」

源頼朝の礼紙書文書十五通に共通しているのは、全て書状（含、請文）であること、弟範頼充の書状を除き充所が吉田経房・高階泰経・藤原光長（九条兼実の家司）・藤原兼光等の京都の廷臣となっていることである。実質上は後白河法皇充が主（十通）であり、三通が九条兼実、一通が藤原兼光（議奏公卿）充となっている。

本紙に続き公的な内容を持つ礼紙書には書出し（端書）に、「逐（追）言上」・「追上啓」・「追言上」・「追啓」・「追申」等の文言が使われている。頼朝の没後三十八年目頃に成立した守覚法親王の『消息耳底秘抄』[10]に、

一礼紙端書事。

礼紙ノ端書ハ。追言上・追上啓ト書ハ。主父師匠所知ノ領主ニ此ヲ可レ書。其外ハ追申・追啓如此書也。礼紙ノ書止ニ恐惶謹言不レ書也。

とあり、頼朝の礼紙書の書出し（端書）と対比してもそれほど違いはないようである。

『消息耳底秘抄』には言及されていないが、本紙は公的な文書内容の文章であっても礼紙書には私的な文章を多く含む場合には、「私言上」・「私啓」・「私申候」の書出文言が使われている。書出しの文言の使用法の違いによってとくに身分・地位の違いが示されているものではないように思われる。

⑩（文治五年）四月二十一日付源頼朝自筆請文には充所が明記されていないが、それは後白河法皇充であると思われる。『鏡』の地の文に「所被染自筆也」とあるように特例的な頼朝書状であるが、日付の奥に追加の文章が書かれ

ており、礼紙書であると考えて誤りないであろう。ただ、この礼紙書には書出し（端書）が書かれていない。頼朝の自筆文書の一つの特徴なのであろうか。礼紙書の書出しの類例に入らない特例的なものとすべきであろう。

礼紙書文書の中で異質ともみられるのが、当時平氏追討で西国に陣する弟範頼に充てた①書状である。他の十四例（通）全てが京都の廷臣（実質上は後白河法皇・九条兼実）に充てられたもので、文言にも配慮がなされている。しかし、この書状は「重仰」と他の十四例とは明らかに異なった薄礼の書出しであり、書止文言も「……候べき也」と命令的で下位者への処し方である。既に「追而書について」の項で述べたように、『鏡』編纂以前の文書（原形）は追而書ではなかったかと推測される。

2　書止文言

礼紙書の書止めについても少しく述べておこう。

頼朝の礼紙書の書止文言にはいくつかの類型があるように思われる。次にその類型を示し、考察の一助にしたい。

Ⓐ藤原光長充(11)（編年文書142）

本紙書止め「以此旨可令洩申右大臣殿給之状、謹言上如件」

礼紙書止め「恐惶謹言」

Ⓑ藤原光長充（編年文書158）

本紙書止め「……候也、恐々謹言」

礼紙書止め「……所令申候□〔也〕」

Ⓒ藤原兼光充（編年文書161）

本紙書止め「乍恐上啓如件」
礼紙書止め「謹言」
Ⓓ吉田経房充（編年文書198）
本紙書止め「以此旨可令披露給候、頼朝恐惶謹言」
礼紙書止め「恐々謹言」
Ⓔ吉田経房充（編年文書236）
本紙書止め「恐々謹言」
礼紙書止め「重恐々謹言」
Ⓕ吉田経房充（編年文書258）
本紙書止め「以此旨可令洩達給候、頼朝恐々謹言」
礼紙書止め「謹言」
Ⓖ高階泰経充（編年文書297）
本紙書止め「宜以此旨可達叡聴給、頼朝恐惶謹言」
礼紙書止め「重恐惶頓首謹言」

Ⓒ礼紙書の書状を除き、九条兼実の家司藤原光長充と、後白河法皇の院司（院近臣）吉田経房・高階泰経に充てられたものであるが、実質的には本紙の書止めに「以此旨可令洩申右大臣殿」と九条兼実に、また「可令披露給候」・「可令洩達給候」・「宜以此旨可達叡聴給」とあり、後白河法皇・後鳥羽天皇に充てられ、頼朝の意趣を伝えるように申し入れたものである。ただ、書状を受け取る人物によって書止文言に違いがあるようである。

Ⓒは「左大弁宰相」（藤原兼光）充となっているが、『鏡』の地の文には「被献御消息於内府（徳大寺実定）已下議奏公卿等」とある。[12]書止文言から考察すると実際に兼光に充てたものであろう。『鏡』では上所に「進上　某殿」とあるのは多数の充所を意識したものとも考えられる。この書状の本紙は兼光の地位に適う書止文言を用いたものと考えられる。ところが礼紙書の書止めは「謹言」と、本紙の書止めに比べてかなり薄礼の表現となっている。この礼紙書は、基本的には藤原兼光自身を念頭に主旨を述べたものと考えられる。文治二年当時兼光は従三位で頼朝は従二位である。この位階の差がこのような書止めになったのではないだろうか。

ちなみに議奏公卿に関する旨趣の申し入れをⒸとは別に藤原光長充に行なっている。

今日自関東送書状於光長朝臣云、世上事殊可被計申之由、所触示議奏公卿之許也、其旨可有御存知、[13]

書状の充所は兼実の家司藤原光長であるが、前述のように実質上兼実充であったことは言うまでもない。

藤原光長充（実質上は九条兼実充）の言上状・書状にⒶ・Ⓑがある。Ⓐの本紙の書止めは「謹言上如件」と言上状特有の書止文言となっている。しかし、礼紙書の書止めは「恐惶謹言」と位階相当の文言となっている。『消息耳底秘抄』に「礼紙ノ書止ニ恐惶謹言不レ書也」とあるが、頼朝は当時の先例に捉われることなく必要に応じて書止文言を使用したと考えられる。

Ⓑの本紙の書止めが「恐々謹言」であるのに対して、礼紙書の書止めは「……所令申候□（也）」と書され、位階の高い人物に充てた書状としては異例に属するのではないだろうか。正文として信憑性の高い書状にも関わらず、何故にこのような書止めとなったのであろうか。現時点で考えられるのは、本紙は兼実に伝えるべき公的な趣旨のもの、礼紙書は家司藤原光長に頼朝の考えを伝えたもので、その違いが書止文言が違いとなって表現されたのではないだろうか。

Ⓓの源頼朝書状は『鏡』の地の文に「先日自　公家被下目録[14]」たのに対し、その申し入れに頼朝は請文として帥中

納言吉田経房充に発給したもので、そのため本紙の書止めも「頼朝恐惶謹言」と至って鄭重な文言となっている。ところが、礼紙書の書止めは「恐々謹言」とあり、本紙の書止めに比べて格の低い文言となっている。この違いは礼紙書の書出しに「私啓」とあるように、本紙の趣旨（内容）とは異なり、頼朝は吉田経房に私的な意思を伝えるため礼紙書としたため、書札の儀礼に適う―位階相当の―書止文言となったと考えられる。

Ⓔのも吉田経房充の書状である。本紙の書止めに「恐々謹言」とあるが、他の経房充の書状の書止めの前文には「以此旨可令披露―洩達―給候」の文言が付されている。ところが、当該書状にはこの前文が付されていない。礼紙書の書止めは「重恐々謹言」とあり、本紙の用件を補足する趣旨の文章となっており、とくに後白河法皇に執奏するまでもない用件である場合には、経房の位階に相当する書止文言となるのではないだろうか。

ついでⒻは、頼朝が泰衡追討の報告を後白河法皇に吉田経房を通じて行なった書状で、本紙の書止めは「以此旨可令洩達給候、頼朝恐々謹言」とあるが、礼紙書の書止めは「謹言」のみの至極簡略な文言である。この簡略な文言はⒹの礼紙書の書出し―「私啓」―と同じく「私言上」とあり、頼朝の私的な意思を経房に伝えたもので、そのことがこのような表現になったものと思われる。

Ⓖは、廷臣として復帰した高階泰経充の言上状である。本紙の書止めは「宜以此旨可達叡聴給、頼朝恐惶謹言」と天皇（後鳥羽）への奏達を願った鄭重な文言となっている。礼紙書の書止めは「重恐惶頓首謹言」と本紙とは異なる敬意を表す文言となっている。頼朝としては本紙とともに最大限の敬意を込めた文言を用い、高階泰経を通じて天聴に達することを願ったものであろう。

なお、後白河法皇充源頼朝自筆請文については別稿に期したい。

むすび

以上、源頼朝文書における追而書・礼紙書についての私見を述べてみた。

追而書は基本的には御教書に付して書されるものであること、そして御教書は一紙に書き止めるものが通例であったため追加の用件を追而書として文書の袖の部分に書き加えたものであるとともに、追而書文書（御教書）の受取者は頼朝の地位より下位者または御家人に充てられた文書であることを明らかにすることができたと思う。(15)

また、礼紙書は書状（請文を含む）・言上状にのみ見られる文書様式で、充所の人物の地位・位階によって書止めの文言が異なること、基本的には地位の高い朝廷関係者に充てた言上状・書状に礼紙書の類例が見られることなどを例証した。ただ、頼朝の右筆を務めた人物（吏僚）の違いによって、使用文言が異なる場合もあり得るとも考えられ、この点については今後の課題としたい。

註

（1）拙編著『源頼朝文書の研究』（編年文書127）。以下、編年文書○と略記する。
（2）編年文書128。
（3）編年文書130。
（4）編年文書177。
（5）編年文書202。
（6）編年文書208。
（7）中原親能が源頼朝御教書の奉者であることについては、第Ⅰ部「源頼朝文書における疑偽文書について」（編年文書130）で疑問を呈している。以下、「疑偽文書について」と略記する。

(8)「疑偽文書について」(編年文書128・202)参照。

(9)『鏡』元暦元年四月六日、六月一日・五日・二十日条。

(10)『群書類従』(消息部)所収。

(11)右中弁藤原光長は九条兼実の家司であり、言上状が実質上兼実に充てたことは言うまでもないことであろう。

(12)『鏡』文治二年四月三十日条。

(13)『玉葉』文治二年五月十六日条。

(14)『鏡』文治二年十月一日条。

(15)「一、送文事、(中略)御教書ハ一枚ニ書也、重紙ハナシ」(『消息耳底秘抄』所収)。

第三章　初期の政所下文について

——政所設置の時期をめぐって——

はじめに

鎌倉幕府の政務機関の一つである政所は、『鏡』建久二年（一一九一）正月十五日条の記事を根拠とし、建久二年に設置されたとする説が従来有力であった。しかし、それに疑問をなげかけたのが石井良助氏であった(1)。

本来、参議・三位以上の公卿に列せられると家に政所を開設する資格を得ることになる。これにより政所の職員（家司）も官給されると規定されている(2)。この規定に基づき氏は、源頼朝が平宗盛以下の平氏追討賞として、正四位下より従二位に叙せられた文治元年（元暦二・一一八五）四月以降においては、政所開設の資格を得て政所を設置していたと述べられ、その根拠として左記の『鏡』文治元年九月五日条を提示している(3)。

> 小山太郎有高押妨威光寺領之由、寺僧捧解状、仍令停止其妨、任例可経寺用、若有由緒者、令参上政所、可言上子細之旨被仰下、惟宗孝尚、橘判官代以広、藤判官代邦通等奉行之、前因幡守広元、主計允行政、大中臣秋家、右馬允遠元等加署判、新藤次俊長、小中太光家等為使節相触有高云々、

「政所」の文言が出てくることを根拠とし、また、この地の文が本来は文書であったものをそのまま引用していることを指摘し、政所の存在の信憑性を強調されている。

ついで『鏡』文治三年十月二十九日条所載の「源頼朝家政所下文」を掲げ、(4)「文治三年十月二十九日附の文書をそのまゝ登載したものであるから、よほどの強い理由でもないかぎり、その中に見る文字をもって、原本の文字とは別のものであるとはいえないはずのものである」(5)と述べ、文治元年九月五日当時、政所が存在したことを示す信頼に値する史料と解せられているのである。

また、石井氏は通説の根拠となっている『鏡』建久二年正月十五日条の記事を検討され、この記事は政所吉書始の記事であって、この日に政所が開設されたことの証拠とはならないことを指摘されている。

前述のように従来の説を否定された石井氏は、政所は頼朝が従二位に叙せられ、その除書が鎌倉に到着した文治元年五月十一日(6)以後、同年九月五日(7)以前に政所が設置されたとされている。

この石井氏の説に対し、新田英治氏は『鹿島神宮雑感』において『鏡』文治三年十月二十九日条所載の政所下文を偽文書であると指摘され(8)、政所下文が文治年中に発給されていたことを否定された。たとえ政所の開設が石井氏の述べるように文治元年の頼朝の従二位叙任以後であったとしても、政所下文の発給は従来の説のごとく、建久二年からと考えられると述べられている(9)。

『国史大辞典』で「文治元年、頼朝が従二位に叙せられて以降はもっぱら政所と呼ばれた」と記述しているのも(10)、前述の説を引用してのことと推測される。

そこで、新田氏の論考を踏まえて勘案すると、『鏡』文治三年二月二十八日条に、

右近将監家景、昨日自京都参著、（中略）今日召御前、則可賜月俸等之由、被仰下政所、

とあるが、(11)「政所」という文言を『鏡』の編纂時に書き改めたとは考えられないだろうか。文治元年九月五日条の地の文に、

令参上政所、可言上子細之旨被仰下、惟宗孝尚、橘判官代以広、藤判官代邦通等奉行之、前因幡守広元、主計允行政、大中臣秋家、右馬允遠元等加署判、

とあり、文書を土台に地の文が作成されたような体裁をなしているが、この連署者は元暦元年（一一八四）十月六日条に記される公文所の別当および寄人と人物がほとんど重複している。

新造公文所吉書始也、安芸介中原広元為別当着座、斎院次官中原親能、主計允藤原行政、足立右馬允藤内遠元、甲斐四郎大中臣秋家、藤判官代邦通等、為寄人参上、(12)

文治元年九月五日条の地の文をそのまま受け入れるとしても、引用された文書は「公文所下文」とすべきもので、(13)後述する幕府の政所下文とは区別すべきものと考える。

新田氏の説に屋上屋を架すことになったが、頼朝は文治元年四月に従二位に叙せられ、政所設置の資格を得たことは否定しないが、文治元年の時点で政所が置かれ機能していたとは考え難いのである。

一　建久二年の前右大将家政所設置について

次に、政所設置の時期および政所が機能しはじめた時期について考察してみたい。そこで、初期の政所下文について検討することからはじめたい。

まず、建久二年政所開設説の有力な根拠として示されている史料は、次に示す『鏡』同年正月十五日条である。

十五日甲子、被行政所吉書始、前々諸家人浴恩沢之時、或被載御判、或被用奉書、而今令備羽林上将給之間、有沙汰、召返彼状、可被成改于家御下文之旨被定云々、

政所

別当

前因幡守平〔中原〕朝臣広元

令

主計允藤原朝臣行政

案主

藤原俊長鎌田新藤次

知家事

中原光家岩手小中太

問注所執事

中宮大夫属三善康信法師法名善信

侍所

別当

左衛門少尉平朝臣義盛治承四年十一月奉此職

所司

平　景時梶原平三

公事奉行人
前掃部頭藤原朝臣親能　　筑後権守同朝臣俊兼
前隼人佐三善朝臣康清　　文章生同朝臣宣衡
民部丞平朝臣盛時　　左京進中原朝臣仲業
前豊前介清原真人実俊
京都守護
右兵衛督能保卿
鎮西奉行人
内舎人藤原朝臣遠景号天野藤内左衛門尉

地の文の記事では「政所吉書始」とあるが、この記事内には吉書に関する記事は記載されておらず、頼朝が右近衛大将として備えておくために、過去に発給した袖判下文および御教書・奉書を召し返し、改めて政所下文を与える旨を定め、続いて幕府の主要な諸機関の職員の歴名が列記されている。正に幕府事始とも言うべきもので、この記事は「政所始」と読み取るべきものであろう。

一方、頼朝が建久三年七月十二日に征夷大将軍に補され、政所始を行なった同年八月五日条の記事では、

令補将軍給之後、今日政所始、則渡御、
家司
別当
前因幡守中原朝臣広元　前下総守源朝臣邦業

令
民部少丞藤原朝臣行政
案主
藤原俊長
知家事
中原光家

大夫属入道善信、筑後権守俊兼、民部丞盛時、藤判官代邦通、前隼人佑康時、前豊前介実俊、前右京進仲業等候其座、千葉介常胤先給御下文、而御上階以前者、被載御判於下文訖、被始置政所之後者、被召返之、被成政所下文之処、常胤頗確執、謂政所下文者、家司等暑〔署〕名也、難備後鑑、（以下略）

建久二年正月十五日条の政所吉書始とほとんど同様な記事内容である。この記事で注目したい点は「上階以前者、被載御判於下文訖」とある記述である。「上階以前」を文字通り従二位に叙される以前と解釈すれば、文治元年四月以前には袖判下文を発給していたが、政所が設置され、以後は政所下文に改めたことになる。この解釈が正しいとすれば、石井良助氏の文治元年政所設置説が妥当となるが、源頼朝の従二位への叙位以後の文書の発給状況を追究すると表6で示したごとく、元暦二年（文治元）六月十五日付島津忠久充源頼朝袖判下文に始まり、文治五年四月七日付東大寺充源頼朝袖判下文までの地頭職補任および停廃、武士（御家人）の濫妨・狼藉の停止、諸課役の勤仕等を命ずる下達の公文書は全て袖判下文で処理されており、文治年中には政所下文の発給の例をみないのである。このような袖判下文の発給状況から勘案すれば、石井氏の考えは成り立たなくなる。

この場合の「上階」は建久二年正月十五日条の「令備羽林上将給」と連動する文言で「右近衛大将の就任に備え

表6　源頼朝従二位　叙位以後の下文の発給状況（文治元年四月二十七日より建久元年十二月末日まで）

No.	文書番号	年月日	文書名	充所	出典	備考	
1	131	元暦2（文治元）.6.15	袖判下文	島津忠久	島津家文書	地頭職補任	
2	132	〃	〃	〃	〃	〃	
3	138	元暦2.8.17	〃	〃	〃	下司職ヲ領家下文ニ任セ補ス	
4	139	元暦2.8.21	〃	中臣親広(社司)	鹿島神宮文書	地頭ノ妨ヲ停止	△
5	145	文治元.12.30	袖判下文案	阿闍梨季厳	醍醐寺文書	六条八幡宮別当職補任	
6	146	文治2.正.8	袖判下文	島津忠久	島津家文書	地頭職補任	
7	147	文治2.正.21	袖判下文案	上総介平広常ノ娘	烟田文書	一色別納タルノ事	△
8	150	文治2.3.2	下文	藤原光能卿ノ後室	吾妻鏡	武士ノ狼藉ノ停止	
9	153	文治2.3.10	〃	伊勢太神宮	〃	神宮領ノ神役ノ勤仕ヲ命ズ	△
10	157	文治2.4.3	袖判下文	島津忠久	島津家文書	地頭忠久ノ下知ニ従ウベシ	
11	168	文治2.6.1	〃	法勝寺	法勝寺文書	武士ノ課役ノ催シノ停止	△
12	171	文治2.6.29	下文	伊勢大神宮	吾妻鏡	地頭職ノ停止	
13	173	文治2.6.—	袖判下文案	歓喜光院領ノ下司矢野盛重	海老名文書	武士ノ押領停止	
14	174	〃	下文	刑部卿典侍（藤原頼輔女）	吾妻鏡	〃	
15	181	文治2.閏7.29	袖判下文	日吉神社ヵ	前田育徳会所蔵文書	往還武士ノ狼藉ノ停止	
16	183	文治2.8.3	〃	島津忠久ヵ	島津家文書	寄郡ノ郡司代官ノ狼藉ノ停止	
17	186	文治2.8.9	日下署判下文案	藤原季家	諫早家系事蹟集	地頭職補任	×
18	189	文治2.8.26	下文	藤原範季	吾妻鏡	銅細工ノ妨ノ停止	△
19	190	文治2.9.5	袖判下文	賀茂別雷神社	賀茂別雷神社文書	武士ノ狼藉ノ停止	
20	191	〃	〃	〃	〃	義時ノ知行停止	△
21	192	〃	〃	〃	鳥居大路文書	武士ノ狼藉ノ停止	△
22	193	〃	下文写	〃	賀茂注進雑記	武士ノ狼藉ヲ停止	

23	194	文治 2. 9. 5	下文	賀茂別雷神社	吾妻鏡	佐々木定綱ノ知行停止	
24	195	〃	袖判下文案	領家源通親ヵ	平松文書	武士ノ無道ヲ停止	
25	205	文治 3. 3. 15	下文	法隆寺	吾妻鏡	武士ノ庄園ノ妨ヲ停止	
26	209	文治 3. 5. 3	袖判下文	大秦元光	島津家文書	牛屎院ヲ元ノ如ク安堵	
27	211	文治 3. 5. 9	袖判下文案	平通隆	曽根崎元一氏所蔵文書	地頭トシテ安堵	△
28	212	文治 3. 7. 20	下文	伊勢太神宮	吾妻鏡	地頭ノ狼藉停止	
29	213	文治 3. 7. 27	〃	善光寺	〃	善光寺ノ再建ニ信濃国公領，荘園ニ合力ヲ命ズ	
30	223	文治 3. 9. 9	袖判下文	島津忠久	島津家文書	天野遠景ノ島津庄ヘノ入部ヲ停止	
31	227	文治 3. 10. 29	政所下文	鹿島社	吾妻鏡	鹿島社ノ御膳料ヲ奥郡ニ充ツ	×
32	231	文治 3. 12. 1	袖判下文	小山朝光ノ母（寒河尼）	松田福一郎氏旧蔵文書	地頭職ノ補任	
33	234	文治 4. 9. 3	下文	宮内大輔重頼ヵ	吾妻鏡	国衙ノ課役ノ勤仕ヲ命ズ	
34	239	文治 4. 11. 22	〃	隠岐国在庁資忠	〃	国司ノ下知ニ従ワシム	
35	240	文治 4. 11. 23（22 カ）	〃	隠岐国在庁	〃	重頼ニ犬来・宇賀牧外ノ沙汰ヲ止ム	
36	241	文治 5. 2. 9	袖判下文	島津忠久	島津家文書	武器ノ輩ヲ帯シ関東ニ参ズベシ	
37	244	文治 5. 2. 30	〃	土肥実平	東大史料編纂所々蔵	地頭代ノ郡内退去ヲ命ズ	
38	247	文治 5. 4. 7	〃	東大寺ヵ	保阪潤治氏旧蔵文書	地頭職ノ停止	
39	271	文治 6（建久元）. 4. 18	下文	菊松・高田郷地頭	吾妻鏡	地頭職ノ改補	△
40	272	〃	〃	藤原仲経	〃	恒例ノ仏神役ノ勤仕ヲ命ズ	

註　△＝検討ノ要アリの文書，×＝偽疑文書

る」の意であって、建久二年正月十五日条と同三年八月五日条の両記事は共に政所下文発給の準備および発給が、頼朝の右近衛大将就任後の建久二年より始まったことを示している。

そこで、現存する政所下文の発給状況を検証し、『鏡』の記述との間の齟齬の有無について明らかにすることにより、政所設置の時期について再度考察することにする。

二　前期前右大将家政所下文をめぐって

文治元年四月の頼朝従二位叙位以降、建久二年正月十五日の政所吉書始の時点まで政所下文発給の例はない。[14]ところが、建久二年になると頼朝の右近衛大将への就任を契機として「前右大将家政所下文」が発給されるようになる。それが、次に示す四通である。

①建久二年二月二十一日付捧紀五近永充　「下諏訪神社文書」[15]正文
②建久三年六月二日付源六郎囲充　「松浦山代文書」[16]正文
③建久三年六月三日付大江広元充　「正閏史料外編」[17]案文（写）
④建久三年六月二十日付大内惟義充　『鑑』建久三年六月二十日条[18]

頼朝が征夷大将軍に就任し、「将軍家政所下文」に改編する建久三年八月五日までの二十ヵ月半の期間で確認できる前右大将家政所下文は前記の四通のみである。ところで、この四通の内の①・②・③については既に「検討ノ要アリ」の文書とした根拠を示し述べているので、[19]『鏡』の記述との関連に限って考察を加えることにする。

まず、現存する最初の前右大将家政所下文として、①の建久二年二月二十一日付の「下諏訪神社文書」を挙げることができる。

（本文ヲ略ス）

令主計允藤原（花押）　　　　案主藤井（花押）

別当前[因][幡][守][中]原朝[臣]　　　　知家事中原（花押）

　　　　掃部允惟宗（花押）

　　　　藤原

下家司「藤原」と「掃部允惟宗」は建久二年の政所吉書始の家司の歴名には記載されていない人物で、「藤原」なる人物は比定が困難である。「掃部允惟宗」を惟宗孝尚に比定すれば、彼は『鏡』で筑前三郎・惟宗孝尚・宗掃部允と記載されており[20]、他に掃部允を名乗る惟宗姓の人物は見当たらず、最も適切と考えられる。ただ、惟宗孝尚は公文所の寄人としては確認できるが、前右大将家政所の下家司には指名・補されておらず、当該文書に下家司として署名がなされているのは不自然であり、第Ⅰ部で述べた疑問点を加味し、前右大将家政所下文の考証の対象から外すことにする。

次に、②の建久三年六月二日付源六郎囲充の「松浦山代文書」と『鏡』の記事とを対比すると、次のような事実に突き当たる。

（本文ヲ略ス）

建久三年六月二日　　　　案文藤井《俊長》（花押）

令民部丞藤原《行政》（花押）　　　　知家事中原《光家》（花押）

別当前因幡守中原朝臣《広元》（花押）

令藤原行政の官途が「主計允」より「民部丞」に替わっている。『鏡』建久三年五月八日条の地の文では、「法皇（後白河）四十九日御仏事、（中略）主計允行政、前右京進奉行之」とあるが、約一ヵ月半後の同年六月二十日条収載の④前右大将家政所下文では「令民部少丞藤原（行政）」とあり、[21]この記事以降行政の官途は「民部丞」・「民部大夫」と記載されるようになる。とすれば、行政は建久三年五月八日以後、同年六月二十日以前の間に民部少丞に任官したことになる。行政が民部少丞に任官した事実は『尊卑分脈』[22]等によって確認できるが、いつ任官したかについては確証がない。ただ、『鏡』によれば建久三年八月五日の将軍家政所始の記事からであり、信頼度の高い源頼朝文書からは同年九月十二日付将軍家政所下文（「山川国光氏所蔵文書」）の署名の時期[23]を目安とすることができるであろう。

行政の任官の時期を知ることは前期前右大将家政所下文を検証する上で有力な手掛りとなると考えるが、現時点では正確な時期を明らかにすることができなかった。

行政を「民部丞」と記した史料—文書—は②であるが、この文書以前の諸記録—含、『鏡』—、文書には見当たらない。建久三年八月五日の将軍家政所始の記事では「令　民部少丞藤原朝臣行政」と記されており、この記事以降の政所下文は全て「民部少丞」と署されており、官途の署し方に相違がみられる。このような記述上の相違点を考慮に入れると、「松浦山代文書」は前期前右大将家政所下文の正文として貴重な文書ではあるが、改竄の事実[24]と併せ考えるとやや疑問の残る文書であると言える。

③の建久三年六月三日付前右大将家政所下文写（「正閏史料外編一」）については、既にその疑問点を述べておいた。ただ、④の建久三年六月二十日付の『鏡』所載の前右大将家政所下文については触れるところがなかった。この両文書には共通する問題点を包含すると考えられるので、そのことについて考察を加えてみることにする。

さて、建久二年正月十五日の政所吉書始に記された政所別当は「前因幡守平（大江）朝臣広元」の一人であり、②

の建久三年六月二日付前右大将家政所下文でも別当は大江広元のみであるが、次に掲げる③の建久三年六月三日付前右大将家政所下文写の家司と、④の建久三年六月二十日付前右大将家政所下文には左記のような家司の署名がなされている。

（本文ヲ略ス）

建久三年六月三〔廿〕日　　　　　　　　　　安〔案〕主藤井判〔判ナシ〕

知家事中原

令民部少丞藤原判〔判ナシ〕

別当前因幡守中原朝臣判〔朝臣判ナシ〕(24)

前下総守源〔邦業〕朝臣

散位中原朝臣

六月二日付の「松浦山代文書」に比べ翌三日付の③と、同月二十日付の④では別当に大江広元の他に「前下総守源（邦業）朝臣」と「散位中原朝臣」の両名が明記されている。源邦業が六月三日以前に政所別当に任命された徴証は『鏡』から見出すことはできない。

「散位中原朝臣」についても中原親能に比定すれば(25)、親能は建久二年の政所吉書始では「公事奉行人」に充てられており、また同年八月五日の将軍家政所始においても家司の歴名には記載されていない。なおまた、③・④の発給時期の親能の活動を『鏡』によって追跡すると、建久二年十二月親能は大江広元とともに京都より使者を鎌倉に差し向けた記事(26)を最後に、建久五年までその足跡は不明であるが、恐らく鎌倉を不在にして京都に駐在していたのではないかと推測される。果たしてこのような人物が政所別当たりえたのであろうか。甚だ疑わしいと言わざるをえない。したがって、建久三年八月以降の将軍家政所下文にも別当以下の家司として名前を列ねていない。

②の建久三年六月二日付の「松浦山代文書」は、改竄の跡が見取れるが、前期右大将家政所下文の正文として残存する文書で、家司の署名には改竄の形跡は認められない。そこには、別当は大江広元の一名のみで、「前下総守源（邦業）朝臣」・「散位中原（親能カ）朝臣」の署名は見られない。六月三日・二十日付の当該文書の「散位中原朝臣」は建久三年八月以降の将軍家政所下文には別当として名前を連ねておらず、この点からも疑問のある文書と言わざるを得ない。

前述のごとく『鏡』建久二年正月十五日の政所吉書始の記事と現存文書および『鏡』所載の前右大将家政所下文とを対比すると、別当の員数の違い、藤原行政の官途の違いなど、『鏡』との間に齟齬を認めることができる。

第Ⅰ部で現存文書①・②・③の疑問・問題点を指摘しておいたが、(27)それらの指摘を加味し勘案すると、現存する四通の前期前右大将家政所下文が正確に発給当時の実態を伝えていると見做すことはできないのではないかと考えている。また、前期前右大将家政所が確かに機能していたのであろうかという疑念が持たれるのである。あえて言えば、実質上政所が機能し政所下文を恒常的に発給し得たのは、残存する将軍家政所下文の実情(28)から鑑みても建久三年の将軍家政所の開設以後であったと考えた方がより実態に近いのではないだろうか。

むすび

長々と残存する前期前右大将家政所下文の四通について検討を加えたが、四例とも疑問点・問題点をかかえており、政所が機能していた証しとは言い難い。鎌倉幕府の政所が公的な政務機関として機能し活動―政所下文の発給―するようになるのは、石井良助氏の述べられる文治元年の設置説より遠く建久三年の将軍家政所の開設を待たなければならなかったのである。

註

（1）石井良助「鎌倉幕府政所設置の年代」（『大化改新と鎌倉幕府の成立』所収）。
（2）渡辺直彦「家政機関の研究」（『日本古代官位制度の基礎的研究』所収）。
（3）以後『吾妻鏡』を『鏡』と表示し、「国史大系本」を底本とする。なお、特別に別本を採用する場合は別に表示する。
（4）『鏡』文治三年十月二十九日条。拙編著『源頼朝文書の研究』（史料編）、編年文書227。以下、編年文書または図版と略記する。
（5）前掲註（1）と同じ。
（6）『鏡』同日条。
（7）『鏡』同日条。
（8）『鏡』同日条。編年文書227。
（9）「鹿島神宮文書雑感」（『茨城県史研究』十八号、後に『論集鎌倉政権論』所収）。
（10）『国史大辞典』（十三巻「政所」の項）。文治元年より建久二年までの史料で政所の存在を示唆または明示するような確実な記録・文書を見たことがない。
（11）石井氏は前掲（1）において、文治年中の政所の存在を示す有力な史料として挙げられている。
（12）『鏡』元暦元年十月六日条。
（13）「公文所下文」であるので、「原文」は「政所」ではなく「令参上公文所」とあったのではないだろうか。政所が実質上機能し政所下文を順調に発給するようになる時期については「むすび」を参照されたい。
（14）『鏡』文治三年十月二十九日条に政所下文が収載されているが、既に偽文書であることは指摘されている。編年文書227、表6参照。
（15）「下諏訪神社文書」（図版47、編年文書294）
（16）「松浦山代文書」（図版48、編年文書311）。
（17）「正閏史料外編」（編年文書312）。

(18)『鏡』建久三年六月二十日条所収、(編年文書313)。
(19)拙編著『源頼朝文書の研究』(史料編)。第Ⅰ部「源頼朝文書における疑偽文書について」(編年文書294、図版47。編年文書311、図版48。編年文書312)において、疑問のある文書であることを述べている。
(20)御家人制研究会編『吾妻鏡人名索引』(孝尚の項)。
(21)③の建久三年六月三日付前右大将家政所下文写にも「令民部少丞藤原」とあるが、信頼度の低い文書と考えここでは除外した。
(22)「国史大系」所収、『尊卑分脈』(第二巻)。
(23)図版50、編年文書317。
(24)〔　〕内は「正閏史料外編一」との家司の異同を示したものである。
(25)御家人制研究会編『吾妻鏡人名索引』では「散位中原朝臣」を中原親能に比定している。
(26)『鏡』建久二年十二月二十四日条。
(27)註(19)に同じ。
(28)編年文書317以下の将軍家政所下文参照。
(29)峯五郎披充前右大将家政所下文について〔補遺1〕に全文を掲載した。この文書は「松浦山代文書」(図版11、編年文書311)と一体を為すものであったと考えられ、本章では四通の前期前右大将家政所下文に追加として考察を加えることを見合わせた。

第四章　源頼朝の花押の変遷について

はじめに

源頼朝の花押に注目しその変化等に検討・研究の必要性を認識したのは、大友氏に関わる文書を蒐集し、大友義鑑・義鎮・義統の花押を観察・分析し、花押の変化、変遷について詳細な研究報告をされた三木俊秋氏の労作「大友義統の古文書」（『大分県地方史』五号）に触発されてのことであった。

頼朝の花押について考察するに当たり、機会を見つけ正文（原本）の観察を行なうことに努め、また鮮明な写真を集めることに専念し、一応現存する頼朝文書の写真を収集する目標を達成することができた。そこで改めて正文の写真を観察し精査すると、花押をはじめ筆跡・書風、料紙等にも問題を含む文書が多数存在するのに気づいた。

文書を活字化する段階で偽文書、疑いのある文書については前もって取り除いておいたが、正文（原本）を直に観察する機会を得、また写真を丹念に調べていくと、活字化された史料集では「(花押)」とあるのみで花押の原形は分からないが、正文の写真を検討すると頼朝の花押とはまったく異なるものであったり、筆順が違っていたり、筆勢や墨色に問題があるなど、様々な問題を抱え込むことになった。そこで信頼度の高い頼朝文書を選び出し編年順に並べ、花押について後述のごとき考察を加える作業を試みた。ただ、問題は信憑性の高い頼朝文書—本文（内容）・文書の様式、筆跡、料紙共に問題のない文書—の内で初期の文書を選び出し、その文書を規範として花押の基準を求めることであった。

一　基準となる源頼朝文書・花押について

幕府草創期の治承・寿永・元暦元年までの頼朝文書に、確実な基準となるような頼朝署判の文書（正文）は見当たらないが、[1]元暦二年（一一八五）になると壇ノ浦の合戦で平家軍を破り、四月には神器を大内に奉還するなど、頼朝の軍事的勝利は確実になり、この頃より戦功の御家人に与える所領・所職の充行の下文が出されている。[2]元暦二年六月十五日付源頼朝袖判下文二通は伊勢平氏の平信兼および党類の所領伊勢国波出御厨・須可御庄を没収し島津忠久に与えた文書であるが、[3]内容（本文）・筆跡共に疑問はなく、また両文書の袖に署された花押は運筆に勢いがあり、筆の運びによる墨の掠れも理に適っている。また料紙は檀紙で、紙幅も一通（須可御庄）は縦三〇・四センチ、横五二・一センチ、もう一通（波出御厨）は縦三〇・三センチ、横四八・三センチとやや小形であるが、両文書共に堂々とした為政者が発給する文書に相応しい料紙と見做すことができよう。

上記の元暦二年六月十五日付源頼朝袖判下文の二通が基準となる源頼朝署判の文書の条件を満たしていると見做して、元暦二年六月以降に発給された頼朝文書について考察を加えていくと、次のような事実を指摘することができる。

まず第一に、頼朝は一貫して二合体の花押を使用し花押の原形は一定しており、基本形に変化は認められないこと。

第二は、花押の筆順について、図Aは信頼できる文書の花押を基に、[4]花押を分解し筆順を示したものだが、常に同じ筆順であることである。第三に指摘しておきたいのは、頼朝の花押の形体が時間を経るに従って大形化する（後述）とともに、頼朝の花押で変化が認められるのが「書止め」の部分―図Bで示した点線の部分に相当する―である。

元暦二年の頼朝の花押の書止めは図(1)・(2)（図Ⅰ・Ⅱ）のごとくであるが、翌文治二年（一一八六）になると図Bの点線の書止めの「止め」の部分が図(3)・(4)・(5)（図Ⅲ・Ⅳ・Ⅴ）のごとく下にさがり、わずかに「止め」の形が変化している。文治三年になると「止め」の部分が図(6)のようにわずかに上にあがり、同年の後半になると図(7)のごとく「止め」の部分は上から降りてくる線との間隔が狭まっている。

文治四年の花押については遺例がなく、その変化を知ることができず、また文治五年の花押の例も少なく確実な実証は難しい[5]が図(8)（図Ⅶ）のごとくで、文治三年の後半の花押とほとんど同じ様である。文治五年に続く建久元年（一一九〇）・翌二年には現存する頼朝文書中に頼朝署判の文書は存在せず、周知のごとく『鏡』建久二年正月十五日の政所吉書始の記事に[6]、

前々諸家人浴恩沢之時、或被載御判、或被用奉書、而今令備羽林上将給之間、有沙汰、召返彼状、可被成改于家御下文之旨被定云々。

とあり、さらに建久三年六月三日には「有恩沢沙汰、或被加新恩、或被成改以前御下文」と以前の「御下文」―奥上

A 筆順

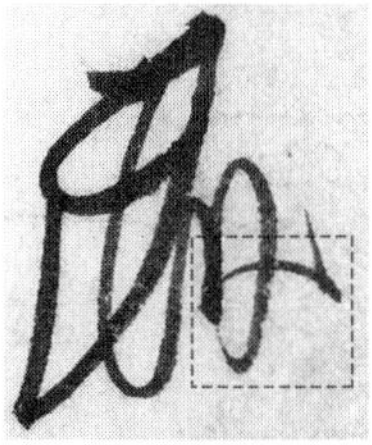

B 書止め

図14 源頼朝の花押①

図15　源頼朝の花押②

(1) 元暦二年六月十五日（「島津家文書」）

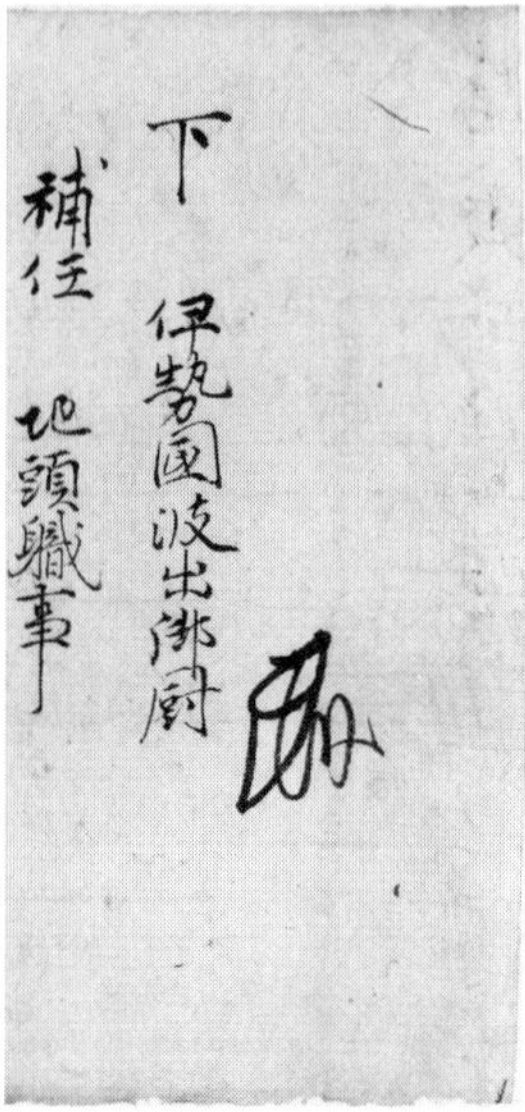

下　伊勢国波出御厨
補任　地頭職事

(2) 元暦二年六月十五日（「島津家文書」）

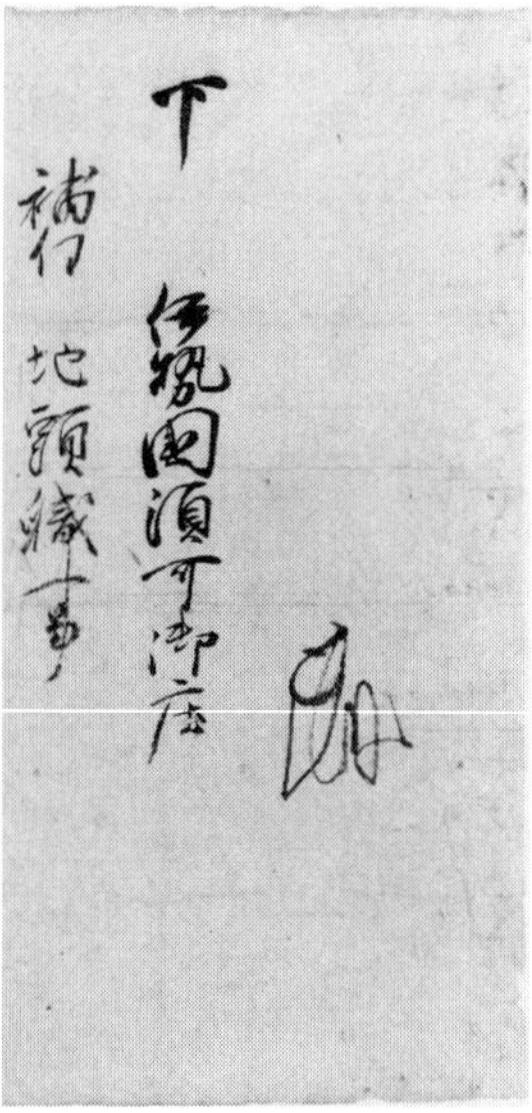

下　伊勢国須可御庄
補任　地頭職事

(3) 文治二年四月三日（「島津家文書」）

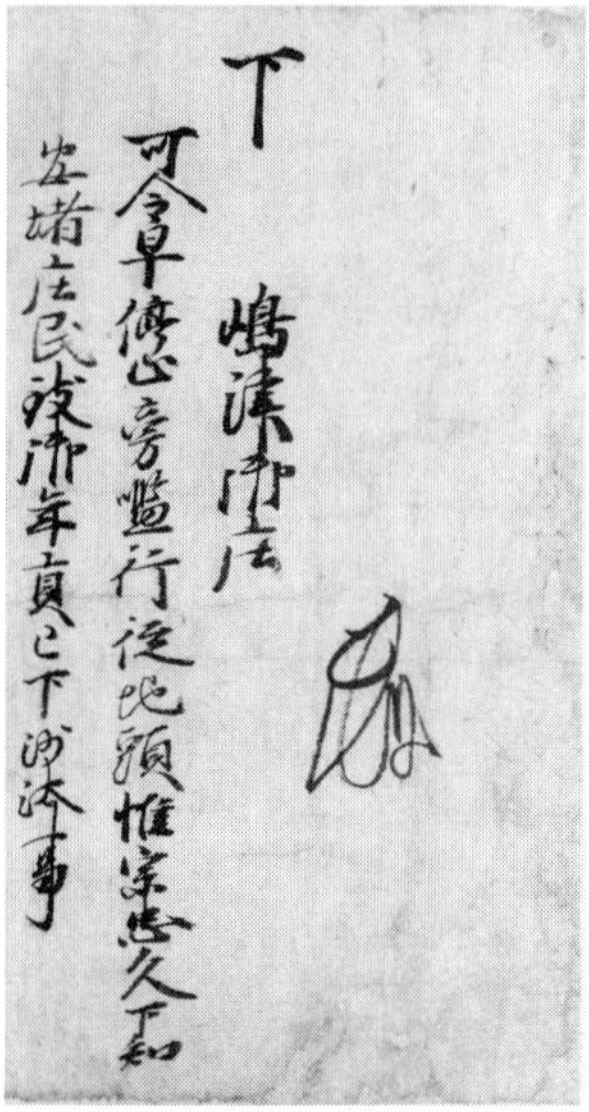

下　嶋津御庄
可令早停止旁濫行従地頭惟宗忠久下知
安堵庄民弁済年貢已下雑事

(4) 文治二年八月三日（「島津家文書」）

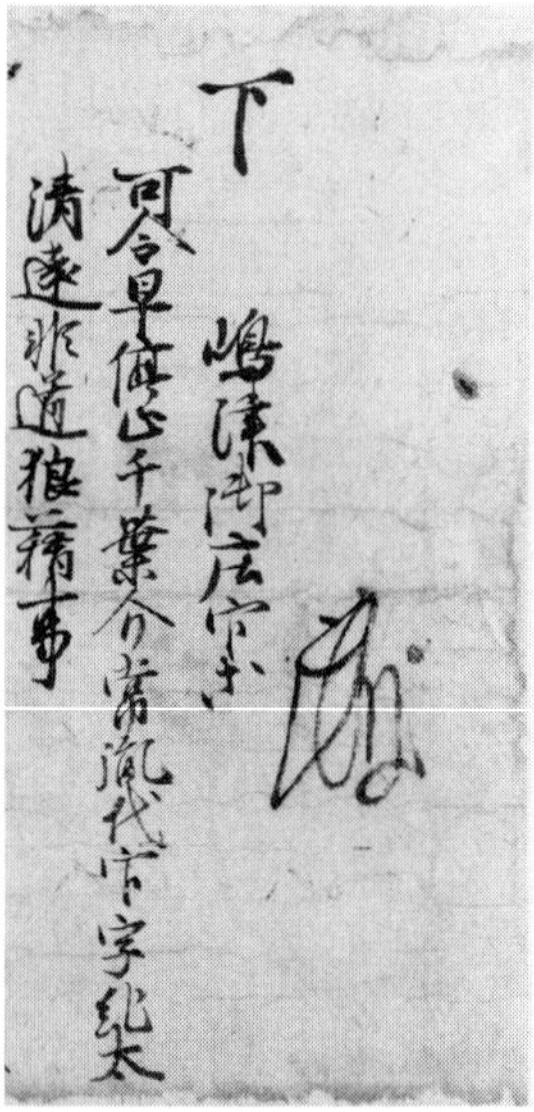

下　嶋津御庄官等
可令早停止千葉介常胤代官字紀太
清遠非道狼藉事

(5)　文治二年九月五日（「賀茂別雷神社文書」）

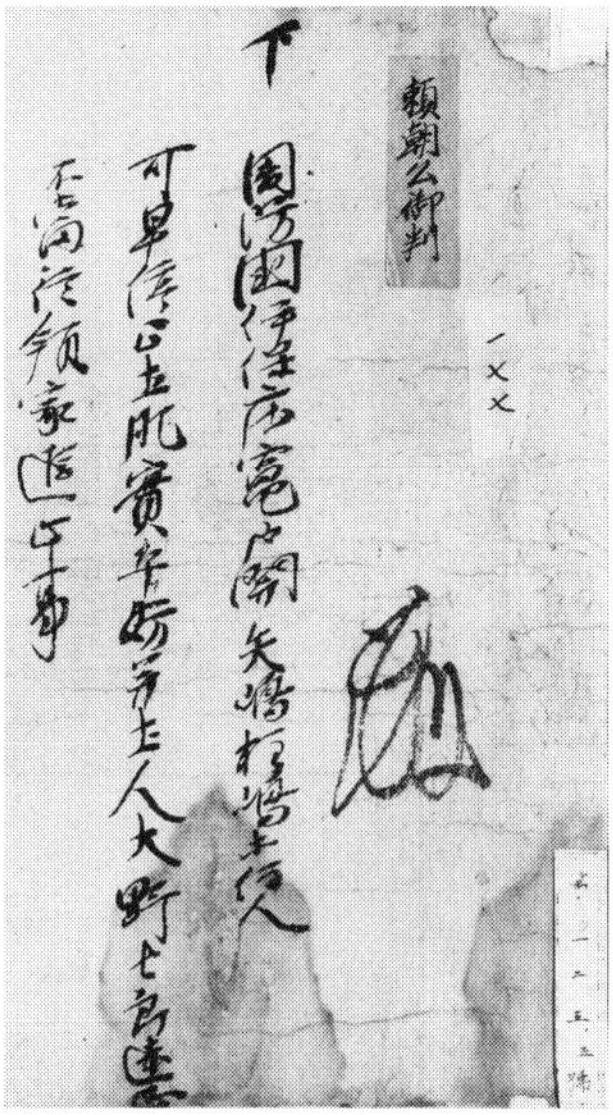

(7)　文治三年十二月一日（「皆川文書」）

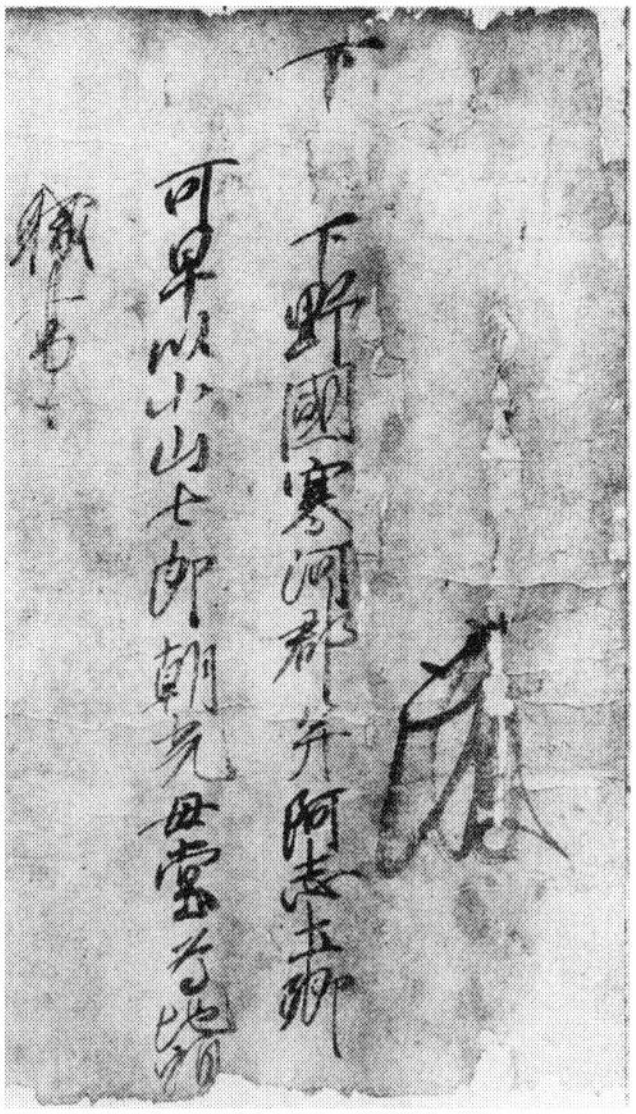

(6)　文治三年五月三日（「島津家文書」）

(8)　（文治五年）四月七日（「保阪潤治氏旧蔵文書」）

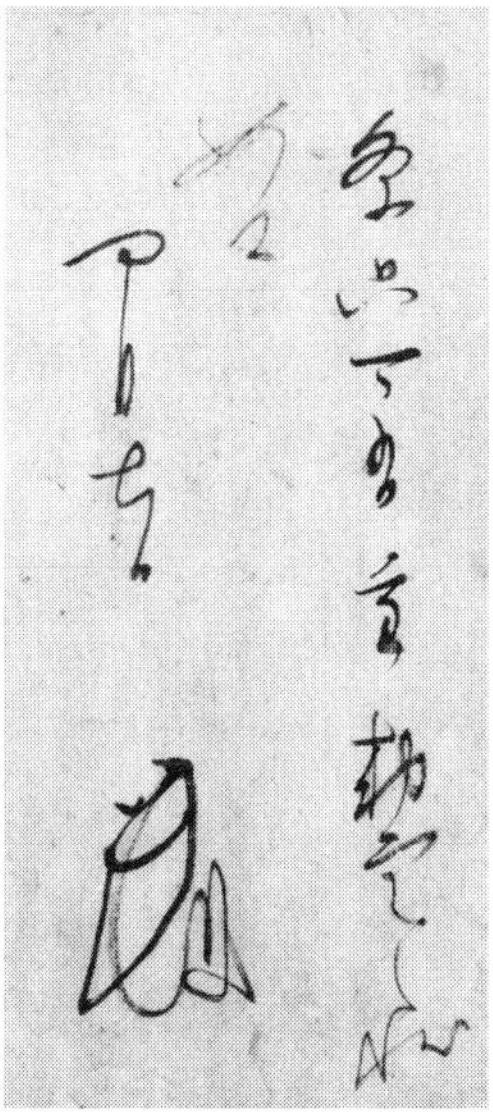

(1)〜(4)・(6)＝東京大学史料編纂所所蔵

(9) **建久三年九月十二日**（「久米春男氏所蔵文書」）

下　下野國左衛門尉朝政
可早任政所下文旨領掌所々地頭
職事

図16　源頼朝の花押③（括弧内は図15の番号に対応）

Ⅰ　元暦二年六月十五日（図(1)）

Ⅱ　元暦二年六月十五日（図(2)）

Ⅲ　文治二年四月三日（図(3)）

Ⅳ　文治二年八月三日（図(4)）

Ⅴ　文治三年五月三日（図(6)）

Ⅵ　文治三年十二月一日（図(7)）

Ⅶ　（文治五年）四月七日（図(8)）

Ⅷ　建久三年九月十二日（図(9)）

署判下文・袖判下文―を政所下文に成し改めるとある。この一連の流れの中で図(9)（図Ⅷ）は、建久三年九月十二日付で以前に小山朝政に与えた下文を「改成」めて政所下文を発給し[7]、同日付でその添状として与えた源頼朝袖判下文の花押である[8]。花押の形体は文治三年の後半、文治五年のものとほとんど同じで、書止めの部分にも目立った変化は認められないが、ただ初期の花押に比べ大きさ（寸法）が格段に長大になる点が注目され、改めて花押の寸法の変化について検討の必要性を感じた。

そこで、花押の寸法に目を向け、頼朝署判の初期の花押(9)より現存する頼朝署判の最後の文書と考える建久三年の源頼朝袖判下文の花押まで、寸法の変化について考察し見解を述べることにする。

まず最初に、花押の寸法の違いを視覚に訴え確認するのが手っ取り早い説明であろう。そこで、次に花押の寸法の変化を例示（図16）することにする。

鮮明な写真であっても花押の大小―寸法―や変化を見取ることは難しい。幸いに多くの原本を実地に調査する機会に恵まれ、その調査を生かし実寸を基に同比率で縮尺した寸法の花押を提示することができたと思う(10)。

図Ⅰ・Ⅱの元暦二年（文治元年）の花押は頼朝の花押の全体から比較するとやや小形であるが、図Ⅲの文治二年の花押になると多少形体が大きくなり、同年後半になると書止めの変化とともに図Ⅳのごとく見た目にも明らかなように大形化していることが分かる。さらに文治三年になると図Ⅴ・Ⅵのようにより大きくなり、初期の花押に比べて約一・五倍の大きさの寸法になり、花押の大形化が進んでいる。文治四年には頼朝花押（署判）の文書が現存せず、その形状・寸法について知るところがない。翌文治五年になると年号明記の文書―袖判下文―の遺例が少なく確かな実証は難しいが、図Ⅶのような花押で文治三年の花押と寸法はほとんど同じであったようである。文治五年と推定される（後述）四月七日付源頼朝書状の花押の寸法は文治三年の図Ⅴの花押よりわずかに小さく（小形）なっており(11)、このような事例から勘案すると、文治二年の後半より文治五年までの頼朝の花押の寸法にはわずかな増減は見られるがほとんど変化はなかったようである。

続く建久年間の花押については前述したが、その寸法について述べるところがなかった。今、寸法について少しく触れておこう。建久三年九月十二日付源頼朝袖判下文は建久年間に発給され現存する唯一の頼朝署判の文書[12]で、図Ⅷは下文の袖に署された花押であり頼朝文書中では最大の大きさで、初期（元暦二年）の花押に比べ約一・七倍で堂々たる花押となっている。

上記の花押の変化・変遷の状況を踏まえて、正文として現存する頼朝文書中の疑問のある文書の検討を行ない、ついでわずかな考証例（数）ではあるが無年号文書の年号推定を試みてみよう。

二　花押による無年号文書の年代比定

無年号文書を頼朝の花押の形態によって無年号文書の年代の推定を行なってみよう。

四月四日付源頼朝袖判書状（「神護寺文書」）の袖判[13]（図ａ）は元暦二年（図Ⅰ・Ⅱ）の花押と見比べてみると近似していることが分かる。ただ、当該文書を元暦二年（文治元年）と比定すると、この時期比企朝宗は西国に下向中であり[14]、若狭国西津庄に関わることは時間的に無理であろう。とすれば、佐藤進一氏が『鎌倉幕府守護制度の研究』（若狭の項）において「元暦元年と推定される」と指摘されるように元暦元年が妥当なのであろうか。元暦元年の基準となる花押が見当たらない現状であるが、本文書の袖判について検討してみよう。

本文書の花押は、元暦二年六月十五日付源頼朝袖判下文〈須可御庄〉（図Ⅱ）とほぼ同形に近い。ただ異なるのは書止めの最後の撥ね上げの部分が元暦二年以降の花押に比べて短く詰まっている点である。文治年間の花押の書止めの撥ねの部分のほとんどが長く伸びているのに対し、本文書の花押は短いのが特徴で、花押の変化の過程から考察すれば、元暦二年六月の図Ⅰ・Ⅱの花押に先行するものと考えて良いのではないだろうか。

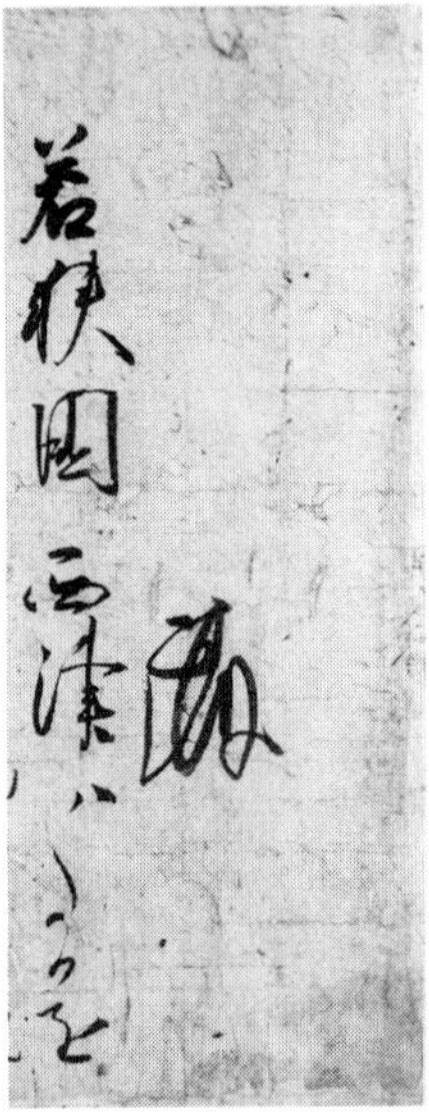

a「神護寺文書」

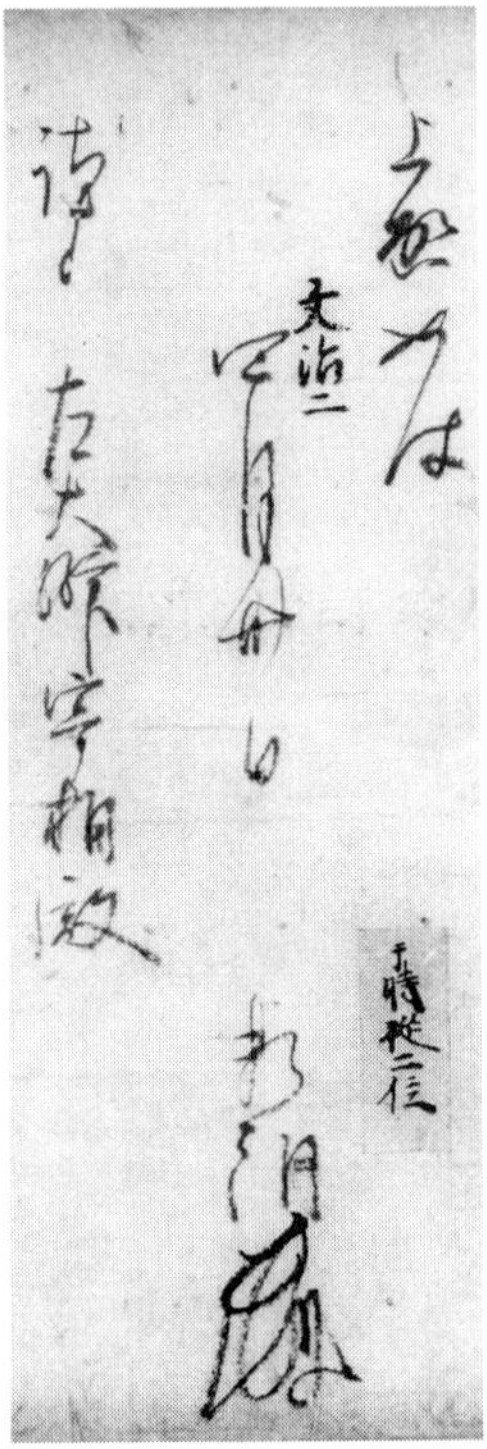

b「反町英作氏所蔵文書」

図17　源頼朝の花押④

また頼朝の場合、花押の形状（寸法）は時間を経るに従って大形化するが、本文書と図Ⅱの花押との間に形状・寸法ともにほとんど変わりはない。

限られた視点からの考察であるが、前記の指摘を踏まえ勘案すると、本文書の花押を元暦元年の花押と比定しても良いと考えられる。

次に、四月三十日付源頼朝書状（「反町英作氏所蔵文書」）は『鏡』文治二年四月三十日条に収載される文書と同文で、当該文書には日付の脇に別筆で「文治二」と年号が小書で付されている[15]（図b）。したがってとくに花押を問題視して取り上げ年号の推定を行なう必要はないとも考えるが、一応花押の形状が文治二年の図Ⅲ・Ⅳと整合性があるのかどうかを検証してみることにする。

本文書の花押の形態は図Ⅲの文治二年四月三日付源頼朝袖判下文の袖判とほとんど同じと言える。ただ、詳細に観察すると書止めの部分が図Ⅳに近づいているが、これは四月三日と四月三十日の時間差によるものであろう。筆の運びによる墨の擦れも他の正文の花押と良く似ており、特に問題視すべき点は認められない。また、日下の花押「頼朝

（花押）」の寸法は袖判に比べやや小形であるが(16)、文書全体の均衡から一考すると適正な大きさといえるであろう。とくに考証の必要のない文書であると考えるが、花押の側面から考察を試みてみた。

次に九月八日付源頼朝書状（書下）は東大寺―重源―に充てた文書で、日下に頼朝の花押のみが署された書状である(17)。

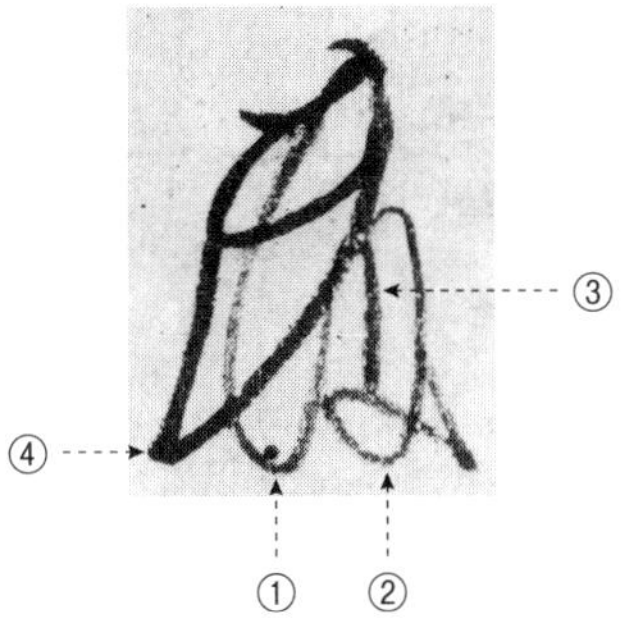

図18　源頼朝の花押⑤（「東大寺文書」）

花押の形状は図Ⅴの文治三年五月三日付源頼朝袖判下文（「島津家文書」）に近似しており、特に書止めの②の形は図Ⅴに近いが、ただ③の上部から下へ降りる筆の線は書止めの②に接近しており図Ⅵに近い。しかし、この文書の花押の特徴は①の曲線が④より下にあることである。基準とする図Ⅷの（文治五年）四月七日付源頼朝書状（書下）の花押は①と④が同一線上に、または①の曲線が④の同一線より下になっている。また花押の寸法は書き出しの部分より①までの上下の寸法は約七・六センチあり、図(6)（図Ⅴ）とほとんど同寸法であるが、図(6)の花押は①が④の横の同一線上より上にあり文治三年の花押とは異なるようである。

このような関係を勘案すると、文治四年の花押とするのが適当とも考えられるが、基準となる文治四年の花押が見当たらない今、本文書の本文を参考にして花押の移行期の（文治三年）九月八日付源頼朝書状としておきたい。

もう一点、四月七日付源頼朝書状（「保阪潤治氏旧蔵文書」[18]）について考察を加えておこう。

本文書は（文治三年）九月八日付源頼朝書状と同じく東大寺（重源）に充てられ、日下に花押のみが自署された文書である。この文書については既に『花押かゞみ』で「（文治五年）源頼朝書状」と記載され、文治五年の文書―花押―と推定されている[19]。本稿でも花押を中心に発給年の推定を試みてみることにする。

本文書の花押の形体も文治三年五月三日付の書状の花押（図Ｖ）と基本形は同じであるが、前述の（文治三年）九月八日付の書下により近い形体であり、書止めは文治三年の図Ｖの花押からほとんど変化はないように見える。しかし、特徴的な変化は①の曲線が④の突端とが同一線上にあって文治三年の花押の形体と異なる点である。

図19　源頼朝の花押⑥（「保阪潤治氏旧蔵文書」）

花押の大きさ―寸法―は文治二年後半の図Ⅳの花押の頃より文治五年まで袖判下文と書状の違いによる署判の位置は異なるものの大きな変化は見られず、花押の寸法による年代の推定は難しい。花押単独での的確な年代推定は困難であり、文書内容の検討と相俟って結果が得られるものと考える。ただし、内容の検討は主題から離れるので割愛するが、文治五年四月七日付源頼朝袖判下文（「保阪潤治氏旧蔵文書」[20]）における紀遠兼の鞆田庄地頭職停止の下文および当該文書の「地頭許をは、無左右所成献停止下文候也」の文言から勘案すると、本文書の発給年次はわずかな花押の変化と本文との検討からではあるが文治五年に比定するのが適当であろうと考える。

三　花押の形体・墨色等に疑問のある文書

まず元暦二年以降の袖判で花押の形体ならびに墨色、筆の運びに問題のある文書について、疑問に感じた点を簡単に触れておこう。

文治二年正月八日付源頼朝袖判下文（「島津家文書」[21]）の花押は元暦二年（文治元年）六月十五日付袖判下文の花押（図Ⅰ・Ⅱ）と文治二年四月三日付袖判下文（図Ⅲ）の中間に位置する時期の花押であるが、書止め部分―図Bの部分―が極端に小さく、花押の形体が大形化していく過程にあるのに対し、書止めのみが小さくなるのは理解に苦しむところである。

次に文治二年六月一日付源頼朝袖判下文（「法勝寺文書」）は「検討ノ要アリ」と拙稿において按文を付した文書であるが[22]、小稿では袖判を中心に触れておくことにする。

花押の形体は文治二年の図Ⅲに近似しているが本文と袖判に一体感がなく、他の同時期の花押に比べ筆勢に抑揚がなく墨色が均一（平板）で写し特有の姿をしている。

料紙についての問題点にも触れておこう。料紙は奉書紙（楮紙）のようであるが、経年変化によるものであろうか、紙は鼠色（薄墨色）に変色しており、料紙そのものも老化し薄手の杉原紙のように見えた[23]。また、本文書の料紙の紙幅は縦二九・五センチ、横四六・三センチであり、文治二・三年当時の袖判下文の平均の紙幅が縦三一・五～三二・二センチ、横五一・〇～五四・五センチであるのに比して本文書の料紙はやや小形である。

上記の指摘から考え合わせると、料紙の質と言い、紙幅と言い頼朝文書の料紙としては不的確と考えられる。

続いて文治二年閏七月二十九日付源頼朝袖判下文（「武家手鑑」前田育徳会所蔵）も「検討ノ要アリ」と按文を付した文書であるが、(24)文書をみた第一印象が花押が黒々としているという点であった。前述の「法勝寺文書」と同じように花押の形体は文治二年の図Ⅲ・Ⅳに近いが、基準となる花押に比べ筆による掠れが見られず墨色が平板であり疑問を感じた。

この他に花押に疑問のある文書については第Ⅰ部でそれぞれ述べているので、(25)この節では割愛する。

四　花押の筆順が異なる文書

頼朝文書の正文の内で花押の筆順が異なる文書が、少数ではあるが現存している。そこで、筆順が違っている文書について考察を加えることにする。

図20　源頼朝の花押⑦（「鳥居大路文書」）

文治二年九月五日付源頼朝袖判下文（「鳥居大路文書」(26)）の袖判は文治二年九月五日付源頼朝袖判下文（「賀茂別雷神社文書」周防国伊保庄(27)）の形体と似ているが、図Aで示した頼朝の花押の筆順(28)とは異なっている。頼朝の花押の筆順が始終一貫していた事実については、前節で述べたように、途中で変更することはなかった。したがって、本文書を「検討ノ要アリ」としたのである。

むすび

源頼朝の花押が文治二年四月より八月頃に初期の花押―元暦二年六月十五日付源頼朝袖判下文の花押―に比べ大形化したことについては第一節で述べたが、何故にこの時期に頼朝の花押が大形化したかについては述べるところがなかった。改めて少しく考察を加えてみたいと思う。

花押の大形化が頼朝の政権の安定や強化に深く関わっているのであろうことは容易に想定することができるが、では文治二年四月より同年八月にかけて約一・五倍の寸法に大形化するような政治的、また私的に画期的な出来事が存在したのであろうか。答を導き出す前提として、まず文治二年四月以前の頼朝周辺の政治状況を見てみると、文治元(元暦二)年三月に壇ノ浦の合戦に勝利し同年四月二十七日には平氏追討の賞として従二位に叙せられている。(29) 同年十月十八日に源義経・同行家に頼朝追討の宣旨が下され、それより一ヵ月後の十一月二十五日には頼朝に義経・行家追捕の宣旨が下されている。このような義経に関わる事件を契機として朝廷への政治的攻勢がなされ、十二月十七日には頼朝の要請により義経に与同した公卿の解官を、二十九日には議奏公卿の設置がなされている。また、同じ二十九日に頼朝は日本国惣追捕使・同惣地頭に任じられ、兵粮米の徴収・地頭の設置が許可されている。

ついで文治二年三月には、頼朝の推挙により九条兼実が摂政・藤氏長者に就任する等、義経の捕縛は未だではあるが頼朝の当面の政治的な課題は達成されている。また、私的には文治元年十月に父義朝のために勝長寿院を建立し供養を行なうなど、[30]年来の念願も果たしている。

それでは、文治二年四月段階より同年八月に至る過程で花押を意識的に大形化させるような画期的な出来事が起きたであろうか。そこでまず考えられるのが、義経の捜索は続いているものの、この事件を契機として頼朝政権の中央朝廷に対する発言力が強化され、頼朝の存在感は増していったことである。一方、未だ恭順の意を表して来ない奥州藤原氏の存在は頼朝にとって大きな問題であったであろう。文治二年四月、藤原秀衡に遣わしていた「書礼」の請文が同月二十四日に届き、秀衡が奥州の貢馬・貢金は鎌倉の沙汰として京都に進めることを承諾した旨を伝えている。頼朝は「書礼」―書状―に「可成魚水思」と藤原氏との親密な関係の構築を訴えているが、[31]実際には鎌倉の傘下に組み込まれることを意味し、[32]頼朝にとって大きな成果であったと言える。頼朝の心象としては奥州支配への大いなる前進と捉えたに違いない。

次に考えられるのが、九条兼実を通じての朝廷との関わりであろう。兼実は自身の日記『玉葉』において頼朝の呼称を、流人・勅勘の時期より本位に復した寿永二年十月の時点までは「頼朝」と記し、[33]文治元（元暦二）年四月二十七日に平家追討賞として従二位に叙せられ公卿に列せられた時点以降においてもなお「頼朝」と記している。[34]しかし、文治二年四月一日の記事より恒常的に「頼朝卿」と記述するようになっているのである。この記述の変更はいかなる理由によるものであろうか。この変化を明らかにすることは頼朝と兼実の提携関係の強弱を計る意味に止まらず、朝廷における頼朝の立場・位置を知る上でも重要と考えられる。

兼実は文治元年十二月二十八日、頼朝の奏請により内覧に任じられているが、内覧のみの任命には不満であったのであろうか、これ以降も「頼朝」の記述で通している。ところが、翌二年三月十二日に兼実は頼朝の強い推挙により藤原基通に代って摂政・藤氏長者になっており、宿望が果たされたのである。この摂政就任を契機として頼朝に対する姿勢に変化が生じ、日記の記述にも表れて同年四月一日条より恒常的に「頼朝卿」と記すようになることから、この変化は頼朝への対応とも連動したものと考えられる。

頼朝と兼実のそれぞれの思惑が一致したとは考え難いが、両者の提携がここになったのである。頼朝としては京都への進出の手応えを感じたことであろう。

それでは文治二年初期の段階で鎌倉の頼朝の立場・状況に変化が見られるのであろうか。

中央への地歩を一段と進めた頼朝は、その地位、権威を後盾に東国武士をはじめとする御家人への権限を強化していった。文治二年三月頃より頼朝文書は武士の公領・荘園における濫妨・狼藉―年貢抑留・押領―の停止の命令が数多く見受けられるようになるが[35]、このような行為は御家人層の飽くなき所領拡大への欲求に一定の歯止めをなすものであると同時に、荘園領主である権門勢家への妥協ともいうべき配慮によるものであったであろう。ただ、頼朝が武士と朝廷（権門勢家）の仲介者として、欠くことのできない存在であることを中央勢力に示したものでもあった。

また頼朝は令達をほとんど袖判下文で行なっている。御家人に対する権威を誇示する意味合いにおいて袖判の大形化を計ったものと考えられる。

上記のごとき経過を辿り頼朝の政治姿勢に文治二年三月頃より変化が認められるようになるが、前述したような政治的要件が複合的に重なった結果、頼朝は政治手法に自信を得ることになり、それが花押の大形化という結果を齎すことになったと考えられる。

註
（1）拙稿『源頼朝文書の研究』（史料編）参照。
（2）『鏡』文治元年三月二十九日条。

(3) 拙稿『源頼朝文書の研究』図版21・22、編年文書131・132。以下、図版△△、編年文書△△△と略記する。
(4) 文治二年七月五日付源頼朝袖判下文（「賀茂別雷神社文書」）、図版30。
(5) 文治五年の発給年次が明示された頼朝文書は、図版36・37・38の三通のみである。
(6) 『鏡』同日条。
(7) 図版50。
(8) 図版40。
(9) 本稿では「初期の花押」について、頼朝の花押で年代が古く確実な文書として、元暦二年六月十五日付源頼朝袖判下文（図版21・22）を特定した。当該文書を「初期の花押」と呼称することにする。
(10) 頼朝の花押の実寸については『花押かゞみ』（鎌倉時代一）参照。
(11) 『花押かゞみ』（鎌倉時代一）一五三三　源頼朝。袖判下文の花押と書状の花押を同次元で比較するのは適当ではないと考えるが、ここでは一応、取り上げておいた。
(12) 図版40。
(13) 図版73。
(14) 『鏡』文治元年三月十一日条参照。
(15) 図版82。
(16) 図Ⅲの寸法（縦）五・六センチ、当該文書四・八センチ。花押の寸法は書状であるので、下文の袖判と同列の判断材料とはならないと考えるが、参考に比定した。
(17) 図版92。
(18) 図版96。
(19) 『花押かゞみ』（鎌倉時代一）　頼朝ノ項。
(20) 図版38、編年文書247。
(21) 図版25。
(22) 「法勝寺文書」、図版27。

(23) 私見であるが、地方（地域）で生産された楮紙ではないかと考えている。
(24) 図版28。
(25) 第Ⅰ部で花押について述べた編年文書の番号45・46・47・98・191・229である。
(26) 図版32。
(27) 図版30。
(28) 図Aは「賀茂別雷神社文書」（図版30）を基本に花押を分解し筆順を示したものである。
(29) 『尊卑分脈』、『公卿補任』。
(30) 『鏡』文治元年十月二十四日条。
(31) 『鏡』文治二年四月二十四日条。
(32) 『鏡』文治五年六月三十日条。大庭景能は頼朝の奥州攻めに当たって「泰衡者受継累代御家人遺跡者也、雖不被下　綸旨、加治罰給者、有何事哉」とその正統性を述べている。まさに文治二年時点における頼朝の胸中を言い表していると言えよう。
(33) 『玉葉』寿永二年十月九日・十二日条以下。
(34) 『玉葉』元暦二年四月二十八日・五月二十日条他。
(35) 『鏡』文治二年三月二日付源頼朝下文、編年文書150。以下、編年文書156・157・169・173・174・183・185・190・194・195・198・201。

第五章　源頼朝の裏花押文書について

はじめに

源頼朝の文書を研究対象とする場合、明らかにしておくべき課題がいくつか考えられる。例えば正文（原本）を素材として考察を行なうものには源頼朝の右筆の筆跡問題や、源頼朝の花押の変遷についての問題などがあり、写本を基に考察を加えるものには諸記録に収録された頼朝文書についての問題が、また、原本や写本・案文などを基にして考察を加えて明らかにして行くものには源頼朝の署名・署判の問題や、『吾妻鏡』に収録された源頼朝文書との対比の問題等が考えられる。

さて、小論の主題である源頼朝の裏花押文書についての考察は、最後の原本や写本・案文等を材料にするテーマであるが、ただ、後述するように署名の裏側に花押を持つ頼朝文書は写・案文および『鏡』に収載された文書の七通が残るのみであり、正文は現存していない。正文を子細に検証するという作業はできない。文書の紙背に花押を署すと言う行為は、平安時代には売券・解状等に見えるのがほとんどであるのに対し、鎌倉時代になると請文の類に多くの例を見るようになるが、この現象は源頼朝の裏花押による請文の発給に由来するところが大きかったと想定される。

このような裏花押の文書を何故に頼朝が発給するに至ったのであろうか、それを追究するのが小論の趣旨である。

一　七通の裏花押文書

まず煩雑ではあるが、文書の裏面（署名の裏）に花押（以後、裏花押と称す）のある頼朝文書七通を例示する。

1　源頼朝請文（1）

日吉塔下彼岸衆申文一通、謹以進上之候、為法性寺領小橋庄被押領三ヶ村候云々、而重家自近衛殿（基通）賜小橋庄預所職候畢、仍衆徒可停止重家之結構之旨、雖触遣候、云彼云是、共以庄領候、依不能私成敗候、所令執申候也、任道理可被計仰下候歟、頼朝恐々謹言、

正月廿四日　頼朝裏御判

進上　帥中納言（吉田経房）殿

2　源頼朝書状（2）

成勝寺修造事、可被忩遂候也、若及遅怠候者、弥以破損大営候歟、就中、被修復当寺者、定為天下静謐之御祈歟、然者国ニモ被充課候テ、急〔忩イ〕御沙汰可候也、以此旨可令申沙汰給候、頼朝恐々謹言、

六月廿九日　頼朝裏御判

進上　帥中納言（吉田経房）殿

3　源頼朝請文（3）

六月一日御教書、七月廿八日到来、謹以令拝見候訖、新日吉社御領武蔵国河肥庄事、本自為請所、令進御年貢候

之所也、而去年領家令逝去之由依承候、不知可進年貢之所候、仍令相待領家候之間、彼年自然罷過候了、地頭恣非抑留之儀候歟、而今前領家孫以禅師君、可為領家候者、早令存知其旨、可令沙汰進年貢候之由、可令下知地頭候也、且社役為先、自今年無懈怠可令致沙汰之由、可令下知候、同御領長門国向津奥庄地頭、謀反人豊西郡司弘元之所帯候、仍以景国（大江）令補地頭候之処、致種々悪行候之条、事実候者不能申左右候、早企参洛、且令陳申子細、且可仰　天裁、兼偏止（停イ）濫行、可随社家使進止之由、所令下知候也、件状一通謹以進上之候、以此旨便宜時可令洩達給候、頼朝恐惶謹言、

八月五日　　頼朝裏御判

4 源頼朝書状（4）

東大寺事、平家朝敵と奉成候ひし余に、令破滅当寺候了、而造営事、先急御沙汰可候之由、令存候也、諸国諸庄ニ普被支配候て、一向に贔負（眉）御沙汰候者、定急出来候歟、上人（俊乗房重源）於周防国て適採置て候なる材木も、杣出不相叶之由承候也、凡又自余材木も、さすかに一国の力にて難叶候歟、其中当時候なる材木も、杣出いつとなく候て、朽候なん後、良材難得候歟、然者諸国重任功にも被仰下歟、又院宮及諸家庄領にも、分に随ひ、任貢宜て、材木をも、工作料をも被省召候て、是を大事にて、御沙汰候者宜候なん、且諸国重任功にも被召、又志候ハん人ハ私力にも相営、諸庄々にも被充課候ひて、結縁の心あらん人ハ、可令合力なと丶被仰下て、幾内（マヽ）・幾国・西国方ハ、細々ニ勧進の御沙汰可候に候、関東方ハ頼朝勧進御使として可相励候也、それも自君被仰下て候ハんをもて、可致沙汰候也、大方ハ君御意より御沙汰候之上にもつよく此事を御沙汰候者、今月（自）十年内何不出来候哉、猶々此寺事、朝の御大事と云、又殊勝功徳と申、何事如之候哉、此次第付言上其恐候へとも、聖武天皇御願ヲ平家令焚滅て候を、君御世ニ不被興隆は、可期何時候哉、枉て此造営を可被忩遂之御計可候之由、深所令存候也、以此旨可

令言上給候、頼朝恐惶謹言、

（文治三年カ）
三月十六日　　　頼朝「裏花押」

進上　帥（吉田経房）中納言殿

○［　　］内ハ「右大将家御書案文」（東大寺図書館所蔵）ニヨル、

5　源頼朝請文案(5)

校正了

宗像社事、故盛俊（平）之知行也、可令没官之条勿論候歟、雖須令下地頭候、依仰令止其儀候畢、且氏実重代人仁候、如本可令安堵候也、道理候波牟事波雖不申候、依御計尤御裁許可候歟、以此旨可令披露給候、恐々謹言、

文治三年
八月七日　　　頼朝在裏御判

6　源頼朝請文(6)

若狭国司申松永・宮河保地頭宮内大輔重頼不随国命事、可令停止非法之由、成下文、令進上候、

右件事、いかにも御定ニ可有候也、領家ハ尋常にて、地頭不当無極之所多候、又地頭尋常にて、年貢不致懈怠所々も候、而領家中にも地頭悪ク〔をイアリ〕乗勝〔てイ〕て、訴申事も候之由、承及候也、然者記録所へも被召候て、決真偽て、御載〔裁イ〕許候者、不当地頭ハ成恐て、令励忠節心候歟、又尋常地頭ハ、弥令存公平候歟、尤可被召問勤否候也、但其ために被召候ハん輩、若不令参上候歟、注給交名、可令召進候也、以此旨可令申上給候、頼朝恐々謹言、

九月三日　　　頼朝在裏判

7　源頼朝請文(7)

先日所被仰下候之備前国福岳〔岡イ〕庄事、被入没官注文下賜〔給イ〕候畢、而宮法印御房被〔難〕令勤修讃岐院（崇徳天皇）御国忌之由、被歎仰候

之間、以件庄可為彼御料之由申候て、無左右不知子細、令　奉進候畢、此条非別之僻事候歟、而今如此被仰下候、早随重御定、可令左右候、御定之上、雖一事、何令及緩怠候、以此趣可令披露給候、頼朝恐惶謹言、

十月四日　　頼朝在裏判

進上　右衛門権督（藤原定経）殿〔佐イ〕

七通とも頼朝より京都の後白河法皇に充てられた書状・請文―披露状（奏覧状）―である。

1・2・4は充所を帥中納言吉田経房とする書状・請文、7は右衛門権佐藤原定経を充所する請文、3は『鏡』の同日条の地の文に「就帥中納言奉書、被進御請文」とあり、充所は吉田経房であったことは間違いあるまい。5と6はそれぞれ充所を欠く請文であるが、吉田経房に届けられたものと思われる。源頼朝から後白河法皇に充てて発給される文書―披露状―は、治承・寿永の段階では充所を高階泰経に、(8)元暦二年（一一八五）以降殊に高階泰経が頼朝追討事件で義経に連座して解官されてからは吉田経房となり、ついで文治五年（一一八九）十二月に高階泰経が本位に復官すると、吉田経房と高階泰経充(9)の文書が併存するようになる。5・6の源頼朝請文は文治三年・四年の請文で、泰経復官の前の時期に当たるので、吉田経房充と考えても大過ないであろう。いずれにしても七通とも頼朝より実質上京都の後白河法皇に充てられた書状・請文である。

二　裏花押に関する諸論考

文書の裏に花押を据えるという行為はどのような意味を持つのであろうか。頼朝の裏花押文書を論ずる前に、従来の諸見解について触れておこう。ただし、継目裏花押と文書の表の文面を承認・保証するために紙背に加える花押に

ついては、小論とやや意味を異にするのでここでは取り上げないことにする。

久米邦武氏は早稲田大学において古文書学を講義し、その講義内容である『古文書講義』[10]において「署名下に請文と書して裏判をなすは鎌倉以後の通式なり」と、近代歴史学上における最初の裏花押についての所見を述べている。ついで勝峯月溪氏は『古文書学概論』において「文書差出人が受取人に対して特に敬意を表す場合には、花押のみを普通の花押を据ゑるべき所の裏に据ゑる事がある」と述べている。相田二郎氏はとくに裏花押について触れることはなかったが、相田氏の古文書学を深化された佐藤進一氏は、今日、古文書学の到達点と考えられるその著書『古文書学入門』で、裏花押について「鎌倉時代以降の武家の請文では、差出者の花押を用紙の裏に（本来花押を署すべき位置の裏）居える場合が少なくなかった。いわゆる裏判（裏花押）である。かかる請文における下附や裏花押は、いずれも受取者に対する敬意を表わすものであって、私文書における書札礼の影響によるものというべきであろう」と述べられている。この見解が現在の学界における共通認識となっているといえよう。

前述の諸先学が近代の古文書学を駆使して得られた成果とは別に、佐藤氏の述べられる「書札礼」についても少し見ていく必要があろう。平安時代の公私の文書を集めた文例集『雲州消息』[11]『雑筆要集』[12]などには、裏花押の用例は収録されていない。裏花押について触れた書札礼の著述は意外に少なく、その内で最も成立の早い書が、守覚法親王の『消息耳底秘抄』で、鎌倉時代の中頃の嘉禎三年（一二三七）頃に記述されたものがある。[13]

一、進敬人書事

敬人ノ許ヘ進書ハ真行ニ書也。又書ノ裏ニ判ヲスル事アルハ。極テ敬コト也。

また、室町時代中頃に成立したと考えられる『書札作法抄』には次のように記されている。[14]

一、奉書ト云コトハ主ノ前ニテ書状ノ事也。此状ニハ私ノ名字ヲ書タルトモ、奉ト云字ヲ名字ノソバニ書也。詞主ノ仰ラル丶マ丶ニ書ヲ奉書ガキノ状トハ申也、公方ノ奉書ハタダ御教書ナド同篇也。奉書ニモ主ノウラ判ヲセラル丶コトアリ。奉行等ノ判許ニテハ猶不審モアリ、又ミチ行難キ程ノ書ハ皆ウラ判ヲセラル丶也、其程大事ニテモナキ事ニハタダ奉行人ノ判形許也。奉書ニモサマザマノ体アリ。

一、請文ノ事、御教書ナドノ返事也、ソレ墨黒ニ字チヒサク、裏判ヲシテ、面ニハ名字ヲカクベシ。アケ処ヲバカ、ズ、当時武家御一族ハ請文ニモ面ニ判ヲセラル丶也、不可然ト云人モアレドモ。公方ヨリノトガメモナケレバ。左右ニアタハヌコトナリ。関東先代ノ時コソアレ。当御代ニハ如此ノコトハ。巨細ノ御沙汰ニ及バザル歟。能々分別スベキコト也。関東先代ノ時ノ奉行ハ。儒学ノ稽古ヲセラルノ間。ヨキ程ノ文章ニクラキコトナシ。今ノ奉行ハ稽古不足ナル故ニ。文章ヲモフカクサタセザルモコトハリ也。請文ト名字ノ両所ニ書也。

鎌倉中期に成立した『消息耳底秘抄』で「敬人」に対して進める書状は裏に判をなし、これは極めて敬うことであると述べている。この説明は鎌倉初期頃の武家の書札礼を記述したものと考えられ、今日の古文書学による理解とほとんど同じである。『書札作法抄』では、室町期において「奉書ニモ主ノウラ判ヲセラル丶コト」があり、これは奉行人等の判（花押）ばかりでは信頼性に乏しいからであると述べている。この行為は受取人に対する敬意を示すものではなく、証書に裏判を行なう行為に近い。また請文には裏判をして、表面には名字のみを書くべきであるのに、室町幕府では請文であっても表面に判（花押）が書かれていると述べている。『鎌倉遺文』を繙いてみると、鎌倉中期以降の請文には、日下に署判を加えたものが数多く見えており、[15]必ずしも室町時代に初めて行なわれる書札礼ではない。この二書の他に裏花押について触れた書札礼の著述は見当たらない。ただ鎌倉時代の末に、訴訟手続に関する文書の文例や用語を解説した『沙汰未練書』が編纂されているが、その文例の内に裏花押を据える文書として、請文、挙状、御奉行充の書状、催促書状の四例が挙げられている。いわゆる、下意上達文書に裏花押を据える例が多い事実を伝えている。

以上、裏花押については、鎌倉時代の中頃に書かれた書札礼の著述や、古文書学における諸先学の理解のいずれも、「受取者に対する敬意を表わす」ため、日下の署名の裏に当たる場所に花押を据える、いわゆる「裏花押を据える」という説明である。

前掲の七通の裏花押文書に見られるように、頼朝の裏花押の書状・請文の実質上の受取者が全て後白河法皇であった事実から考えれば、裏に花押を署すことが受取者に対する敬意を表わすという先学の説明は理解できるのであるが、では裏に花押を据えることが何故相手に対して敬意を表わすことになるのかという疑問にこれらの説明は答えてくれない。

最近、「深堀文書」について詳細に検討された安達直哉氏は、深堀文書に多数の裏花押文書が存在することに注目され、その多くが本来裏花押の文書であったものが改装され、裏面の花押の部分を剥いで、表面の署名の下に貼付されている事実を報告された(16)。その際、裏花押について若干の考察を加えられた後に、今後の課題について次のように述べられている。

一つは、裏花押の意味について、先学が明らかにした如く相手に対する敬意を表わすと規定するのみでよいのか、今少し裏花押を持つ文書の種類や形状等に即して考える余地があろう。第二は、表でなく裏に花押を据えることが何故相手に対する敬意を表わすことになるのか、(中略)第三には、中世にはそのように多くの人々によって意味が認識されていた裏花押が、近世に至るとなぜその意味を喪失したのか。(以下略)

私自身も実はこの疑問を長年抱えて今日に至ったのである。というよりむしろ、この問題を解決できないがために、頼朝の裏花押に関する論考が書けなかったといったほうが正しいかもしれない。今、この問題について若干の手掛りを得られたと思うので、次にそれについて述べてみることにする。

三　文書の裏（署名の裏面）に花押を書く意味

平安時代の古文書を集めた『平安遺文』を繙くと裏花押の用例として、解、請取状、譲状、注進状、売券、相博状等が見られる。裏花押（裏判）は下意上達の文書にも据えられているようであるが、従来言われているように裏花押文書が全て下意上達文書とは言いきれないようであり、また文書の発給者が受取者に対して敬意を表するために、裏に花押を据えたと一方的に解釈することは危険なように思われる。

先述のように『雲州消息』や『雑筆要集』には、裏花押文書の用例は載せられておらず、文書の受取者（上位者）に対する礼（敬意）については、専ら書止文言や上所をいかに鄭重に書くかが問題とされたのであって、裏花押についてはまったく触れられていないのである。この事実から平安時代の公家社会にあっては、文書（＝書状・請文）の裏に花押を据える書札様式（＝文書様式）はなかったことを示していると解釈しても過りではないであろう。とすれば、書状・請文の裏に花押を据える書札様式は、源頼朝の時期より始まると考えてよいのではないだろうか。久米邦武氏以来先学は、武家の請文に裏花押を据えるのは鎌倉以降のことであると述べられているが、厳密に言えば頼朝以降ということになる。

以上のように源頼朝の時期より書状・請文の裏に花押を据える書札様式が始まるという事実を確認しておきたかったのは、〝何故に文書の裏に花押を書くのか〟、また〝文書の裏に花押を署すことが何故に受取者に敬意を表わすことになるのか〟という本稿の命題を追究するとき、鎌倉時代中頃以降武家の書札様式として確立し、多用されるようになる裏花押の請文の用例をどれほど集めて考察を加えても結論は出ないのであって、裏花押文書成立期と考えられる頼朝の裏花押文書を詳細に検討し、考察することによってこそ答えが得られると考えているからである。

ここで、行論上の混乱を避けるために前節では取り上げなかった黒板勝美氏の見解について触れておこう。それは黒板氏が『古文書学概論』(17)において述べている次のような項である。

花押には、之を文書に書く位置に依って名称がある。文書の始めに書くものを袖判と云ふ。かやうな文書は、下に向って判決とか命令を下す時のものである。それから考へても、花押を書くことは、自分の名を書くのを、多少簡単にしたものと云ひ得る。かやうな文書は、目下のものにやる。若し丁寧にして目上に奉る時は、花押を据ゑないのが本当である。それで古い時代の願文には決して花押を据ゑず、又請文でも、充名の人が偉い人の時は、花押を加へないのが本当である。ところが願文を自分で書けば、花押はいらないが、名までも右筆が書く時代になると、願文に花押を加へる必要が起る。そこでかゝる時、自名の裏のところに花押を加へることもある。之を裏花押と云ふ。足利高氏が丹波の篠村八幡宮に納めた願文は之である。願文のみでなく、目上に出す請文にも、かやうに致すことがある。

つまり、自筆で書いた書状・請文には花押を加えないのが通法であり、充所が高位者で自筆で書くべき書状・請文を右筆が書くようになると花押を加える必要が起き、このような時に自名の裏に花押を加えるのであると述べている。現在の古文書学の共通認識となっている、裏花押に対する理解とは少し異なる見解であり、従来あまり注目されることのなかった所見であるが、示唆に富む重要な指摘であると考えられる。以下、黒板説に導かれながら、頼朝の裏花押文書に当てはめて考察を加えてみたいと思う。

まず、頼朝の自筆文書における署名と花押の関係について見てみよう。

現存する頼朝文書の中に自筆文書は存在しないというのが相田二郎氏(18)以来の通説であり、私も相田説を支持する立場である。この通説が容認され現存する頼朝文書の中に自筆文書が存在しないとなれば、写・案文によって自筆文書の原形を検証するしかない。そこで、案文で自筆文書の体裁を伝える頼朝文書を捜す必要が出てくる。まず、現存する頼朝文書の中で正文（原本）は自筆であったと考えられる文書は、（元暦二年）六月七日付源頼朝書状案・（文治元年）十一月十九日付源頼朝書状案の二通(19)である。いずれも平頼盛に充てた書状で、頼朝文書の中で唯一残された私的な書状（手紙）であり、頼朝とかつての恩人池禅尼の息頼盛との関係を考えると、頼朝が自筆を染めたと考えられる最も妥当性の高い文書である。この手紙は仮名書きの請文であり、充所が無く、日付の下には「在御判」と花押のみが書かれ、名前が書かれていない。勿論、裏に花押は加えられていない。署名がなく花押のみなのは、頼朝が文治元年（元暦二）十一月の時点で花押を草名と自覚していたからではないだろうか。したがって、花押を署名として自署したと理解しても大過ないのではないだろうか。

この他に『鏡』の地の文並びに収載文書中に自筆であると記述された文書が一通存在する。それは、文治五年四月二十一日条の地の文に「被進　院宣御請文、所被染自筆也」と記された仮名書きの請文である。

四月八日みけうそ、同十九日かしこまりて、はいけんつかうまつり候ぬ、まさつなかこと申上候ぬ、いかてそう《かイアリ》もん候ハさらんことを、きみに申あけ候て、あやまち候ハさらん人をうたへ候事ハ候へき、たゝし、ともかた《藤原》のきやう、くにをめされ候ハんこと、返々ふひんにおもひ給候しかとも、きつきのやしろの御せんくうとけられ候ハさらんも、ふひ《んイアリ》に見給候、申たる事あらはれ候ぬれは、いかてかおそれはちおもふこと候はん《さらイアリ》、それにてよろついたり候ぬ、くにをはもとのことくさたして、まさつなゝらぬもくたいをめしつかふへきよしの、御定の候はんとおもふ《ひイ》給候、かつハきみに御大《公イ》事をとけられ候ハさらん、きハめたるおそれに候、いまはいかてか、きみをはちまいらせす候ハん、よく〱おほせふくめられ候て、おもきとかハ候ましきに候、ためのり下向つかうまつりたるよし、うけ給候、ひころのいきとほりをさんし候ぬ、

四月廿一日　　　　頼朝

おりふし心なきやうに候おそれハ候しかとも、申上す候も、なか〱又おそれに候、かやうニ申あけさせ給て〔候へくイ〕候、きみに申あけ候ハゝ、たかき人をも、いやしきをも、わたくしをうらみ候事ハ候ハす候、いかに候とも、ことをあやまつ事ハ候ましきに候、へんは候ハす、何事をも申あくへく候、またく心へ存候はぬに候、しけく申上候、おそれ憚にこそ候へ、

『鏡』の編者が何を根拠に頼朝の自筆としたかは不明であるが、頼朝が京都（後白河法皇）に送った書状・請文の中で唯一仮名書きのものであり、書止文言も他の右筆書の書状・請文と異なっている。頼朝の自筆として相応しい文書と考えられる。日下の署名をみると「頼朝」となっている。『鏡』では一般に袖判や署名の下に据える花押を省略する例が多く見られるのであるが、この文書の場合は次に掲げる源頼朝書状礼紙書（『鏡』文治二年十月一日条・編年文書198）から考えて、「頼朝」の自署のみであり、花押は加えられなかったものと推察される。

（礼紙書）（本紙書を略す）
私啓

造太神宮御遷宮ハ、明年歟、明後年歟、無其要候へとも、可承事候て所申候也、可仰給候、兼亦遼遠之間にて候へハとて、如此奏覧状に判をしてまいらせ〔候イアリ〕候、而広元（大江）・盛時（平）か手跡にて候ハさらん時ハ、判ヲ可仕候也、是一筆にて候へハ、今度ハ判ヲ仕〔候ハイアリ〕らぬに候、恐々謹言、

文治二年十月一日条に収載されている吉田経房充の請文―頼朝はこのような書状を奏覧状といっているのであるが、

後白河法皇へ奏覧するように吉田経房に求めた文書の礼紙書である。頼朝の「一筆」、すなわち自筆の場合には署名のみで花押（＝「判」）は据えないと述べているのである。

頼朝自筆文書の事例としてはわずか三例であるが[20]、頼朝は自筆書状・請文には自署のみで花押を据えていない。これは、従来の中央公家社会の書札の礼法に適ったものであった。

次に源頼朝文書―書状・請文―における右筆書き文書の頼朝の署名および花押について考察を加えてみよう。

頼朝文書約四百点の内で書状・請文（正文・案文）が約七十六通存在する[21]。前述の（元暦二年）六月七日付源頼朝書状案以下三通の頼朝文書が一応自筆文書として認められたとすれば、残る七十三通の書状・請文は全て右筆書きの文書ということになる。しかし、すぐにそのように結論づける訳にはいかないようである。なぜならば、『鏡』に収載されている頼朝書状・請文の中には、地の文に自筆とも右筆が執筆したとも明記していない文書で、自筆文書として前述した文書とまったく同様に、充所を帥中納言吉田経房とし、書止文言も「以此旨可令披露給候、頼朝恐惶謹言」と同じであり、署名を「頼朝」とする書状―奏覧状（披露状）―が二通存在するし、書止文言を若干異にするが、署名を「頼朝」とする帥中納言吉田経房等に充てた書状・請文―披露状―が十八通も存在する[22]。また、自筆文書を考える場合の目安の一つとなる仮名書きの書状（範頼充）も二通収載されているのである。先に述べたように『鏡』では、袖判や奥上署判および日下の署名の下の花押を省略する事例が多いのであるから、二十二通の頼朝書状・請文の全て、または一部にも署名の下の花押が省略されているのかもしれないのである。今すぐに自筆・右筆書きの別を決定するのは難しい問題であり、この二十二通の書状・請文については暫く保留としておきたい。

七十六通の書状・請文の内で右筆書きの文書として明らかにできる文書は、『鏡』の地の文に、Ⓐ「俊兼奉行之」[23]、Ⓑ「平五盛時染筆」[24]、Ⓒ「主計允行政書御消息」[25]、Ⓓ「盛時染筆」[26]、Ⓔ「昌寛書之」[27]の五通である。平盛時が右筆として執筆したⒷは裏花押文書の項で再度述べる機会もあるが、この五通について考察を加えてみよう。

Ⓐの『鏡』元暦元年十月二十八日条に収載されている源頼朝書状（請文）と同文の文書が「石清水八幡宮記録」に収載されている。

成清法印申

一　宝塔院庄々事

一　弥勒寺事

右両条、（任脱ヵ）道理可有御沙汰之由、先日被仰下候了、神社事、殊可被行善政候也、自然黙止不便事候、以此旨可令披露給候、恐惶謹言、

「元暦元」十月廿八日　　頼朝判

進上　（高階泰経）大蔵卿殿

『鏡』地の文の「俊兼奉行之」は「奉じ行なう」の意であり、藤原俊兼が右筆として執筆したものと考えられる。『鏡』では日下に署名を「頼朝」とのみ記述しているが、「石清水八幡宮記録」所載の源頼朝書状写では「頼朝判」と記している。『鏡』では「判」（＝花押）を省略していることが知られており[28]、右筆（＝俊兼）書きの文書—書状・請文—の場合は頼朝が花押を据えていたことが分かる。また書止文言は「以此旨可令披露給候、恐惶謹言」とあり、ほとんど裏花押文書と同じで、「恐惶謹言」と「頼朝恐惶謹言」に違いを求められるだけである。

次にⒷの平盛時が右筆として執筆した文治二年八月五日付源頼朝書状（請文）についてであるが、これは裏花押文書で唯一執筆者が分かる文書である。請文で充所を欠くが、『鏡』の地の文に「就師中納言奉書、被進御請文」とあることから、吉田経房充の請文—披露状—であったと思われる。日下の署名は「頼朝裏御判」となっている。『鏡』の

編纂者がいかなる根拠で平盛時の執筆としたかは不明である。ただ、書止文言は「以此旨、便宜時可令洩達給候、頼朝恐惶謹言」とあり、Ⓔの一品房昌寛執筆の文書と基本は同じ書止文言である。

続いてⒸの二階堂行政が右筆として執筆した文治五年九月八日付源頼朝書状についてであるが、その充所は帥中納言（吉田経房）で日下の署名が「頼朝」となっている。先述したように、頼朝は自筆書状（請文）の礼紙書で(29)「広元・盛時か手跡にて候ハさらん時ハ、判ヲ可仕候也、是一筆にて候へハ、今度ハ判ヲ仕らぬに《（候ハイアリ）》候」と述べているように、もし大江広元・平盛時の「手跡」でもなく、頼朝の自筆でもなく、二階堂行政が右筆として書状を執筆したのであれば、頼朝はいずれかの場所―署名の下、または署名の裏（紙背）―に花押を据えたと推測されるが、『鏡』ではⒶと同様に省略したものと考えられる。書止文言は「以此旨可令洩言上給、頼朝恐々謹言」とあり、後白河法皇への披露状の書様となっているが、元暦元年段階の藤原俊兼右筆の書止文言とは異なっていることが指摘できる。

Ⓓ（文治六年）二月二十二日付源頼朝書状（請文）はⒷとともに平盛時右筆の書状であるが、充所は帥中納言吉田経房で、日下の署名は「頼朝」となっており、花押（＝在判）の記載がない。「広元・盛時か手跡にて候ハさらん時ハ、判ヲ可仕候也」と頼朝が述べているのであるから、平盛時の「手跡」（＝筆跡）であれば、花押の記載がないのは当然のことなのかもしれないが、同じ右筆（盛時）が執筆したⒷの書状では「裏御判」の記載があるのであるから、このⒹの書状にもいずれかの場所に花押が加えられていたのではないかと考えられる。書止文言は「以此旨可然之様、可令披露候也、頼朝恐々謹言」とあり、同人執筆のⒷの書止文言とやや異なり、Ⓐの藤原俊兼右筆の書状とほぼ同じ書止文言である。

Ⓔの（建久元年）十一月付源頼朝書状（請文）は一品房昌寛右筆の文書である。請文で充所を欠くが、文書の書様から見て後白河法皇への披露状であることは誤りないであろう。『鏡』によれば、昌寛が右筆として最も働いた時期

は養和元年頃であり、(30)その後はほとんど右筆らしい活躍はしていないのである。しかるに建久元年（一一九〇）十一月に突然このような記事が出てくるのはやや疑問を感ずるが、『鏡』の編纂時に昌寛が右筆を行なった何らかの史料があったのであろう。それを今否定する材料は持ち合わせていない。日下の署名を欠くが「頼朝」とあったと推定される。またいずれかの場所に据えたと思われる花押は、ⒸⒹと同じように『鏡』では省略されたものと考えられる。書止文言は「以此旨可令洩達給候、頼朝恐惶謹言」とあり、Ⓑの書止文言とほぼ同じで、Ⓒの書止とやや似ているが、別のパターンの書止文言のようである。

『鏡』の地の文に記述された頼朝の右筆の記事を手掛りに、右筆書きの頼朝文書における署名と花押および書止文言について見てきた。これらから『鏡』では右筆の史料を若干得られたが、収載されている頼朝文書は署名の下の花押が省略されており、頼朝文書の原形を知ることができないことが分かった。ただ「石清水八幡宮記録」所収の源頼朝書状（請文）写によって、右筆書きの文書に頼朝が署名の下に花押を据えた事実をわずかながら確認することができた。また頼朝が「一筆」（＝自筆）でない場合には花押を加えると述べている事実から類推して、右筆書きの文書にはいずれかの場所―署名の下、または署名の裏面―に花押を据えたであろうことを想定することができた（書止文言については後述する）。

数少ない事例による検証となったが、自筆の文書と右筆書きの文書とでは署名および花押の署しかたに違いがあるという事実は確認できたと思う。

次に、第一節で全文を紹介した裏花押の頼朝書状・請文について考察を加えてみよう。

裏花押の頼朝文書は現在七通が確認でき、一通が正文4、一通が案文5で、五通が『鏡』所載の文書である。

（文治三年）三月十六日付源頼朝書状4は、大正六年まで現存を確認できた源頼朝裏花押文書の唯一の正文（原本）

である。(31) その後所在不明となり、今日その全文を知り得るのは東大寺図書館所蔵の「右大将家御書案文」によってである。案文として残る宗像神社所蔵の「文治三年」八月七日付源頼朝書状案は、七通の裏花押文書の中で唯一書止文言が「恐々謹言」と記された文書で、他は全て「頼朝恐々謹言」・「頼朝恐惶謹言」と記されている。また文言の一部に「道理候波牟事波」と宣命書様になっている。頼朝文書を全て通して見ても、願文以外にはこのような宣命書きの文言の例はないのであって、書写の段階で手が入った文書と考えられ、それだけに信頼性にやや欠ける書状であると言うことができる。

一方、『鏡』には百二十七点の頼朝文書が収載されており、その中で文書の袖または日下（署名の下）に「在御判」「御判」「有判」「裏御判」「在裏判」と花押の所在を明記した文書が十六通あり、裏花押の文書がその内の五通である。頼朝文書全体からみると花押の存在を明記した文書は少ないと言える。しかしわずか十六通しかない花押所在明記の頼朝文書の中で、五通の裏花押文書の占める割合は高い。『鏡』の編纂者が裏花押に注目し、材料の裏花押文書をそのまま採用し、裏花押については省略せずに収載したためであると考えられる。

『鏡』の編纂材料には正文（原本）を借用または書写したもの、幕府に控―案文・土代―を保存していたもの等が利用されたと考えられるが、『鏡』所載の五通の裏花押文書は前者であったと推測される。後者の幕府に保管されていたと考えられる控には、袖判や署名の下の花押・裏花押等は初めから署されていなかったと想定され、それがそのまま『鏡』に採用されたのが、花押の所在を明記しない文書ということになる。(32) しかし控から採用された―花押の所在を明記していない―と推定される頼朝文書の中には書止文言が裏花押文書（七通）と共通する書状・請文が次のように存在する。

2の（文治二年）六月二十九日付源頼朝書状の書止文言に近いのが（元暦二年）三月四日付源頼朝書状で「以此旨

可令申沙汰候、恐々謹言」とある一通である。[33]

3の（文治二年）八月五日付源頼朝書状（請文）の書止文言に近いのが（文治五年）九月十八日付源頼朝書状・（文治六年）二月十一日付源頼朝書状（請文）・（建久元年）六月二十九日付源頼朝書状・（建久元年）七月二十七日付源頼朝書状・（建久元年）八月三日付源頼朝書状（請文）・（建久元年）八月十九日付源頼朝書状（請文）・（建久元年）九月十七日付源頼朝書状（請文）・（建久元年）十一月日付源頼朝書状（請文）の八通で、書止文言は「以此旨可令洩達給〔候〕、恐々（惶）謹言」である。[34]

4の（文治三年）三月十六日付源頼朝書状の書止文言に近いのが、（文治五年）九月八日付源頼朝書状で「以此旨可令洩言上給、頼朝恐々謹言」とある一通である。[35]

7の（文治四年）十月四日付源頼朝書状（請文）の書止文言に近いのが、（文治二年）三月十六日付源頼朝書状・（文治三年）八月十九日付源頼朝書状・（文治五年）三月十三日付源頼朝書状・（文治六年）二月十一日付源頼朝書状・（建久二年）八月七日付源頼朝書状の五通で、「以此旨可令（洩）披露給候、頼朝恐々（惶）謹言」である。[36]

6の（文治四年）九月三日付源頼朝書状（請文）の書止文言に近いのが、（文治四年）十一月二十六日付源頼朝書状（請文）・（文治五年）五月二十二日付源頼朝書状（請文）・（建久元年）六月二十三日付源頼朝書状（請文）・（建久元年）十月十二日付源頼朝書状（請文）・（建久二年）六月二十二日付源頼朝書状（請文）で「以此旨可令申上給候、（頼朝）恐々（惶）謹言」とある五通である。[37]

以上『鏡』所載の頼朝文書の中では、署名の下、または署名の裏面に花押の所在を明記はしないが、書止文言を七通の裏花押文書とほとんど同じくする書状・請文が二十通も存在するのである。この内には本来裏に花押を据えて発給された文書の控も存在するのではないかと想定される。ただ2の裏花押文書の書止文言と同じ書止めを持つ（文治二年）三月二日付源頼朝書状のように、日下の署名に「頼朝在御判」と確認できる文書もあるし、[38] 7の裏花押文書と書止文言を同じくする（文治二年）七月二十四日付源頼朝書状（請文）のように、日下の署名が「頼朝（花押）」となっているものもあり、[39] 書状・請文の書止文言が同じであっても、文書の表面に花押を加えた事例もあるのであるから、書止文言が同じまたは類似しているからといって、一概に全てが本来は裏花押文書であったと決める訳にもいかないようである。しかし七通の裏花押文書が、現在知られる範囲では文治二年正月から文治四年十月までと比較的短い期間に集中しており、したがって、これらの頼朝文書の内で、書止文言等を同じくし、この期間に発給された書状・請文―披露状―には裏花押文書が含まれていた可能性は高い。

以上、頼朝の自筆とも右筆書きとも確定できない文書二十通について、裏花押文書の可能性を探ってみた。結果は前記のごとく可能性を指摘するに止まった。したがって、裏花押文書と確認できるのは相変らず七通である。

さて、この七通（一通を除き）の裏花押書状・請文が自筆なのか右筆書きであるかについて、未だ明らかにしていない。次にこの点について触れてみよう。

黒板勝美氏は、目上の人物に書状・請文を出す場合に、右筆が名前まで書くようになると、花押を加える必要が生じてきて、自名の裏に花押を加えるようになる、[40] と述べていた。確かに頼朝の自筆文書における署名と花押の関係について述べた項で触れたように、頼朝は自筆の書状・請文には自署のみで、花押を加えていない、従来の中央公家社会における書札礼に適った書法で執筆しているのである。また、『鏡』の文治二年八月五日条の地の文に「平五盛時染筆」と記述された、3の八月五日付源頼朝書状が収載されているこの裏花押の書状（請文）は、平盛時が右筆として執筆し、頼朝が裏に花押を加えているのである。以上のような事実から勘案すると、裏花押の文書は全て右筆書であり、頼朝の自筆ではないということができる。ただ、3の裏花押文書だけが右筆平盛時の執筆と確認できるのであ

表7　源頼朝書状（請文）―披露状―

No.	文書番号	文書名	年月日	書止文言	充名(所)	備考
1	56	源頼朝請文案	「寿永二」十一、十三	以此旨可令披露給候、頼朝恐惶謹言、	九条兼実カ	「頼朝」、九条家文書
2	97	源頼朝書状写	「元暦元年」十、二十八	以此旨可令披露給候、恐惶謹言、	高階泰経	「頼朝判」、石清水八幡宮記録
3	112	源頼朝書状	「元暦二年」三、四	以此旨可令申沙汰給候、恐々謹言、	吉田経房	「頼朝」、吾妻鏡
4	148	〃	「文治二年」正、二十四	任道理可被計仰下候歟、頼朝恐々謹言、	〃	「頼朝（裏花押）」、吾妻鏡
5	151	〃	「文治二年」三、二	可令申沙汰給候歟、恐々謹言、	〃	「頼朝在御判」、吾妻鏡
6	155	〃	「文治二年」三、十三	仍言上如件、頼朝恐々謹言、	〃	「頼朝」、吾妻鏡
7	156	〃	「文治二年」三、十六	以此旨可令披露給候、恐々謹言、	〃	〃
8	158	〃	（文治二年）四、十九	仍所令申案内□(候)□(也)、恐々謹言、	藤原光長	「頼朝（花押）」、松浦厚氏旧蔵文書
9	159	源頼朝書状案	（文治二年）四、二十	以此旨可令披露給□(候)、□(恐)惶謹言、	吉田経房	「頼朝在判」、九条家文書
10	161	源頼朝書状	「文治二年」四、三十	仍為御用意、乍恐上啓如件、	藤原兼光	「頼朝（花押）」、反町英作氏所蔵文書
11	172	〃	「文治二年」六、二十九	以此旨可令申沙汰給候、頼朝恐々謹言、	吉田経房	「頼朝（裏花押）」、吾妻鏡
12	175	〃	「文治二年」七、二	謹以進上之候、恐々謹言、	藤原光長	「御判」、吾妻鏡
13	178	源頼朝書状（請文）	（文治二年）七、二十四	以此旨可令披露給候、頼朝恐々謹言、		「頼朝（花押）」、高野山文書
14	179	源頼朝書状	「文治二年」閏七、二	有御奏聞、可被充給永平候、恐惶謹言、	吉田経房	「頼朝」、吾妻鏡
15	182	源頼朝書状（請文）	「文治二年」八、一	以此旨可令披露給候、頼朝恐々謹言、		「頼朝（花押）」、高野山文書
16	185	〃	「文治二年」八、五	以此旨便宜時可令洩達給候、頼朝恐惶謹言、		「頼朝（裏花押）」、吾妻鏡
17	198	源頼朝書状	「文治二年」十、一	以此旨可令披露給候、頼朝恐惶謹言、	吉田経房	「頼朝」、吾妻鏡

18	203	源頼朝書状（請文）	「文治三年」三、二	以此旨可令洩達給候、頼朝恐々謹言、		吾妻鏡
19	204	源頼朝書状	（文治三年）三、十六	以此旨可令言上給候、頼朝恐惶謹言、	吉田経房	「頼朝（裏花押）」、赤星鉄馬氏旧蔵文書
20	217	源頼朝書状案（請文）	「文治三年」八、七	以此旨可令披露給候、恐々謹言、		「頼朝（裏花押）」、宗像神社文書
21	218	源頼朝書状	「文治三年」八、十九	且此趣可令洩披露給候、頼朝恐々謹言、	吉田経房	「頼朝」、吾妻鏡
22	219	源頼朝書状案（請文）	（文治三年）八、二十三	以此旨可令洩達給候、頼朝恐惶謹言、		「頼朝」、右大将家御書案文
23	233	源頼朝書状（請文カ）	「文治四年」九、三	以此旨可令申上給候、頼朝恐々謹言、		「頼朝（裏花押）」、吾妻鏡
24	236	源頼朝書状	「文治四年」九、二十二	地頭長清所申候也、恐々謹言、	吉田経房	「頼朝」、吾妻鏡
25	237	〃	「文治四年」十、四	以此趣可令披露給候、頼朝恐惶謹言、	藤原定経	「頼朝（裏花押）」、吾妻鏡
26	238	源頼朝書状（請文）	「文治四年」十一、二十六	以此旨可令申上給候、頼朝恐々謹言、		「頼朝」、吾妻鏡
27	246	源頼朝請文	「文治五年」三、十三	以此旨可令披露給候也、頼朝恐惶謹言、		「頼朝請文」、吾妻鏡
28	250	源頼朝書状（請文）	「文治五年」四、二十一	ひころのいきとほりをさんし候ぬ、		「頼朝」、吾妻鏡
29	251	源頼朝書状	「文治五年」五、二十二	以此趣可令洩達給、頼朝恐々謹言、	（欠）	名前欠、吾妻鏡
30	252	源頼朝書状（請文）	「文治五年」五、二十二	以此旨可令申上給候、恐々謹言、		「頼朝」、吾妻鏡
31	257	源頼朝書状	「文治五年」九、八	以此旨可令洩言上給、頼朝恐々謹言、	吉田経房	〃
32	258	〃	「文治五年」九、十八	以此旨可令洩達給候、頼朝恐々謹言、	〃	〃
33	267	源頼朝書状（請文）	「文治六年」二、十一	以此旨可令洩達給候、頼朝恐々謹言、		「頼朝請文」、吾妻鏡
34	268	源頼朝書状	「文治六年」二、二十二	以此旨可然之様、可令披露給候也、頼朝恐々謹言、	吉田経房	「頼朝」、吾妻鏡
35	275	源頼朝書状（請文）	「建久元年」六、二十三	以此旨可令申上給候、頼朝恐惶謹言、		〃
36	277	〃	「建久元年」六、二十九	以此旨可令洩達給候、……頼朝恐々謹言、		〃

37	278	源頼朝書状	「建久元年」七、二十七	以此旨可令洩達給候、頼朝恐惶謹言、	吉田経房	〃
38	279	源頼朝書状（請文）	「建久元年」八、三	以此旨可令洩達給、頼朝恐々謹言、		〃
39	282	〃	「建久元年」八、十九	〔以〕此旨可令洩達給、頼朝恐々謹言、		〃
40	283	〃	「建久元年」九、十七	以此旨可令洩達給候、頼朝恐惶謹言、		〃
41	286	〃	「建久元年」十、十二	以此旨可令申上給候、恐々謹言、		〃
42	289	〃	「建久元年」十一	以此旨可令洩達給候、頼朝恐惶謹言、		名前欠、吾妻鏡
43	293	源頼朝書状写	「建久元」十二、十四	可令申達給候歟、恐惶謹言、	高階泰経	「頼朝」、石清水八幡宮記録
44	298	源頼朝書状（請文）	「建久二年」六、二十二	以此旨可令申上給候、頼朝恐々謹言、		「頼朝」、吾妻鏡
45	300	源頼朝書状	「建久二年」八、七	以此旨可令洩御披露給候、恐惶謹言、	（充所欠）	〃
46	380	源頼朝書状（請文）	七、十七	以此旨可令洩達給候、頼朝恐々謹言、		「頼朝（花押）」、大友松野文書

るが、他の六通の執筆者を比定するのは難しい。

今、残る六通の裏花押文書の執筆者の比定は難しいと述べたが、若干の手掛りがあるので、それについても少し述べておこう。

右筆の名前が分かる文書については前述したが、その時、右筆ごとにⒶ～Ⓔに分けて説明をし、それぞれの項の最後に書止文言についても触れておいた。それは右筆個人によって書止文言が異なるのではないかと考えたからであり、残存する七通の裏花押文書は全て書止文言が違っている。唯一執筆者の名前が分かるのは3であるが、この文書の書止文言と同様な書止文言を持つ書状・請文が十二通ある。(41)その中に昌寛執筆の請文が一通交じっているが、『鏡』等によって知られる盛時の働きとその時期から考えれば、ほぼ盛時の執筆の可能性が高いと想定される。1の文書と同様な書止文言を持つ書状は他に一例もないのでまったく手掛りがない。2の文書は、同様な書止文言を持つ書状が二通あるが、右筆が誰であるか確認できない。4の裏花押文書は、Ⓒとして説明した二階堂行政執筆の書状とほぼ同様の書止文言であるので、4の裏花押文書は二階堂行政執筆の可能性を指摘できる。5と7の文書は、書止文言がほぼ同じである。この裏花押文書と同じ書止文言を持つ書状・請文が十一通ある。(43) これはⒶで説明した藤原俊兼執筆の文書の書止文言およびⒹで説明した平盛時執筆の文書の書止文言と同じであり、いずれか一人に確定できないが、いずれにしても二人の内のどちらかであろう。最後に6の文書であるが、同様な書止文言を持つ書状（請文）が五通ある。(44) Ⓒで説明した二階堂行政執筆の書状の書止文言と似通っているので、二階堂行政と比定したが、ただ大江広元執筆の文書が出現しないのは不安であり、その点を考慮に入れておかねばならないであろう。

書止文言のパターンを参考にして裏花押文書の執筆者―右筆―を探り出そうと試みた。思うような結果は得られなかったが、少なくとも二階堂行政が裏花押文書の執筆者の一人であったろうという感触は得られたと思う。

少し横道に逸れた感がある。本論に戻り論を進めることにしよう。

周知のように花押は自署の草書体から起り発展したもので、頼朝の花押は一般に二合体と呼ばれ、頼朝の頼の偏「束」と朝の旁「月」とを合わせ花押を作成したものであるが、頼朝自身は二合体の花押であっても、自署の草名であるという意識を強く持っていたと思われる。平頼盛充の書状(45)の日下に花押のみを署しているのは、自署（草名）としての意識を表わしたものに他ならない。花押を草名（自署）として意識していたとすれば、署名の「頼朝」の下に花押を加えることは「頼朝・頼朝」と二重に書くことに等しいのであり、従来の書札礼から考えれば、おかしな書様である。しかし、為政者として多くの文書を発給する必要に迫られた頼朝は、右筆書きの文書に署者本人（＝頼朝）たることを証示するために、自署としての花押から変化した記号・符号としての花押(46)を加えるようになったのである。

同時期に自署としての花押と、記号・符号としての花押を使用するのは、矛盾する使用法であると考えられるが、相田二郎氏が「実名を署して花押を加える書記法は頼朝の頃より始まる」(47)と述べるように、過渡期の花押の書記法として位置付けて理解しなければならないであろう。

次に考えなければならないのは右筆書きの書状・請文―披露状・奏覧状―に署名・花押と名前が重複するような方法を採用した頼朝が、何故にほぼ同時期に裏に花押を据える書状・請文を発給するようになったかという点である。

そこで現在確認できる吉田経房（後白河法皇）充の裏花押を明記した時期の源頼朝書状(案)・請文(案)を編年順に並べて署名と花押および裏花押の関係をまず概観してみよう。

（文治二年）正月二十四日　「頼朝裏御判」
（文治二年）三月二日　「頼朝在御判」
（文治二年）四月二十日　「頼朝在判」
（文治二年）六月二十九日　「頼朝裏御判」
（文治二年）七月二十四日　「頼朝（花押）」
「文治二年」八月一日　「頼朝（花押）」
（文治二年）八月五日　「頼朝裏御判」
（文治三年）三月十六日　「頼朝裏御判」
「文治三年」八月七日　「頼朝在裏御判」
（文治四年）九月三日　「頼朝在裏判」(48)
（文治四年）十月四日　「頼朝在裏判」

まず（文治二年）正月に裏花押の書状を発給するようになり、続いて（同年）三月二日付で日下署判の書状が発給されており、ほぼ同時期に両様式の書状が発給されているのである。数少ない事例ではあるが、文治三年以降に裏花押の書状・請文が多く発給されたように思われる。頼朝以降鎌倉時代を通じて、裏花押の請文が武家社会で用いられるのであるが、(49)この傾向は頼朝の裏花押文書の発給より始まり連続するものと考えられ、頼朝文書における裏花押文書の事例は文治四年で切れるが、これは頼朝の時代を通じて用いられた文書様式と想定できるであろう。

基本的には黒板氏が述べるように、書状・請文を自筆で書かず、右筆が名前まで書くようになった時期に、署者たる本人を証示する必要が生じてくる。そこで署名の裏面に花押を据える様式が採用されたのである。しかし、何故に裏面に花押を据える様式を採用したのであろうか。同時期に署名の下に記号・符号と意識した花押を加える様式を採用しているのであるから、新たに同一人物（＝後白河法皇）に送る書状・請文にあえて別様式の文書を発給する必要はないようにも思われる。おそらく文治二年を境として、日下に署す花押が、草名（＝自署）としての意識が薄らぎ、記号・符号としての花押へと変化して行く過程で、頼朝はあくまでも自署としての意識で署名の裏面に花押を据えたのではなかろうか。花押を本来の意味で自署として意識すれば、当然文書の表に署名・花押と署すれば、名前が重複することになり、それを避けるとすれば裏面になるのである。平安期には解・注進状・譲状・相博状・売券等に裏花押の先例が見られ、頼朝は新たに私文書の書状・請文にこの様式を採用したのではないかと考えられるのである。

むすび

平安時代の中央貴族社会にあって書状は自分で書くものであり、上級公卿でも自筆を染めて執筆したのである。自筆であるから当然書状に花押・草名の類を加える必要はなかった。ところが、鎌倉を中心とした新興の武家社会では、当然自筆で書くべき書状・請文の類まで右筆に執筆させるようになるのである。頼朝は十三歳頃まで京都で育っており、書札礼についても、ある程度の知識はあったであろうし、また京都より下向して来た側近の吏僚達―その一部は右筆となる―も書札礼に長じた者達が多数いたのである。(50) そのような環境の中で、頼朝は自筆の書状・請文を京都―後白河法皇、平頼盛―に送る一方、右筆書きの書状・請文も京都に届けているのである。自筆の場合は問題はなく、全文を自筆で書し、日下に自署を加えればよいのであり、事実、頼朝は『鏡』所収(文治五年)四月二十一日付源頼朝仮名書請文および(文治二年)十月一日付源頼朝請文を素材として既に見てきたように、自筆文書に花押を加えない自署のみの文書を発給している。ところが、右筆書きの場合が問題である。今日の感覚からすれば、本文と年月日・充所を右筆が書き、日下の署名を頼朝が自署すればよいのではないかと考えるのであるが、残存する頼朝文書(=正文)を子細に見ると、本文・署名ともに一筆で書かれているのであるから、右筆が執筆する場合、署名まで右筆が書くのが武家社会では一般的であったようである。したがって、このような右筆書きの文書に、自己の文書であることを証示する必要が生じてきたのである。

文治元年頃までの頼朝は(元暦二年)六月七日付源頼朝書状案(「久我家文書」二八―六・四)の例で見てきたように、花押を草名・自署として自覚し取り扱っていたと考えられるが、文治二年頃から多くの文書を処理する必要からか、自署・草名としての花押から、符号・記号としての花押に意識上の変化がなされたと考えられる。その結果、「頼朝(花押)」なる様式が出現することになるのである。これとほぼ時期(文治二年)を同じくして裏花押様式の書状・請文が、後白河法皇への披露状として発給されるようになる。「請文を自分で書けば、花押はいらないが、名までも右筆が書く時代になると、請文に花押を加える必要が起る」(51)と黒板氏が述べるように、右筆書きの書状・請文には、頼朝の文書としての証示が必要となり、文治二年頃から「頼朝(花押)」と「頼朝(裏花押)」の二つの様式が並行して発給されるようになるのである。従来の裏花押に対する認識のように「受取者に対する敬意を表わす」[52]のであれば、「頼朝（花押）」様式の文書と裏花押様式の文書が、同一人物にほぼ同じ時期に発給された事実に対して説明がつかなくなるのである。頼朝は発給の文書の様式一つをみてもわかるように、武家政権とはいいながら従来（平安時代）よりの中央公家社会の文書様式を遵守して幕府文書（＝公文書）を発給しており、書状・請文においても公家社会の書札礼に従って発給しているのである。しかるに、京都との音信が頻繁に行なわれるようになると、自筆の書状・請文では処理しきれなくなり、右筆執筆の書状・請文が発給されるようになるのであるが、その際に頼朝文書としての証示が必要となり、一方では「頼朝（花押）」の様式、つまり頼朝発給の文書であるという証左に記号・符号としての花押を加えて音信したのであり、一方で平安時代以来行なわれて来た、解文・売券・譲状・相博状・注文等において、文書の裏に花押を加える先例があり、頼朝は私文書である書状・請文にこの様式を採用して、署名の裏に自署・草名として意識している花押を加えたのであると推定されるのである。一見矛盾する理解のようであるが、過渡期の書状様式として理解せねばならないのではなかろうか。頼朝自身も院（後白河法皇）充の披露状であるから、このような文書の対応をしたのではなかろうか。

頼朝の裏花押文書が初めから受取者に対する敬意を表わすために考案し発給されたのではなく、自筆書状・請文の代理として案出されたものが結果として残り、頼朝以降の幕府は院に充てた披露状に裏花押様式の文書を発給した。そしてこれが最大の礼を尽くした文書様式と認められるようになり、ついには受取者に敬意を表する場合には裏花押様式の文書を発給するようになったと理解されるようになるのである。

註

（1）『鏡』文治二年正月二十四日条所収。

(2)『鏡』文治二年六月二十九日条所収。
(3)『鏡』文治二年八月五日条所収。
(4)「赤星鉄馬氏旧蔵文書」。
(5)「宗像神社文書」。
(6)『鏡』文治四年九月三日条所収。
(7)『鏡』文治四年十月四日条所収。
(8)『玉葉』寿永二年十月八日条、同寿永三年三月二十三日条。
(9)「石清水八幡宮文書」(『石清水八幡宮記録』所収)「建久元」十二月十四日付源頼朝書状写(編年文書293)。
(10)『久米邦武歴史著作集』。
(11)『群書類従』(文筆部)所収。
(12)『続群書類従』(公事部)所収。
(13)『群書類従』(消息部)所収。
(14)『群書類従』(消息部)所収。
(15)『鎌倉遺文』所収の請文の約三分の一は表面(日下)に署判を加えた文書である。
(16)「深堀家文書の原状について」(『南北朝遺文月報五』)(九州編)。
(17)『虚心文集』第五。
(18)「鎌倉時代の武家の筆跡について」(『日本古文書学の諸問題』所収)。
(19)『久我家文書』(国学院大学刊)二八―六・七、編年文書127・140。
(20)平頼盛充の二通の源頼朝書状案を自筆であると断定するには、他の様々な要件を満たす必要があると考えるが、現時点では一応、自筆書状案と判断しておく。
(21)明らかな偽文書は除外し、やや疑問のある文書は含めた。拙編著『源頼朝の研究』(編年文書)参照。
(22)表7参照。
(23)『鏡』元暦元年十月二十八日条所収。

(24)『鏡』文治二年八月五日条所収。
(25)『鏡』文治五年九月八日条所収。
(26)『鏡』文治六年二月二十二日条所収。
(27)『鏡』建久元年十一月九日条所収。
(28)『鏡』の編纂の時点で編纂材料である文書に花押が据えられていたかどうかが問題になる。ここでは表現の都合上「省略」の語を使っておく。
(29)『鏡』文治二年十月一日条所収、同日付源頼朝書状。
(30)『鏡』養和元年五月二十三日条、同年七月三日条、同年八月二十九日条参照。
(31)『赤星家所蔵品入札目録』大正六年。
(32)花押の所在を明記しない文書が全て、幕府に保管されていたと考えられる案文・土代によったのではないことは、本章の「むすび」で述べている。
(33)表7参照。
(34)表7参照。
(35)表7参照。
(36)表7参照。
(37)表7参照。
(38)『鏡』文治二年三月二日条参照。
(39)「高野山文書」宝簡集二。
(40)「古文書学概説」(『虚心文集』第五)。
(41)表7の18・22・29・32・33・36・37・38・39・40・42・46参照。ただし、42は昌寛の執筆である。
(42)表7の3・5参照。
(43)表7の1・2・7・9・13・15・17・21・27・34・45参照。
(44)表7の26・30・35・41・44参照。

(45) 註(19)に同じ。
(46) 佐藤進一氏「花押の発展」(『花押を読む』)。
(47) 『日本の古文書』。
(48) 表7参照。
(49) 『鎌倉遺文』一～四十一参照。
(50) 大江広元・三善康信・平盛時等。
(51) 註(17)に同じ。
(52) 佐藤進一氏『古文書学入門』。

第六章　源頼朝の口状について

——鶴岡八幡宮寺の別当・供僧両職の補任を中心に——

はじめに

源頼朝発給の文書を蒐めて気づくことがいくつかある。その内の一つに「職」の補任—この場合の「職」は政務機関の役職、社寺の別当職・供僧職等を限定的に考えている—に関わる文書がほとんど見当たらないことである。いかなる理由によるものであろうか、ただ残存しなかっただけと決めつけるのも早計に思われる。以下に、頼朝文書を蒐め観察する内で気づき考えたことを述べることにする。

一　『鏡』にみる別当職・供僧職補任

1　別当職補任

鎌倉政権下で頼朝文書—補任下文・安堵下文—を所持しているか否かは御家人たちにとって重要なことであった。とくに違乱・狼藉、相論が起った場合は格別である。偽文書が作成されるような背景もそこにあったと考える。所職に任じられるとその補任のあり方が一様でなかったことに気づく。幕府機構が整い諸機関が機能しはじめると一定の様式がかたちづくられるのであろうが、それ以前の頼朝政権下ではどうであったか。結論からすると、頼朝は格別な場合—遠隔地等—を除き、原則補任状は付与せず、口状によることが多かったのではないかと考えている。そこで、残存する補任状の検討も踏まえ考察していくことにする。(補註)

石橋山の戦いに敗れた源頼朝は、治承四年（一一八〇）十月六日に鎌倉に入り、十一日には政子が逗留先の伊豆国阿岐戸郷より鎌倉に入っている。時を同じくして、走湯山の住僧専光坊良暹もかねての約束により鎌倉に参着している。(1) 頼朝と良暹とは年来の師檀の関係にあり、いずれ祈禱僧として迎えたいとの希望を伝えていたのであろう。翌十二日には鶴岡宮を小林郷の北山に遷し、「以専光坊暫為別当職」と良暹を仮の別当職に任じている。頼朝はこの時に良暹に補任状を付与したのであろうか。「為別当職」とあるのみで、補任状を付与したかどうかは不明である。後述の『鶴岡八幡宮寺供僧次第』(2)による供僧職の補任についての考察とを綜合的に判断すると、良暹への別当職補任は口状によるものと考えられる。ただ、鶴岡宮の造営がなされる以前で、しかも頼朝が鎌倉に入部してわずか六日後のことであり、良暹を暫定的な別当に任じた行為は認めてもよいのではないだろうか。

正式に鶴岡八幡宮寺の別当に就任したのは中納言法眼円暁（宮法眼）である。『鏡』寿永元年（一一八二）九月二十日および二十三日条に次のごとくある。

中納言法眼円暁号宮法眼 自京都下向、是後三条院御後輔仁親王御孫、陸奥守源朝臣義家御外孫也、武衛尋彼旧好、所被請申也、

武衛相催中納言法眼坊（円暁）、参鶴岳給、是宮寺別当職依被申付也、於拝殿有此芳約云々、

当時、三井寺の高僧であった従兄弟の宮法眼円暁を迎え、別当職を「申付」ている。この別当職の任命は鶴岡宮の拝殿で取り交わされた口頭による「芳約」であった。

頼朝による円暁の招請は、由比ヶ浜より八幡宮を小林郷の北山に遷し、祖宗を崇め武士の精神的な支柱を鶴岡八幡宮寺に期し、別当には信頼のおける一族を配置しておきたいとの願いによるものであろう。口良暹・円暁ともに別当職補任の文書―補任状―を他日においても受け取った形跡は見当たらない。口状による補任状による補任であった故であろう。

一方、供僧職であるが『鏡』にいささかの補任の記事と文書が掲載されている。次にその補任（状）について少しく触れておこう。

2　供僧職補任

『鏡』治承五年（養和元・一一八一）十月六日条に同日付の二通の供僧職の補任の文書を採用し、地の文を交えて記載している。

以走湯山住侶禅睿補鶴岳供僧并大般若経衆、給免田二町在鶴岳西谷御下文云々、又以玄信大法師、被加同職、於最勝講衆者、可従長日役之旨被仰云々、

定補

若宮長日大般若経供僧職事

大法師禅睿
右以人、為大般若経供僧、長日可令勤行之状如件、
治承五年十月六日

定補
若宮長日最勝講供僧職事
大法師玄信
右以人、為最勝講衆、長日之役可令勤仕之状、所仰如件、
治承五年十月六日

地の文では禅睿を鶴岡宮の供僧ならびに大般若経衆に補し、玄信を同じく供僧職に加え最勝講衆として長日の役に従うべき旨を「被仰」たと記しており、補任状を付与したとは記していない。

既にこの二通の補任状については第Ⅰ部で疑いのある文書であることを述べている。[3]『鏡』掲載の頼朝文書の場合、袖判、奥上署判または日下署判がほとんど削除されており、真偽を判断する材料に乏しい。したがって、文書の様式、文章・文言を吟味する方法に頼らざるを得ない。

文書の様式は、平安末期の補任状としては一応整っているようであるが、[4]あえて新たに問題点を指摘するとすれば、禅睿への補任状の文言に「大般若経供僧」とある点である。鶴岡八幡宮寺の供僧が単独で大般若経の真読・転読の奉仕を行なうようになるのは、建久元年頃より始まり、[5]独立して大般若経供僧・大般若経衆と呼称されるのは鎌倉中期の文永頃（一二六四年〜）であったと想定され、[6]治承五年十月の時点での呼称としては不都合である。また玄信の

「最勝講供僧」の文言も、単独で最勝講供僧・最勝講衆と呼称されるようになるのは、私見ではあるが嘉禄元年（一二二五）頃からだと考えられ[7]、治承五年十月の時点での呼称としてはやはり不都合であろう。

前記の経緯を踏まえ勘案すると、禅睿・玄信への供僧職の任命は文書によるものではなく口頭（口状）による補任であったものを、後世―鎌倉中期頃―に口状の趣旨を文書化したものが『鏡』に採用され、地の文と文書（補任状）とに編集して掲載されたもので、頼朝による補任状の給付はなかったと捉えるべきものであろう。

『鏡』に前記の二例の記事・文書以前に頼朝による供僧職補任の記事（治承四年十二月四日条）が掲載されている。

阿闍梨定兼依召、自上総国参上鎌倉、是去安元々年四月廿六日当国流人也、而有知法之聞、当時鎌倉中無可然碩徳之間、仰広常所被召出也、今日、則被補鶴岡供僧職云々、

治承四年十二月の時点ではいまだ鶴岡宮の造営・宮寺組織の整備は未完の状況にあった。宮寺全般を取り計らう別当の人選については仮にではあるが良暹を据えたが、法会・祭事に奉仕する供僧の人選はいまだ決定を見ない状況にあった。したがって、定兼阿闍梨が鶴岡宮の供僧に補任されたことは理解できるが、その時点で供僧職の補任状の給付がなされたかは「被補」とあるのみで明らかではないが、口状による任命であったと考えられる。

これらの『鏡』の補任の記事からは、頼朝が鶴岡宮別当・供僧両職の補任に文書（補任状）を出した確証は得られず、口状による補任であったと考えられる。

二　『鶴岡八幡宮寺供僧次第』にみたる供僧職補任

鶴岡八幡宮寺には二十五の供僧坊が存在するが、『鶴岡八幡宮寺供僧次第』（以下『供僧次第』と略記する）にその供

僧職補任の次第が記されている。鶴岡宮を小林郷に遷し宮寺組織を整えようとする治承四年十月の時点で、頼朝によって供僧職に補任された僧侶が五名、養和年中に二名が加えられ、最終的には十七名を数えることになる。

供僧補任の仕様にはいくつかの類型があることを知ることができる。煩雑ではあるが、左にその代表的な類例を挙げることにする。(8)

一善松坊改香象院

重衍

治承四年庚子十一―十三―供僧御判賜、補任者文治二―正―十九―右大〔将脱カ〕家直依仰別当円暁被補之云々、毎度直御判数通給之、文治二丙午八―廿二―北深沢御判給之、

重賀

建久六乙卯二月五日重衍譲与ニ依テ、同年六月六日―別当円暁法眼被補之、同八年十一―一―頼朝卿直御判給之、

一頓学坊改相承院

良喜

治承四年庚子十一―十五―雖供僧職賜、直補任事者建久三壬子七―廿日右大将家給御下文、

一蓮華坊改蓮華院

勝円

当社二番供僧、治承四庚子十一十三奉対頼朝直契言、補任者文治元乙巳十一十賜之、

一華光坊改大通院号明円坊

尊念
治承四庚子十二月日任供僧職、賜補任事者建久十二月五日円暁社務補之、
一悉覚坊改如是院　仲尊之時改承覚坊
仲円
治承四庚子雖任供僧職、賜補任事者、建保二三十五定鏡〔暁カ〕補任、
一慈月坊改慈薗院
行勇
治承五十月十六日右大将家補任帯之、
一座心坊改朝宗院
円信
養和年中雖任供僧職、賜補任事者建保五七廿定暁補任
一智覚坊改花園院琳泉院
真弁
文治四八十二右大将家直補任
一永乗坊長珍代改南眼坊改普賢院
良稔
建久五補任、

『供僧次第』の補任の表現には大雑把には五つのパターンに分けることができるようである。

1　供僧職に任じ、後に補任の文書を給付。
2　供僧職に任じ、後に別当円暁（定暁）が補任。
3　頼朝より「直」（「被仰」）の補任とあるのみ。
4　頼朝に対面し、直接に契言—供僧職補任の約束—を行ない、後に補任。
5　頼朝、補任とあるのみ。

1に相当する供僧が良喜・重賀である。2に相当するのが重衍・尊念・仲円・円信・※永秀で、3に相当するのが行勇・真弁・※行耀・※定暁・※定豪・※義慶である。4に相当するのが勝円で、5に相当する供僧が良稔・※朝豪・※隆生となる。(9)

1の良喜・重賀は、「建久三壬子七ー廿日右大将家給御下文」、「同（建久）八年十一ー一ー頼朝卿直御判給之」と、ともに頼朝より補任の下文、補任状が給付されたと伝えている。確かに両供僧に発給された建久三年七月二十日付（権律師良喜充）源頼朝袖判補任状（「相承院文書」(10)）と建久八年（一一九七）十一月一日付（権律師重賀充）源頼朝補任状写（「香象院文書」(11)）が残存している。この内の良喜充の補任状が頼朝没後に作成された文書で、頼朝より「直」に下された文書でないことについては第Ⅰ部で既に述べているのでここでは割愛し、建久八年十一月一日付重賀充補任状について触れておこう。

第Ⅰ部で重賀充補任状を取り上げなかったのは、説明するまでもなく東京大学史料編纂所の影写本を一見しただけで偽文書と分かるからであった。まず第一に、日下に署された花押が、頼朝の花押とは似て非なることが即座に判断できるようなものであること。次に、筆跡は鎌倉初期の頼朝文書の筆跡とはまったく異なっており、本文に至っては供僧職補任に関わる文言が一切記されておらず、本文はあってもなきに等しい文書となっている。また第三の疑点は、補任状には袖判下文または政所下文を用いるのが通例である。建久八年であれば（前右大将家）政所下文が発給されるのであろうが、当該文書は日下署判の補任状となっており、このような異例の文書様式は当時通用しておらず、この点も大いなる問題である。総体として、到底頼朝の「直」の補任状とは認められない文書である。

ただ、頼朝に認められた供僧であったことを否定するものではなく、供僧良喜と同じく口状による供僧職補任の事実を後世に文書化したものと解釈すべきものであろう。

二通の補任状が頼朝の口状を基に後世に作成された文書であるとなると、1のパターンは2に包含されることになる。また3と4は頼朝が「直」に供僧職に補任または約束を行なったと見做すことができ、3に編入することができるであろう。とすれば2・3・5が頼朝の供僧職補任の最終的なパターンとなるが、2と3は頼朝の直接の声掛りによる供僧職補任、つまり口状による補任が行なわれたと解釈すべきものであろう。5は『供僧次第』の文言からでは詳しくその実態を知ることは困難であるが、おおよそは頼朝との対面は果たさないものの頼朝の承認を得て供僧職に補任した、間接的な補任であったと解される。

供僧職の補任については、いずれの場合においても頼朝は補任状の発給を行なっていないのであり、頼朝の「直」または間接の口頭—口状—による補任であったと考えられる。

鎌倉の近郊に幕府の祈願寺と位置づけられている金目観音寺（堂）がある。[12] この「観音堂」の別当職に大法師源信を治承七年（寿永二）五月三日付で補任した、源頼朝奥上署判下文（補任状）が現存している。

補任

　金目観音堂別当職事

　　大法師源信

右人、為令知行寺務、所補任如件、故下、

治承七年五月三日
前左兵衛佐源朝臣（花押）[13]

大法師源信と金目の観音寺（堂）とを結びつける史料は管見の限り見当たらないが、源信が宮中や御所において請僧として心経会に奉仕した様子は『鏡』が伝えており[14]、頼朝の周辺の僧侶であったことが窺える。

この大法師源信を頼朝が観音堂の別当に任じたことは事実として受け止めるとして、文書―補任の下文―自体は後世に作成されたもので[15]、鶴岡八幡宮寺の供僧と同じく頼朝の口状による補任を、頼朝没後に文書化したものと考えられ、その結果頼朝の官途を「前左兵衛佐源朝臣」と署名する誤りを来すことになったのではないだろうか。頼朝の膝下の鎌倉のみならず鎌倉周辺地域の祈願寺に対しても、別当職等の補任には口状を用い、文書発給の例は見ないのである。

以上見てきたごとく、口状は役職の補任に関わる場合に多く用いられたと考えられるが、所領の安堵、新恩給与・寄進等の所職の補任はなされなかったのか、史料の許す範囲で追究して行くことにする。

三　所領の充行・安堵・寄進について

1　鶴岡八幡宮寺の場合

鶴岡八幡宮寺等の別当職・供僧職補任の文書が存在しないことについては前節で述べたが、所領の寄進・充行の文書についてはいかような状況にあったのであろうか。次に、所領の寄進状と口状の関わりを中心に考察してみよう。

草創期の鎌倉には鶴岡八幡宮寺をはじめ、勝長寿院、永福寺、近郊（国）には三島社、箱根権現、伊豆山（走湯権現）等の大社寺が点在するが、頼朝の在世中に寺社に所領の寄進充行・安堵等がなされ、文書が発給されたことを知るには史料上の制約もあって困難な状況にある。ことに勝長寿院・永福寺はともに度々の火災に遭い、室町末期頃には廃寺となっており、[16]文書の残存状況を確認することができない。そこでわずかではあるが関連史料が残されている鶴岡八幡宮寺ならびに供僧坊を中心として、所領に関わる頼朝文書（頼朝寄進状）と口状の関連についてみていきたい。

鶴岡八幡宮寺本宮・若宮の経済的基盤が源頼朝（幕府）の援助、すなわち所領の寄進に頼って成り立っていることは論を俟つまでもないであろう。しかし、今日まで残された史料―文書―からその実態を窺うことは困難と言う他はない。鶴岡八幡宮文書に二通の源頼朝寄進状と中野忠太郎氏旧蔵「大手鑑」に一通の源頼朝寄進状が現存し、相摸国高田郷・田嶋郷ならびに武蔵国磓尻郷、師岡保内大山郷の四ヵ郷が、寿永二年二月二十七日付で同時に寄進されていることを知るのみで、[17]他に寄進・充行を受けた文書は管見の限り見当たらない。

一方頼朝は京都六条左女牛の祖父源為義の遺跡に、新たに石清水八幡を勧請し若宮八幡宮を創建した際、元暦元年（一一八四）六月日、文治元年（一一八五）十二月三十日と同二年十月二十六日、同年十一月二十六日の四回にわたって所領の寄進を行なっている。左記の文書は、醍醐寺前大僧正賢俊が康永三年（一三四四）六条新八幡宮に、神宝ならびに社領文書正文等の目録を作成し奉納したものである。[18]

六条新八幡宮宝前

奉納神宝并社領文書正文等事

一仏舎利一粒東寺

（中略）

一通　関東右大将家寄進状元暦元年六月日土左国吾河郡事

一通　同状文治元年十二月卅日同郡事

一通　同状文治元年十二月卅日大和国田殿庄事

一通　同状文治二年十一月廿六日筑前国鞍手領事

一通　同状文治二年十月廿六日摂津国山田庄事

一通　同状文治二年十月廿六日尾張国日置庄事

一通　鎌倉大納言家寄進状康永二年十月五日美濃国森部郷事

右、納赤唐櫃、所奉納神殿之目録如件、

康永三年八月十五日

別当法務前大僧正（賢俊）（花押）

土佐国吾河郡・大和国田殿庄・筑前国鞍手領・摂津国山田庄ならびに尾張国日置庄の五ヵ所の郡・領・庄園を寄進している。この六条若宮に比較すれば、鶴岡八幡宮寺の経済規模はより大きかったと想定され、前記の高田郷以下四ヵ郷にとどまるものではなかったと考えられるが、現存の文書・記録類から頼朝期の本宮若宮の所領として確認できるのは三通の寄進状から得られる情報の四ヵ郷のみである。

ところで、この三通の寄進状について、第Ⅰ部で疑問のある文書―要検討ノ文書―として取り上げ、年号使用上の問題点、奥上署名の問題、花押の疑問点等を指摘し、寿永二年に頼朝自らが花押を署し発給した文書ではないことを述べているが[19]、ただ寄進地の四ヵ郷が鶴岡八幡宮領として機能していることは既に研究・指摘されており[20]、頼朝による寄進地であることは認めてもよいであろう。とすれば、どのような経緯を経て「寄進状」が作成されたのであろうかという疑問が課題として残る。

『鏡』寿永二年は欠巻となっており、その間の事情を物語る史料がほとんどない状況にある。しかし、鶴岡供僧坊への寄進・充行（給付）の状況をみると、頼朝からの文書―寄進状・充行状―の交付を受けておらず、口状による寄進・充行であったことを明らかにしており、また鎌倉の勝長寿院・二階堂永福寺および近郊の社寺に頼朝が寄進や充行の文書を発給した形跡は認められないことを述べた。このような頼朝文書の欠如は、寿永二年当時、頼朝の膝下の鶴岡八幡宮寺をはじめ近郊（国）の寺社に対する所領の寄進行為は、文書ではなく口状による寄進の詞の伝達で行なわれたのであり、寄進地が東国、とくに相摸・武蔵国等の近郊であれば寿永二年当時その意向は十二分に現地に届き、鶴岡八幡宮寺の進止も容易であったと考えられ、とくに領有の根拠となる文書の必要はなかったのである。頼朝の口状は文書と同じ効力を有し、そのように認識されていたと考えられる。

三通の寄進状が寿永二年当時に発給されたものではないと判断した。確かに寿永二年二月二十七日付の寄進状でないことは事実であるが、先に論じたごとく口状による寄進の行為を頼朝没後の建久以降に文書化したものであり、(21)三通の寄進状は鎌倉幕府、室町幕府ともに正文と認定し効力を有していたのである。

2　鶴岡八幡宮寺供僧善松坊重衍の場合

鎌倉に拠を構えた頼朝は、鶴岡八幡宮寺の整備を目指すと同時に本宮若宮および供僧坊の経済的な援助を行なったと考えられるが、確実な史料に恵まれない。ただ『供僧次第』・『鏡』に断片的な記事が載せられており、それらの記事と若干の文書を手掛りに論を進めてみることにする。

鶴岡八幡宮寺の供僧善松坊重衍は、頼朝より数通の「直」の御判の文書を給わったと『供僧次第』は記述している。[22]

一善松坊改香象院

（中略）

最勝王経衆　聖観音供衆二番　供糧田村岡五町二段三十歩 富塚一丁六段六十歩 北深沢二丁

重衍

（中略）毎度直御判数通給之、文治二丙午八ー廿二ー北深沢御判給之、

重衍は文治二年八月二十二日付で北深沢（郷ヵ）充行の御判―袖判下文ヵ―を給わったとある。[23] 重衍が給田として給わったことは善松坊の記事に「供糧田　北深沢二丁」と、後代に伝領されているので事実と認めてよいのであろうが、頼朝文書自体は伝えられていない。

一方、善松坊の伝来文書を伝える「香象院文書」に頼朝の寄進状写一通が伝存している。[24]

奉寄

鶴岳八幡宮寺廿五口重衍法印供米相模〔摸〕国村岡郷内并富塚内田畠屋敷

合七町伍反者、

右、為長日不断本地供料、所寄進之状如件、

建久二年十一月廿二日　（花押）〔頼朝〕

本文書については、既に『鎌倉市史』において「コノ文書以下二通（一通は建久八年十一月一日付源頼朝補任状）、疑ハシキトコロアレドモ、姑クコヽニ収ム」と按文を付し、疑問のある文書であることを指摘している。[25] あえて本文書の疑問・問題点を指摘すれば、事書が文章として練れていないこと、書き出しを「奉寄」として本文中では「寄進」

と文言を換えて表現しているが、書法としては同じ文言を用いるのが通例であり、この点も問題であるが、より重大なのは日下の花押についてである。写し文書なので原本からどの程度忠実に写し取られているのか不安ではあるが、大方の形体は写し取られていると解してよいであろう。とすると、「相州文書」（写本）の花押[26]を『花押かゞみ』（鎌倉時代一）建久二年の頼朝の花押[27]と見比べても類似しておらず、大きな問題点といえる。最後に、建久二年の時点で本文書のような日下に花押のみの様式の下文―補任状―は発給していないのであり、この点も問題である。

前記の問題点を総合的に判断すると、本文書は建久二年に発給された頼朝寄進状ではなく、重衍が頼朝より給わったという「御判数通」の内の一通に仮託して後世に作成された文書と解すべきものであろう。ただ、村岡郷ならびに富塚郷内田畠を給ったことについて否定するものではなく、頼朝より口状によって給田として給付されたものと解すべきものであろう。

前述の寄進状の例を参考に勘案して考察すると、善松坊重衍が北深沢郷を給田として給わったことについては事実として理解するとしても、頼朝より文書の給付を受けたとする記述「文治二丙午八ー廿二ー北深沢御判給之」については確認することができず、前述の寄進状を検討する内で、北深沢郷の給付が村岡郷・富塚郷の寄進の例と同じく、文書による充行ではないことに気づいた。北深沢郷は鶴岡八幡宮寺二十五坊の内、二十二坊が供糧（料）田・本料所として知行しており、また相摸国村岡郷ならびに富塚郷内田畠を善松坊以下六坊が知行している[28]。料田として成立した時期はそれぞれには不明確であるが、重衍が頼朝より北深沢郷と村岡郷・富塚郷を給田として充行われたことは事実としても、文書によるものではなく、口状による充行であったと考えられ、口頭による伝達という行為が文書の残存しない所以であり、また「北深沢御判給之」と、曖昧な表現になったものと考えられる。

3　武士（足立遠元）の場合

治承・寿永の争乱の過程において、武士の功労に報いる手段として所領所職の充行、安堵を行なう場合、文書は交付せず、『鏡』では「被仰」・「被仰含」と表現している。(29)

足立右馬允遠元、日者有労之上、応最前召、参上之間、領掌郡郷事不可有違失之旨、被仰云々、

同じく治承四年十月二十三日条においても、

着于相摸国府給、始被行勲功賞、北条殿、及信義、義定、常胤、義澄、広常、義盛、（中略）家義以下、或安堵本領、或令浴新恩、亦義澄為三浦介、行平如元可為下河辺庄司之由被仰云々、

と、口状による新恩―所領・所職―の充行、本領安堵を行なっているのである。その後、足立遠元をはじめ北条時政、下河辺行平等は改めて文書の交付を受けた痕跡は認められず、口状による恩沢の沙汰がそのまま生き続けることになったと考えられる。

さらに元暦元年三月、頼朝は上総介広常の外甥で平忠度の外甥に当たる、尾張国住人原高春を召し出し、「依有其功、本知行所領、如元令領掌之、可抽奉公之旨、被仰含」(30)と、口状によって本知行所領（本領）を安堵している。戦時下の臨時の措置とも受け取れるが、所領・所職の充行、本領安堵が口状でなされている事実を認めることができるであろう。

むすび

鎌倉に頼朝文書が何故に存在しないのか。鶴岡八幡宮には多くの頼朝文書が所蔵されているのであろうと、想像を逞しくしていたのであるが、案に相違して三通の寄進状をみるのみであった。しかも三通の寄進状が、寿永二年当時の文書でないと判断した段階で、何故に鎌倉に頼朝文書が残存しなかったのか、その理由を考えた時、文書と同じ効力を持つであろう口状による意思の伝達の方法があることに気づいた。頼朝の口状について追究してみようと考えた切っ掛けである。

「職」の補任が口頭でなされたことについては、古代社会以来の伝統であり仕来りであった。[31] 武士の社会においてどのように踏襲され、執り行なわれたのかを知る手掛りを、わずかではあるが史料が残存する鶴岡八幡宮寺の別当職・供僧職の補任の状況を追究する過程で得ることができ、口状による「職」の補任が行なわれていることを明らかにすることができたと思う。

ただ、遠隔地における職の補任の場合、頼朝の意向が届き難いという懸念があったのであろうか、京都の六条若宮の別当職については補任状を発給している。[32]

在御判

補任　　六条若宮別当職事

阿闍梨季厳

右、為六条若宮別当職、為令執行社務補任如件、以補、

文治元年十二月卅日

朝廷において口宣案として発給された職—官職—の任命書は、武士社会においては例外的に発給されるに止まったと考えられる。

所領の充行・寄進については、治承・寿永の争乱の過程で、武士には本領安堵や新恩の沙汰を行なっているが、いずれも文書による沙汰を行なわず、「被仰」と口頭—口状—による給付であった。

争乱がやや治まる元暦・文治期になると、新恩も謀叛人跡・平家没官領に対する地頭職の補任が文書—袖判下文—を以て行なわれるようになるが、頼朝の膝下の鶴岡八幡宮寺・供僧坊をはじめとする鎌倉ならびに近郊の社寺に対する所領・料田の寄進・充行は寿永より文治期においても口状によってなされ、その口状が有効に機能し在地経営も支障なく行なわれていたと考えられる。しかし、実朝将軍以降の鎌倉中期になると、寄進の実情の確認と、領地の保全に幕府の保護を得るため、そして、供僧坊が坊の経済基盤としての料田を相伝する上で、本宮とともに口状の文書化を必要としたと考えられ、寄進状は口状の主旨に則り文書化され、正文として鎌倉幕府・室町幕府と引き継がれ、認められた文書であった。

頼朝が所領の寄進・充行に口状を用いる場合があることを究明したが、いつの時点まで口状による寄進・充行が行なわれたのか、また口状がどの地域まで有効に作用したのか等の問題には触れる遑がなかったが、その点については後考を俟ちたい。

註

（1）『鏡』治承四年十月十一日条。

（2）『鶴岡叢書』第四輯所収。本書は室町中期に成立し、その後書き継がれている。

（3）第Ⅰ部「源頼朝文書における疑偽文書について」（編年文書28・29）参照。
（4）『平安遺文』。
（5）『鏡』建久元年二月一日・同年三月一日・元久元年七月十五日各条。
（6）『鏡』文永二年五月五日条に「於御所被始行大般若読経、々衆十人」とある。参考となる記事と考えている。
（7）『鏡』嘉禄元年正月十四日条参照。
（8）『供僧次第』の順序と異なる表示をしている。また、記事の一部を割愛した。
（9）※印の供僧の補任歴については割愛した。
（10）拙編著『源頼朝文書の研究』編年文書314。
（11）編年文書360。
（12）『鏡』建久三年五月八日条・同年八月九日条・同四年三月四日条。
（13）図版11、編年文書50。
（14）『鏡』文治二年正月八日条、建久五年正月七日条。
（15）第Ⅰ部「源頼朝文書における疑偽文書について」参照。
（16）『鎌倉市史』（社寺編）。
（17）「鶴岡八幡宮文書」、図版43・44、編年文書45・46。中野忠太郎氏旧蔵「大手鑑」、図版45、編年文書47。
（18）「醍醐寺文書（三宝院文書）」第三回採訪三十八、東京大学史料編纂所蔵（影写本）。
（19）第Ⅰ部「源頼朝文書における疑偽文書について」（編年文書45・46・47）。
（20）外岡慎一郎氏「鎌倉時代に於ける鶴岡八幡宮領の構成と機能」（『日本歴史』四一八号）。
（21）少なくとも筆跡の感じから実朝将軍没後の時期を想定している。
（22）註（7）参照。
（23）文治二年当時、頼朝は所領の給付等の公文書には袖判下文を使用するのが通例であった。他の様式の文書はほとんど見られない。編年文書146以下、文治二年の文書参照。
（24）「相州文書」東京大学史料編纂所所蔵（写本）、『鎌倉市史』史料編所収。

(25)『鎌倉市史』史料編。
(26)註(24)に同じ。
(27)同書(鎌倉時代一)東京大学史料編纂所編。
(28)『供僧次第』(『鶴岡叢書』四)所収。
(29)『鏡』治承四年十月八日条。
(30)『鏡』元暦元年三月十三日条。
(31)例えば口宣(案)等がその範疇に入ると考えられる。
(32)「醍醐寺文書」、編年文書145。
(補註)本稿における「口状」は、『日本国語大辞典』に載せる「口頭で述べること」・「口頭で伝えること」とは異なり、基本的には口頭で諸職に補任することの意として使用している。

第七章　本領安堵について

はじめに

源頼朝発給の文書を蒐集、検討していく過程で、本領安堵の文書がほとんど見当たらなかった。本領安堵が封建的主従関係の重要な指標となるものであり、新恩の給付にもまして重要な御恩であることについては先学の説かれるところである。なのにその本領安堵の文書がほとんどないということは、単に散逸してしまったからか、それとも文書の発給をしなかったからか、疑問が生じた。

治承・寿永の争乱期に口状による本領の安堵を行なった事実については、第六章「源頼朝の口状について」で触れたが、争乱以降において御家人の要望にいかに応えていたのであろうか。この問いかけの答えを導き出すことは、取りも直さず本領安堵の文書がどうしてないのかに答えてくれるものと思う。

以下、頼朝文書を蒐集する過程で得た知見を基に試論を述べてみようと思う。

一　本領安堵の源頼朝下文をめぐって——牧健二氏の提示された文書を中心に——

牧健二氏は本領安堵について『日本封建制成立史』（第九章「所領安堵殊に本領安堵」）において、御家人に対する本領安堵の行為をそれぞれの史料（文書）を提示し論証されている。(1)　しかし、氏が提示された龍造寺季家充源頼朝下文案および藤原季家充源頼朝下文案はともに疑偽文書であり、また『鏡』所載の熊谷直実充源頼朝下文は明らかな偽文書と判断でき、本領安堵の証明にはならないのである。

本節では頼朝文書を蒐め検討する中で、頼朝は基本的には本領安堵下文を発給しなかったのではないかとの考えに至った。牧氏とはやや異なる見解であるが、以下順を追って本領安堵をめぐる問題について考察を加えていくことにする。

牧健二氏は「所領安堵殊に本領安堵」において、頼朝の武士（御家人）に対する本領安堵について次のごとく述べられている。

　御家人の私領の安堵である本領安堵は、初期の封建制度及び社会の成立の根帯をなすと共に、また後にも述ぶるが如く、土地所有制と封建制度との基本的関聯を為す者であるから、其本質を理解する必要がある。故に次に開発私領の安堵の性質を述べる。而して本領安堵の法律上の性質を知るべき材料は安堵御下文であるが、之には
(1)御家人が本領を占有せるも其処に安堵せしむるが為に与へらるゝ場合と
(2)本領に対する他の妨害を除去して本主を安堵せしむるが為の場合と、又は
(3)失へる本領の知行を回復せしめて之に安堵せしむるが為に下さるゝ場合とがある。

御家人に対する本領安堵の行為を三類型に分け、それぞれの類型ごとに史料―文書―を提示し論証されている。しかし、牧氏が(1)の証明のために提示された文治元年（一一八五）十二月六日付龍造寺季家充源頼朝下文案（2）については、第Ⅰ部「源頼朝文書における疑偽文書について―検討ノ要アリの文書を中心に―」（以下「疑文書について」と略称する）で疑偽文書であることを述べている。ここでは、改めて偽文書であることを摘示し、氏の論証の史料としては不都合であることを明確にしておこう。

下　肥前国御家人龍造寺季家所
右、平家背朝威、零落之時、鎮西輩大略雖相従、季家等、不与彼凶賊、所致忠功神妙也、仍季家任相伝之由緒、可為龍造寺村地頭職、於有限年貢所当者、用本所之下知、如先例不可有懈怠、向後為御家人、可抽忠勤之旨、依鎌倉殿仰、執達如件、
文治元年十二月六日　盛（平）時奉

当該文書の問題点は、次のごとくである。

1　「御家人龍造寺季家所」とあるが、御家人は頼朝にとっては「家人」とあるべきであろう。また龍造寺は当時「藤原」であり未だ龍造寺は名乗っていない（3）。
2　「下　肥前国……」の次行には事書が書されるのが通例であるが、それが書されていない。
3　書止めに「依鎌倉殿仰、執達如件」とあるが、御教書・奉書の書止文言であり、下文には用いない。
4　日下に「盛時奉」と奉者の署名があるが、下文に奉者の署名は書かない。

龍造寺季家充源頼朝下文案には上記の問題点を含んでおり、偽文書といっても過言ではないであろう。現存する頼朝文書約四百通を通覧しても、牧氏の(1)に該当する文書は一通も見当たらない。このような状況から類推すると、頼

朝は⑴に該当する安堵の下文は発給していないのではないかという考えに帰結する。それでは、頼朝は⑴に関わる安堵の行為を行なわなかったのであろうか。この問題については、牧氏の⑵・⑶の見解を考察した上で論及することにする。

まず、牧氏の分類の⑵について検討してみよう。「本領に対する他の妨害を除去して本主を安堵せしむる」場合である。⑵の根拠となる史料として文治二年八月九日付源頼朝下文を提示している。[4]

下　肥前国小津東郷内龍造寺村田畠住人

可早以藤原（龍造寺）季家為地頭事

右件所者、藤原季家依相伝之由緒、給府宣令沙汰之処、為神埼郡住人海六大夫重実被妨之云云、爰季家者、不属平家謀反、仰朝威致忠勤畢、重実者、為平家方人、益企謀反、已重科也、就中不入鎌倉殿見参之条、是則心中猶思平家逆徒事故歟、結構之旨甚以奇怪也、然者永停止重実之妨、以季家可令為地頭職、但於有限年貢所当者、用本所之下知、任先例可致其勤之状如件、以下、

文治二年八月九日　　（附箋）「御判」

本文書については疑問のある文書―検討ノ要アリ―として問題点を既に指摘しているので[5]、重複を避けるため検証は割愛するが、⑵を証拠立てる史料としては不適切であり、別の信憑性の高い文書を当てるべきで、次に示す文治三年五月三日付大秦元光充源頼朝袖判下文が⑵の場合を立証する適切な文書であろう[6]。

（花押）

下　大秦元光

可早如元令安堵薩摩国牛屎院事

右件所、相伝知行至于去年云々、而小城八郎重道依申有証拠、仰嶋津庄惣地頭惟宗忠久左兵衛尉、充給郡司弁済使了、然而重道已無相伝之由歟、早停止重道之沙汰、以元光如元可令安堵院内、但云庄方、云国衙、任先例無懈怠可令勤仕課役之状如件、以下、

文治三年五月三日

本文書は、大秦元光相伝の知行地薩摩国牛屎院を小城重道が証拠ありと申し立てたのに対し、重道に相伝の由緒がないことが判明したため、元光に元のごとく安堵したもので、⑵の「他の妨害を除去して、本主を安堵せしむるが為の場合」に適合する文書であろう。

⑵に該当する文書は管見の限りではこの大秦元光充源頼朝袖判下文以外には見当たらないが、相伝の由緒を有する御家人の本領に他よりの侵害—押領・濫妨狼藉・相論等—を及ぼす事態が生ずれば、実情を調査し本領安堵の下文を出したであろうことは容易に推測できるところである。しかしながら、所領の実情を調査する機能は初期の幕府には未だ備わっておらず、『鏡』養和元年（一一八一）四月二十日条に記載する小山田重成の例のごとく、

小山田三郎重成、聊背御意之間、成怖畏籠居、是以武蔵国多西郡内吉富、并一宮蓮光寺等、注加所領之内、去年東国御家人安堵本領之時、同賜御下文訖、而為平太弘貞領所之旨、捧申状之間、糺明之処無相違、仍所被付弘貞也、

と、申請に任せて本領安堵の行為—文書による安堵—をなし、他領をも安堵地に含まれるような事態を引き起す場面も度々出来したと考えられ、安易に本領安堵の行為を行なうのは頼朝にとっても慎重にならざるを得なかったのではないだろうか。⑵に相当する文書の残存例（数）が少ない理由の一端もその辺にあると考えられる。

次に分類⑶の場合である。一度失った本領を回復して、本来の知行主にこれを安堵する場合について見てみよう。

牧氏は『鏡』寿永元年（一一八二）六月五日条の地の文と所載の熊谷直実充源頼朝下文を(3)の根拠の史料として挙げているが(7)、この下文は偽文書であり、地の文は下文の文言を基に作成されたもののため(8)、(3)の根拠となすには不都合である。ただ、牧氏が引用されている「文治三年」八月七日付源頼朝書状案（「宗像神社文書」）は原本に多少の加筆—万葉仮名を付す—をするなどやや問題のある文書であるが(9)、(3)の根拠とする文書としては適切であろう。

宗像社事、故盛俊之知行也、可令没官之条勿論候歟、雖須令下地頭候、依仰令止其儀候畢、且氏実重代人仁候、如本可令安堵候也、道理候波牟事波雖不申候、依御計尤御裁許可候歟、以此旨可令披露給候、恐々謹言、

文治三年
八月七日　　　頼朝在裏御判

本文書は、宗像社は没官領として地頭を補任すべきであるが、重代（相伝）人である宗像氏実に旧のごとく本領を安堵するが、最終的に後白河法皇に裁許を求めたもので、一旦平家領となった所領を重代相伝人に旧のごとく本領を安堵しようとしたものと認められる。

また、『鏡』建久元年七月十一日条に、

土左国住人夜須七郎行宗、可安堵本領之旨賜御下文、是土左冠者被討取給之時、不惜身命、討取怨敵蓮池権守以降、度々有勲功云々、

夜須行宗が本領安堵の下文を給わったとある。この行宗は、寿永元年九月、頼朝の同母弟源希義が土佐国吾河郡年越山において平重盛の家人蓮池家綱、平田俊遠のために殺害された時、希義の扶助者として討手を駆けられ紀伊国に逃れている。一旦本領を追われているが(10)、その後蓮池家綱を討ち取り、また壇ノ浦の合戦の勲功賞として本領を安堵され下文を賜っている(11)。

一度本領を離れた—没収・押領等により—旧主に本領安堵を行なう場合には、頼朝は本領安堵の下文を発給してい

たようである。

牧氏の分類される三類型の(2)の、御家人の「本領に対する他の妨害を除去して本主を安堵せしむるが為」に安堵下文を与える場合と、(3)の「失へる本領の知行を回復せしめて之に安堵せしむるが為」に安堵下文を下される場合については前記のごとく本領安堵下文を発給しているが、(1)の「御家人が本領を占有せるも其処に安堵せしむるが為に与へらるゝ場合」は、とくに問題―相論・押領等―が起きない限り安堵下文を発給していないのである。

二　本領安堵に先行する地主職安堵・本宅安堵

ところで、安田元久氏は、頼朝は本領安堵に先行して①「本知行地主職」、②「私領本宅」の安堵を行なったことを次のように指摘されている。

家人関係の結成に際し頼朝はかれらの根本私領に対して安堵を与えたのであるが、始めは必ずしも地頭職に補任するという形式をとっていない。吾妻鏡治承四年（一一八〇）十二月十四日条に、①「武蔵国住人多以本知行地主職、如本可執行之由蒙下知」とあり、また元暦元年二月十四日条に、②「上総国御家人等、多以私領本宅、如元可令領掌之旨、給武衛御下文」と見え、両者ともその際の下知状・下文を記載していないので原史料ほどの信頼性は少ないが、この記載に見える「地主職」「私領本宅」についての安堵ということは、他にも同様な例があるので、恐らくそのまま信じてよいと思う。(12)

まず、安田氏が提示された①の『鏡』治承四年十二月十四日条の記事について検討してみよう。

頼朝が武蔵国の住人に何故に地主職を元のごとく執行するように下知したのであろうか。その関連を明らかにしておく必要があるであろう。そこでまず、地主職を安堵された多くの武蔵国の住人の立場について考察を進めることにする。

『鏡』治承四年九月三日条に「景親（大庭）乍為源家譜代御家人、今度於所々奉射之次第、一旦匪守平氏命、造意企已似有別儀、但令一味彼凶徒之輩者、武蔵相摸住人許也」とあり、武蔵国の住人（武士）は大庭景親方として頼朝方と戦っているのである。ちなみに『鏡』における「住人」の用法は大雑把に次の三類型に分類することができる。

㋑御家人と認められる以前の状態の武士[13]

㋺平家方の武士[14]

㋩頼朝方、平家方に関係しない人々[15]―武士・僧侶等―

「武蔵国住人」の場合は㋺の平家（景親）方の名主級の武士を表現したもので、頼朝は一旦平家方に与した武蔵武士を自陣に組み込む方策として、旧のごとく本知行の地主職の執行を認める下知をしたのであり、本領安堵の地頭職補任に先んじて行なう安堵とは性質を異にするものであろう。

また安田氏は寿永三年三月六日付藤原助広充阿野全成下文を提示し、地主職補任の根拠とされている[16]。

下　信濃国志久見山

　定補地主職事

　　藤原助広

右人、以為地主職、可致沙汰之状、所仰如件、敢不可違失、以下、

　寿永三年三月六日

（花押）

当該文書には不審・疑問な点がいくつかある。その第一点は、充所の「藤原助広」の「助広」が別筆であること。第二は、最終文言の「所仰」の「所」は草書体としても文字になっておらず、また「敢不可違失、以下」は別筆での追筆のようであること。第三は、端裏書に「これハあくせんし殿の御下文」とあるが、文書に奥上署判（花押）はあるが発給（差し出）者を比定できず、『花押かゞみ』では奥上の花押を不明の人物として取り扱っている。[17]第四には、阿野全成が信濃国または信濃の武士と関わりを持った史料が見当たらないこと等が不審・疑問として挙げられる。しかし、文書の内容が実態を伝えるものとの前提に立って考察を進めれば、以下のような考えを導き出すことも可能になる。

本文書は、寿永三年正月、木曾義仲の近江国粟津での敗死後、義仲軍に編入されていたと考えられる藤原助広を、信濃国志久見（檜）山の地主職に補任したものであるが、この地主職の補任は阿野全成が頼朝の代官として信濃武士の再編を目指して行なったものと解釈しても、この行為も本領安堵―地頭職補任―に先行する地主職補任とは性質を異にすべきであろう。

地主職の安堵を以て、本領安堵の地頭職に先行する様式の補任が行なわれたことを示す文書は、管見の限りでは認めることができなかった。

次に地頭職補任という形式をとり、御家人の根本私領に対する安堵を行なう以前に「私領本宅」の安堵がなされたとする問題について検証してみよう。

「本宅」に関わる文書および『鏡』の記事は数少なく、基本的には左記の三点に止まる。

Ⓐ『鏡』養和元年九月十八日条

俊綱（足利）遺領等事、有其沙汰、於所領者収公、至妻子等者、可令本宅資財安堵之由被定之、載其趣於御下文、被遣和

田次郎之許云々、
仰下　和田次郎義茂所
不可罸雖為俊綱之子息郎従参向御方輩事
右、云子息兄弟、云郎従眷属、始桐生之者、於落参御方者、不可及殺害、又件党類等妻子眷属并私宅等、不可取損亡之旨、所被仰下〔衍〕知如件、
治承五年九月十八日

Ⓑ『鏡』元暦元年二月十四日条
今日、上総国御家人等、多以私領本宅、如元可令領掌之旨、給武衛（頼朝）御下文、彼輩去年依為広常同科、所被收公所帯也、

Ⓒ中四郎秋家充源頼朝袖判下文（香宗我部家伝証文[18]）
（花押）
下
可早為鎌倉殿御家人安堵住所本宅事
中四郎秋家
右人、為御家人安堵本宅、可励忠節之状如件、以下、
元暦元年七月廿九日

Ⓐの地の文は併記されている下文を基に作成されたもので、「可令本宅資財安堵」は、下文では「件党類等妻子眷属并私宅等、不可取損亡」とあり、本宅資財を安堵したとは記されていない。仮に「私宅」を「本宅」に読み替え、

「不可取損亡」を「安堵」と解釈したとしても、当該文書は頼朝に敵対し追討された足利俊綱の妻子眷属に本宅を安堵したもので、地頭職安堵に先行して行なわれるいわゆる本宅安堵に相当するものではない。

次に安田氏が提示されたⒷの記事の後半に「彼輩去年依為広常同科、所被収公所帯也」との記述がある。牧健二氏の三類型の(3)「失へる本領の知行を回復せしめて之に安堵せしむるが為に下さるゝ場合」に相当する記事であり、本領安堵のための地頭職補任に先行してなされた行為―私領本宅安堵―ではない。なお、この事案には下文の発給を伴っている。

『鏡』に記載される本宅安堵に関わる記事は上記のごとくであるが、頼朝発給文書に本宅安堵の文書が存在するのであろうか。安田氏はⒸ元暦元年（一一八四）七月二十九日付中四郎秋家充源頼朝袖判下文を御家人に対し本宅安堵が行なわれた事実を示す史料として提示されている。中四郎秋家は、『鏡』では甲斐小四郎・甲斐中四郎・大中臣秋家等と記載され、一条（武田）忠頼の家人であったが、元暦元年六月、忠頼が頼朝に誅された後、召し出されて同月に御家人の列に加わった人物である。(19) とすれば、本文書は秋家が御家人となったわずか一ヵ月半後に、所在不明の本宅を安堵されたことになる。本領安堵―地頭職補任―に先行する本宅安堵とは考え難い。ところで、本文書については既に第Ⅰ部「疑文書について」（図版17・編年文書88）において袖判が稚拙であること、「下」の下に仮の充所が記されていないこと、さらにどこを安堵したのか不明であること等を指摘し、疑問があまりにも多い文書―疑偽文書―であることを述べている。したがって、本文書を以て本宅安堵の根拠とするのは不適切と言わざるを得ない。

前述のごとく「私領本宅」の安堵の史料として『鏡』では、御家人の所領が一旦没収・収公されたものが改めて安堵される場合と、謀叛人の妻子眷属の「私宅（本宅）」を安堵する場合を確認したが、本領安堵に先行する「私領本宅」安堵については知ることができなかった。また、残存文書からは「本宅安堵」の文言を有する文書の存在を確認することができず、現時点で本宅安堵が本領安堵の地頭職補任に先んじてなされたとする説については一考を要すると考える。

三　地頭職補任による本領安堵

御家人の根本私領である本領が地頭職補任の方式で安堵がなされたことについては、牧健二氏・安田元久氏・上横手雅敬氏・大饗亮氏等の論考がある[20]が、必ずしも確実な文書史料によって検証されたとは言い難いのではないだろうか。そこで、現存する地頭職補任の頼朝文書を通して、御家人の根本私領である本領に対して地頭職補任の行為がなされたのかどうかを確かめておく必要があると考える。したがって、頼朝文書中より地頭職補任の文書―下文・政所下文―を抽出し考察を進めることにする。

次に示す表8は頼朝文書中より比較的信頼度の高い文書―一部「検討ノ要アリ」の文書を採用している―を抽出し、編年に配列したものである。

二十通の地頭職補任の下文の内、1・2元暦二年六月十五日付惟宗（島津）忠久充袖判下文（編年文書131・132）より4文治三年十二月一日付小山朝光母堂（寒河尼）充袖判下文（編年文書231）までの四通の内、1・2は平信兼党類の所領を謀叛の罪により没収し、島津忠久に充行ったもので新恩の地頭職補任であった。3文治二年正月八日付惟宗（島津）忠久充袖判下文は信濃国塩田庄の地頭職に忠久を補任しているが、承久三年（一二二一）に塩田庄より同国太田庄に移っており、島津氏の開発の私領への地頭職補任とは考え難い。ついで4文治三年十二月一日付小山朝光母堂（寒河尼）充袖判下文は女性として大功―頼朝の乳母として―があったので、小山氏の本拠地に隣接する上野国寒河郡ならびに阿志土郷の地頭職に補任されたもので、新恩の沙汰と認められる。したがって、四通の袖判下文は全て新恩の沙汰として充行われているのである。

次の5源六郎囲充地頭職補任状（編年文書311）と6大江広元充地頭職補任状（編年文書312）は前期前右大将家政所下文で地頭職の補任を行なっているが、ともに「検討ノ要アリ」の文書で既にその疑問点について第Ⅰ部「疑文書について」で信頼性に欠けることを述べており、本領安堵の地頭職補任の検討材料としては不適当とも考えられる。ただ5の「松浦山代文書」の場合、改竄・誤記が認められるが、原文書の筆跡、政所別当以下家司の署判には捨て難いものがあるし、瀬野精一郎氏が紹介された「感状写」（佐賀県武雄市教育委員会所蔵）の内に「松浦山代文書」に関わる左記の一通が含まれており、(21)合わせて検討を進めてみることにする。

前右大将家政所下　肥前国宇野御厨内紐差浦住人等

　可早以字峯五郎披為地頭職事、

右人、為令執行彼職、補任如件、但於本所御年貢已下雑事者、任先例、無懈怠、可令致沙汰也、住人等宜承知、敢勿違失、以下、

　　建久三年六月二日　　　　　　案　主　藤井(俊長)在判

　　　　　　　　　　　　　　　　知家事中原(光家)在判

令　民　部　丞藤原(二階堂行政)在判

別当前因幡守中原(広元)朝臣在判

この峯五郎披に充てた前右大将家政所下文写が基本的には「松浦山代文書」が改竄される以前の原文書に近い文言を有する下文であったと考えられるが、本文（事実書）は「松浦山代文書」も「感状写」も同文である。とすれば、

峯五郎披充の政所下文写も第Ⅰ部で述べたごとく、本文に疑問のある文書ということになる。本節で追究しようとする目標の一つは、頼朝が相伝の由緒を有する御家人の所領に対して地頭職補任の形式で安堵を行なったかどうかということにある。山代・峯両氏（ともに松浦氏）の場合、平安末期よりの由緒ある武士であることは認められるが、[22]二通の前右大将家政所下文を以て本領安堵の地頭職補任が行なわれたと判断はできない。むしろ、松浦一族は治承・寿永・元暦の争乱の過程で平家方の水軍として活躍しており、壇ノ浦の合戦では松浦一族（党）は平家方として合戦に参加している。[23]本来であれば所領没収の憂き目に会うところを幕府の鎮西対策の一環であろうか、厚免され知行地の所領を安堵されているのである。峯（山代）氏の地頭職補任もこのような事態を経て、建久三年（一一八二）の政所下文による地頭職補任により御家人として認められたもので、いわゆる本領安堵の地頭職補任とは異なる文書と捉えるべきであろう。

6建久三年六月三日付大江広元充地頭職補任状写（編年文書312）は広元への新恩の地頭職補任であるが、既に第Ⅰ部で「検討ノ要アリ」の文書として若干の疑問点を述べておいたが、[24]後世に作成された文書と見做される。したがって、本領安堵の史料としては外れることになる。

前期前右大将家政所の設置期間は短期であり、その活動の跡をしるす政所下文の残存例もわずか四通―「検討ノ要アリ」の文書三通―であるが、地頭職補任の沙汰は行なわれなかったのではないかと推測される。

建久三年八月に将軍家政所が開設されると、同年中に7藤原友家（八田知家）充地頭職補任状（編年文書316）より11中条宗実充地頭職補任状（編年文書322）までは、以前に与えていた新恩の「御下文」を召し返し改めて将軍家政所下文を発給したもので、新たな恩沢の沙汰ではない。ただ、10の相摸国南深沢（郷）は中条（三浦）氏の相伝の私領に対する当知行地安堵の下文を与えていたものを、建久三年十月に改めて地頭職補任の形式で安堵したとも考えられるが、十月二十一日付地頭職補任状のみでは跡付ける史料が不足であり、一応、新恩の部類として取り扱うことにする。

12藤原助広充地頭職補任状（編年文書325）は本章「二、本領安堵に先行する地主職安堵・本宅安堵」で述べたごとく、藤原助広が木曾義仲軍に編入され、その後に義仲が敗死すると信濃に戻り、この地頭職補任によって正式に頼朝の御家人として認められたもので、相伝の由緒による地頭補任とは性質を異にするものと考えられる。

△＝【検討ノ要アリ】の文書

対象地	出典	
伊勢国波出御厨	島津家文書	
伊勢国須可御庄	〃	
信濃国塩田庄	〃	
下野国寒河郡并阿志土郷	皆川文書	
肥前国宇野御厨内山代浦	松浦山代文書	△
周防国大島三箇庄并公領	正閏史料外編1	△
下野国本〔茂ヵ〕木郡	茂木文書	△
下野国日向野郷	山川光国氏所蔵文書	
常陸国村田下庄（下妻宮等）	吾妻鏡	
相摸国南深沢	中条文書	
越後国奥山庄	〃	
信濃国高井郡内中野西条并檯山	市河文書	
肥前国基肄郡内曾禰崎并境別符行武名	曾禰崎元一氏所蔵文書	△
土佐国香美郡内宗我部并深淵［　］	香宗我部家伝証文	△
筑後国上妻庄内今弘・光友・地久志部・豊福・多久万田・久米北田・境田	上妻文書	△
肥前国小津東郷内龍造寺田畠	龍造寺文書	
河内国山田御庄	大倉氏採集文書	△
肥前国宇野御厨内小値賀嶋	青方文書	△
備後国大田庄	高野山文書	
周防国恒富保并仁保庄	三浦家文書	

次に13建久四年四月三日付平通友充地頭職補任状案（編年文書328）より17建久五年八月十九日付藤原盛高充地頭職補任状写（編年文書341）までの五通の将軍家政所下文は全て西国の御家人または西国の所領が対象となっているのが特徴的であるが、13については将軍家政所下文としての様式・本文・文言ともに整っているように見える。ただ、「将軍家政所下」の下に記される仮の充所「肥前国……堺別符行武名」は、信頼できる政所下文に倣えば「肥前国……堺別符行武名住人」とあるべきであ

表８　地頭職の補任

No.	文書番号	文書名	年月日	対象者（地頭名）
1	131	源頼朝袖判下文	元暦２年６月15日	惟宗（島津）忠久
2	132	〃	〃	〃
3	146	〃	文治２年正月８日	〃
4	231	〃	文治３年12月１日	小山朝光母
5	311	前右大将（源頼朝）家政所下文	建久３年６月２日	源六郎囲
6	312	〃	建久３年６月３日	大江広元
7	316	将軍（源頼朝）家政所下文	建久３年８月22日	藤原（八田）友家
8	317	〃	建久３年９月12日	藤原（小山）朝政
9	319	〃	〃	〃
10	321	〃	建久３年10月21日	平（中条）宗実
11	322	〃	〃	〃
12	325	〃	建久３年12月10日	藤原助広
13	328	将軍（源頼朝）家政下文案	建久４年４月３日	平通友
14	330	将軍（源頼朝）家政下文	建久４年６月９日	中原秋家
15	331	将軍（源頼朝）家政下文案	建久４年６月19日	藤原家宗
16	336	〃	建久５年２月25日	藤原（龍造寺）季家
17	341	将軍（源頼朝）家政所下文写	建久５年８月19日	藤原盛高
18	352	前右大将（源頼朝）家政所下文案	建久７年７月12日	尋覚
19	353	〃	建久７年10月22日	沙弥（三善）善信
20	356	〃	建久８年２月24日	平重経

る。また少しく疑問点を挙げれば、地頭職の補任地の西国においてこのような「名」クラスの小領に対して政所下文を発給するものであろうか(25)。併せて疑問に思うが一応新恩または当知行地への地頭職補任と見做すことが可能であろう。14建久四年六月九日付中原秋家充土佐国香美郡内宗我部并深淵郷地頭職補任状（編年文書336）であるが、中原秋家は『鏡』によれば「故一条（武田）次郎忠頼家人甲斐小四郎秋家」とあり(26)、土佐国を本貫とする御家人とは考え難く、新恩の地頭職補任であったと考えられる。15建久四年六月十九日付藤原家宗充地頭職補任状（編年文書331）については、疑問のある文書として述べているので割愛するが(27)、いずれ

にしても本領安堵のための地頭職補任とは考え難い。次に16建久五年二月二十五日付藤原季家宛地頭職補任状の季家は、肥前国の在庁官人の一族高木氏の系統につながる小領主（名主）と考えられる。季家以前の所領の形態が不明確であるが、平家の西国支配が崩壊すると、いち早く頼朝による九州の再編が行なわれる過程で、季家は御家人として認められ、当知行地の龍造寺田畠の地頭職に補任されたのであろう。いわゆる本領安堵の地頭職補任とは異なるものである。ただ、この地頭職補任にも13の場合と同じように、西国の小領主クラスの武士―国御家人―に政所下文を以て地頭職の補任を行なったのであろうかという疑問は残る。

17も15と同じく既に疑問のある文書として指摘しておいたので、考察の対象から除外することにする。

建久六年七月、頼朝は京都より帰着すると、従来の将軍家政所を前右大将家政所―後期前右大将家政所―と名称を改編し(28)、「前右大将家政所下文」を発給するようになる。

18建久七年七月十二日付僧尋覚充地頭職補任状案（編年文書352）については第Ⅰ部で書止文言に問題があることを述べたが(29)、この文書の重大な問題点は本文にある。

前右大将家政所下　肥前国宇野御厨内小値賀嶋住人

　補任地頭職事

　僧尋覚

右件所、尋覚与松浦十郎連相論、召決両方之処、尋覚得理、仍補彼職之状如件、以下、

　建久七年七月十二日

（別当以下ノ家司ノ署判ヲ略ス）

本文は尋覚と松浦連との相論の裁許であって、事書にある地頭職補任そのものとは異なるもので、尋覚側で作成し

た謀書とも言うべき文書であり、[30]検討の材料から除外することにする。

19建久七年十一月二十二日付沙弥善信（三善康信）充地頭職補任状（編年文書353）は、大田庄の開発領主の系譜で、下司職を勤める御家人橘氏が謀叛に与同した咎により所領を没収され、[31]その跡に三善康信を地頭職に補任したもので、新恩の沙汰である。また、20建久八年二月二十四日付平（平子）重経充（周防国仁保庄）地頭職補任状（編年文書356）は、相摸国久良岐郡平子郷を本貫とする平（三浦・平子）氏が周防国仁保庄と関わりを持ち始める嚆矢となる地頭職補任であった。[32]開発の私領―本領―に対する安堵の地頭職補任でないことは明らかであろう。

数少ない残存文書―政所下文―からの考察であったが、将軍家政所下文の前半の発給状況は、政所設置以前に出された下文―奥上署判下文、袖判下文―と奉書・御教書を、公文書の政所下文に取り替えるのが主な作業であった。つまり、治承・寿永の争乱期の抽賞としての恩沢の沙汰を地頭職補任の形式で再発給したもので、この時、新たな本領安堵の政所下文の発給の例は見当たらなかった。

また、将軍家政所下文の前半で特徴的なのは、東国の御家人に対する再発給が中心（主体）であったことである。この事象は残存文書のあり方に起因するとも考えられるが、本質的にはまず東国武士中心であったという理解で誤りないと思う。

ついで将軍家政所下文の後半―建久四年~同六年―になると、西国の武士（御家人）に対する当知行安堵と考えられる地頭職補任―疑問のある文書が多数であるが―および新恩の地頭職補任が行なわれている。

建久七・八年になると後期右大将家政所下文によって新恩の地頭職の補任が行なわれているが、いずれの時期にも本領―相伝の私領―安堵の地頭職補任は行なわれていないようである。

御家人の本領を安堵する場合、安堵下文の発給は原則としてなされなかったと推論した。そのことを裏づける直接的史料は見当たらないが、示唆に富む記事があるので少し触れてみたい。(33)

四　「自然恩沢」をめぐって

近国守護補任御下文等備進之、其中（中略）小山左衛門尉朝政申云、不帯本御下文、曩祖下野少掾豊沢為当国押領使、如検断之事、一向執行之、（中略）十三代数百歳、奉行之間、無片時中絶之例、但右大将家御時者、建久年中、亡父政光入道、就譲与此職於朝政、賜安堵御下文許也、敢非新恩之職、（中略）縦雖犯小過、輙難被改補之趣、有其沙汰、

承元三年（一二〇九）十一月、幕府は近国の守護職補任の下文等の備進を命じている。それに対し、小山朝政は「本御下文」は保持しておらず、その理由として下野国の検断等のことは曩祖豊沢以来十三代にわたり相伝・執行しており、現在もその職を継承（相伝所職）している故に「不帯本御下文」と、述べている。しかし、建久年中に亡父政光よりこの職の譲与を受けた際に頼朝より安堵下文を給わっただけで、この職は新恩ではないといっている。補任状は下付されていないが、守護としての任務は遂行しているわけである。そうして補任状が下付されない理由が相伝所職であるからということである。

小山氏が「非新恩」と強調したことに関連し、興味深い記事がある。(34)

諸国守護人緩怠之間、（中略）条々被凝群儀〔議〕（中略）以此次、彼職（守護職）補任本御下文等、可進覧之旨、先被仰近国、是自然恩沢与勲功賞、事可有差別之故也、

守護職には「自然恩沢」と「勲功賞」による守護職があり、両者の間には「差別」があった。その差別に対応する記事が翌十二月十五日条に「縦雖犯小過、輙難被改補之趣、有其沙汰」とあり(35)、自然恩沢の守護は小過においては簡単には改補できない旨を将軍実朝は指示している。この扱いが「差別」に当たるもので、小山朝政の守護職もまさにこの「自然恩沢」の守護職であったといえる。

これまでみてきたのは守護職についてであるが、同様のことが御家人の私領である本領に対する安堵の場合にもいえるのではないかと考える。

守護小山氏の場合を参酌して考えてみると、「自然恩沢」の要件として挙げられるのは相伝の由緒をもつ所職（権限）であるということである。

御家人の本領について『沙汰未練書』に次のごとく記述されている(36)。

一、本領トハ、為開発領主、賜代々武家御下文所領田畠等事也、又私領トモ云、

一、御家人トハ、往昔以来、為開発領主、賜武家御下文人事也、開発領主トハ、根本私領也、又本領トモ云、

本領・御家人の規定とともに御家人の根本私領である本領について、開発領主の系譜—相伝の由緒—を有することを重要な指標としている。この御家人の相伝の由緒をもつ本領に対しても、近国の守護職と同様の処置がなされたのではないだろうか。

「自然恩沢」が新恩（勲功）賞とちがい、相伝私領（本領）として既得権を重く保証するもので、主従関係の成立は取りも直さず本領が「自然恩沢」として保証されることを意味しており、基本的には改めて安堵下文を付与する必要はなかったと思われる。

前述したごとく、頼朝文書にみる本領安堵については御家人の本領に対して問題が起きた場合に安堵の下文を発給

してきた。しかし、その下文から本領に対する権益について窺い知ることは困難である。ただし、『鏡』にその一端が垣間見える注目すべき記事がある。(37)

右衛門尉紀康綱、年来雖有其功、未浴新恩、今日進一首和歌、愁申身上事、而備中国村社郷内小埋社町者、八代相伝之由、言上之間、為不輸之地、可領掌之由被仰下、

「八代相伝」の地となれば、恐らく本領であろう。この備中国村社郷内小埋社町を将軍実朝は新恩として「不輸之地」として安堵している。このように本領に対して、不輸権を付与することも将軍の権限の一つであったと考えられる。(38)新たな権益の拡充は御家人たちの望むところであるが、このような権益が本領安堵を得た御家人全般に普遍化できるのかは問題であろうが、本領における御家人の権益を知る指標の一つとなりえるのではないだろうか。

本領安堵が知行地の保証のみならず、鎌倉殿に備わった諸権限によって、不輸権や雑役の免除等の権益をもその対象になり得たと考えられるが、この点については今後の課題としたい。(39)

むすび

源頼朝と家人との主従関係において御恩の一形態である本領安堵の重要さについては牧健二氏をはじめとして諸氏の指摘されるところであるが、現存する頼朝文書約四百点を通覧しても、牧氏が本領安堵の行為を三類型に分類された(1)の「御家人が本領を占有せるも其処に安堵せしむるが為に与へらるゝ場合」に該当する文書は一通も見当たらないのである。このような状況から類推すると、頼朝は(1)に該当する安堵下文は発給していないのではないかと言う考えに帰結した。また牧氏が分類された三類型の内、(2)・(3)の場合については前述のごとく確かに本領安堵下文を発給

しているが、(1)の場合、特に相論・押領等の問題が起きない限り安堵の下文は発給していないようである。

本領安堵に先行して地主職・私領本宅の安堵が行なわれたとの見解については、地主職安堵の場合、一旦平家方・木曾義仲方に与同した武士を頼朝方に編入するための方策として安堵を行なっている事実は確認できたが、草創期より頼朝方に参じた御家人に対し、本領安堵を行なう前に地主職を安堵した文書は見出せなかった。

私領本宅の安堵については、一旦没収・収公されたものが改めて安堵される場合と、謀叛人の妻子眷属の「私宅（本宅）」を安堵する場合が確認されたが、残存文書から本領安堵に先行する「本宅安堵」の文書を確認することはできなかった。したがって頼朝文書を基にした考察ではあるが、「地主職」・「私領本宅」の安堵が本領安堵に先行してなされたとする考え方には一考を要するのではないだろうか。

次に地頭職補任によって本領を安堵したとする従来の説についても考察を試みた。

残存する源頼朝の地頭職補任状を検討すると、元暦・文治期の袖判下文による地頭職補任状は全て新恩の沙汰であった。建久二年の政所設置以降の前期前右大将家政所下文においては文書に多くの疑問があり、政所自体が機能していたのかどうかが疑われるような状態にあり検討が困難であったが、ただ本領安堵に関わる地頭職補任の文書はなかったと言える。

建久三年八月より始まる将軍家政所下文の前半―建久三年十二月まで―は草創期に発給した恩沢（新恩）関連の下文・御教書を召し返し、改めて政所下文によって地頭職の補任を行なったもので、本領安堵に関わる地頭職補任状は発給（残存）していないようである。

将軍家政所下文の後半―建久四年〜同六年前半―より建久六年八月以降の後期前右大将家政所下文においては、残存文書は主に西国の所領および西国の御家人に対する新恩の地頭職補任ならびに当知行地の安堵と考えられる地頭職補任であった。

地頭職補任状からは、地頭職補任による本領安堵を窺わせるような文書を見出すことはできなかった。つまるところ、頼朝は基本的には御家人に対して文書を用いた地頭職補任による本領安堵は行わなかったと考えられるのである。最後に「自然恩沢」について考えてみた。頼朝文書には「自然恩沢」の文言は見当たらないが、『鏡』に守護職補任に関る記述の内に使用されており、御家人の本領安堵にも該当すると考え「自然恩沢」の用語を用いた。頼朝（鎌倉殿）の家人として認められることは、家人の本領は安堵されることになり、この関係が「自然恩沢」であり、そのため安堵下文は下付されずに安堵されるのである。[40]ただ、本領安堵には付属する諸権益が存在したと考えているが、本書ではこの問題について追究することができなかった。今後の課題としておくことにする。

頼朝文書から導き出した判断ではあるが、頼朝（鎌倉殿）は基本的には御家人の開発の私領に対して安堵―本領安堵―の文書は発給しておらず、それが頼朝文書中に本領安堵の文書が残らなかった理由であると考えられる。

註

（1）牧健二氏「所領安堵殊に本領安堵」（『日本封建制成立史』第九章）所収。以下、牧氏の論考に関するものは全て本論によっている。

（2）「諫早家系事蹟集一」、編年文書141。

（3）瀬野精一郎氏『鎮西御家人の研究』。

（4）「諫早家系事蹟集一」、編年文書186。

（5）第Ⅰ部「源頼朝文書における疑偽文書について」（編年文書186）参照。以下「疑文書について」と略記する。

（6）「島津家文書」、編年文書209。

（7）『鏡』同日条、編年文書37。

（8）八代国治氏『吾妻鏡の研究』。

(9) 編年文書217。他の六通の裏花押文書の書止文言は「頼朝恐々（惶）謹言」とあるが、本文書は「恐々謹言」のみである。
(10) 『鏡』寿永元年九月二十五日条。
(11) 『鏡』文治三年三月十日・建久元年七月十一日条。
(12) 安田元久氏「内乱期の地頭」（『地頭及び地頭領主制の研究』所収）。
(13) 『鏡』治承四年八月二日・同九月一日、養和元年二月二十九日・同閏二月十七日・同三月十九日、寿永元年九月二十五日の各条。
(14) 『鏡』治承四年八月二十三日・同九月三日・同十月二十日・同十二月十四日、寿永元年四月十一日・同十月九日・同十一月二十日の各条。
(15) 『鏡』治承四年八月二十八日、養和元年正月十八日の各条（註(13)・(14)・(15)は寿永元年十二月までの関連記事）。
(16) 「市河文書」、『信濃史料』（図版）所収。
(17) 『花押かゞみ二』（平安時代）。
(18) 編年文書88。
(19) 『鏡』元暦元年六月十六日・同十八日条。
(20) 安田元久氏『地頭及び地頭領主制の研究』、上横手雅敬氏『日本中世政治史研究』、大饗亮氏『封建主従制成立史研究』。
(21) 瀬野精一郎氏「松浦党関係史料補遺」（『西南地域史研究二』所収）。後に『松浦党研究とその軌跡』に収載。
(22) 瀬野精一郎氏「平戸松浦氏千年の歴史」（『松浦党研究とその軌跡』所収）。
(23) 『平家物語』。註(21)に同じ。
(24) 第Ⅰ部「疑文書について」（編年文書312）。
(25) 「島津家文書」天福二年五月一日付関東御教書案に「給関東御下文、令領知所職之輩者不幾」とあり、「御下文」を帯びた西国御家人がいくばくも存在していない状況を物語っている。
(26) 『鏡』元暦元年六月十八日条。
(27) 第Ⅰ部「疑文書について」（編年文書331）。
(28) 政所改編の時期については、第Ⅱ部第三章「初期の政所下文について」参照。
(29) 第Ⅰ部「疑文書について」（編年文書352）。

(30)　瀬野精一郎氏は既に当該文書を、「要検討文書」と指摘されている（『松浦党研究とその軌跡』）。
(31)　『備後国大田庄史料集』。
(32)　「鎌倉幕府と守護・地頭」（『山口県史』通史編第一編第二章所収）。田中倫子氏「鎌倉御家人平子氏の西遷・北遷」平成十五年横浜市歴史博物館刊『特別展図録』所収。
(33)　『鏡』承元三年十二月十五日条。
(34)　『鏡』承元三年十一月二十日条。
(35)　註(33)に同じ。
(36)　『中世法制史料集』（第二巻）所収。
(37)　『鏡』建保五年五月二十日条。
(38)　「不輸之地」をすなわち不輸権と解釈するのは問題とも考えるが、一応この稿では不輸権と表現しておく。
(39)　鎌倉殿頼朝と雑役免除との関連については、『鏡』元暦元年八月十八日条に「武蔵国住人甘糟野次広忠、雖非有勢者、赴西海可追討平家之由、進而申請之、御感之余、於彼知行分者、免許万雑〔公カ〕事之旨、被仰下□〔之〕云々、」とあり、甘糟広忠の知行分の万雑公事の免除を沙汰している。寿永二年に東国の行政権を得たとしても、頼朝は元暦元年の時点でこのような権限を有していたのか否かについては定かではないが、注視したい記事である。
(40)　「自然恩沢」の守護職については、大山喬平氏の「自然恩沢の守護人」（『鎌倉遺文』月報8）の傾聴すべき論考がある。本章では御家人の本領に対する恩沢の沙汰に関わる問題に主眼を置いたので、取り上げることをしなかった。

源頼朝文書の研究　史料編〔補遺〕

編年文書

（補遺1）将軍（源頼朝）家政所下文案（「感状写」　武雄市教育委員会所蔵）

前右大将家政所下　肥前国宇野御厨内紐差浦住人等

　可早以字峯五郎披為地頭職事

右人、為令執行彼職、補任如件、但於本所御年貢已下雑事者、任先例、無懈怠、可令致沙汰也、住人等宜承知、敢勿違失、以下、

　建久三年六月二日　　案主藤井（俊長）在判

　　　　　　　　　　　知家事中原（光家）在判

令民部丞藤原（二階堂行政）在判

別当前因幡守中原朝臣（大江広元）在判

　○瀬野精一郎氏『松浦党研究とその軌跡』ニヨル。

（補遺2）将軍源頼朝家政所下文写（「粟田家文書」）

将軍家政所下尾張国熱田宮権宮司故奉忠後□

可早任相伝安堵本宅、令致沙汰力王子并所□□私領田畠事

右、件本宅并力王子已下名田、任故奉忠之沙汰、後□□無相違令領掌、可致沙汰之状、以下、

建久三年十二月十日　案主

令民部少丞藤原（二階堂行政）在判　知家事□　在□

別当前因幡守中原（大江広元）在判

○本文書、検討ノ要アリ、

（補遺3）将軍源頼朝家政所下文写（「阿蘇品氏所蔵文書」）

将軍家政所下　肥前国々分寺住人

補任地頭職事

藤原季永

右人、補任彼職之状、所仰如件、住人宜承知、勿違失、以下、

建久五年二月廿五日　案主清原（実成）（花押）

令大蔵丞藤原（頼平）（花押）　知家事中原

別当前因幡守中原(大江広元)朝臣
散位藤原(二階堂行政)朝臣（花押）
○本文書、花押ハ簡単ナ写シデ、ソコカラ人物ノ比定ハ困難ト判断シタ、

（補遺4）源頼朝書状写（「中院文書」当家旧領事　京都大学附属図書館所蔵）

おほせられて候ぬかた(額田)の庄のちとうすた(さ)人の事、せんれいに大(御カ)さるらんうへ、よりとも(頼朝)かこうしう申たるところにて候へハ、いせちになしいるましく候、ねうはう(女房)のせけんのさたにてこうしう候事ミくるしき事にて候に、御へんてハそのき(儀)なく候事、かんし思ひ候也、

建久六年
十月廿七日　　よりとも在御判

○充所欠ク

あとがき

「まとめ」については各章で述べているのでここでは割愛し、第Ⅰ部で説明するところが少なかったり、伝えておきたかったことなどを略述しておくことにする。

疑わしき文書にはそれぞれに問題が点在することを述べているが、その内には疑文書と言うには適切ではない文書が数点含まれている。

文治六年四月十八日付源頼朝下文（編年文書271）は、通常の下文に記される事書が脱落している。しかし、本文（内容）・文言ともに疑点はない。この場合、下文の様式に欠けるという理由で、源頼朝文書としては問題を含むことを指摘したものである。

また、（文治元年ヵ）七月二十二日付源頼朝袖判御教書（図版65）は、袖の部分に署された花押が摺り消されていることに注意を喚起するために指摘したもので、本文や御教書の様式に疑問を持ったものではない。ただ、本文の後半部分が尻すぼまりで、書様としてはやや稚拙に感じたが、本文書を疑文書と捉えるのは早計と考えている。

第Ⅰ部で取り上げた文書や今回割愛した「検討ノ要アリ」の文書は、全体としては問題点を含むものが多数であるが、偽文書と判断するにはなお一層の検証が必要と思っている。

第Ⅱ部では、小論ではあるが第二章「源頼朝の追而書・礼紙書小考」は、頼朝文書蒐集の過程で得られた知見である。「礼紙」の問題に触れたものではないが、面白い見解になったと思っている。

ついでであるが、「文治二」四月三十日付源頼朝書状（図版82）は三紙が紙継ぎされた状態で為っている。第一紙が礼紙書、第二・三紙が本文である。本来であれば、本文、礼紙書と紙継ぎされるべきであるが、本文書の紙継ぎは近世の古文書（書状）に多く見受けられる、追而書・尚々書を意識したものと考えられ、古文書学的には興味のある遺芳である。

第七章の「本領安堵について」は永年にわたって考えてきた案件である。思うような表現ができず、寸たらずの論述となったが、頼朝と御家人との結び付きを、「本領安堵」と言う行為を通して歴史的に考察を深めたいと企図したが、本章では史料的な限界もあり、目的を果たすことはできなかった。一歩・二歩の前進はあったと思うが、近い時期にさらに進めた論考をまとめたいと考えている。

＊　　＊

本書のテーマである源頼朝文書の研究を、どのような過程をたどり、為すようになったのかについて少し述べておきたい。

大学院の修士課程を修了し、頼朝文書に接したのは、恩師高柳光壽先生より「田代文書」の原本を調査して研究をしたらとの助言を得たことからである。高柳先生が「田代文書」を勧めて下さった理由については、その時は漠然と原本調査で古文書調査の実体験をすること、大鳥庄地頭田代氏について研究することと考えていた。

そこでがむしゃらに東京大学史料編纂所に架蔵されている影写本の「田代文書」を筆写することに一時専念したの

であるが、原本の調査は諸般の事情で難しいとのことで、断念することになった。ただ、「田代文書」には摂関家大番舎人に関わる史料が多数含まれており、この大番舎人に興味を持つようになった。高柳先生の考えもそこにあったのではないかと思った。つまり大番舎人は大鳥庄の庄民でありながら、自身は摂関家に隷属するという二重の支配構造の関係にあり、先生は「人の支配」について勉強すればよいと考えて下さったのではないかと、後で気がついた。

この「田代文書」の経験が後々までの私の歴史を見る目の基礎の一つとなり、第六章の「口状について」の論考の一部となり、また第七章の「本領安堵について」における、御家人の支配の関係に対する論述につながってくると思っている。

博士課程の二年目頃に齋木一馬先生と相談し、先生より鎌倉時代の研究をするのであれば、源頼朝文書の研究はどうであろうかと勧めてもらった。このことが頼朝文書の研究の始まりであった。この研究を始めるに当たり高柳先生のお宅に伺い相談させてもらうと、今後の研究テーマとして「それでよかろう」との言葉をいただいたことを今日でも憶えている。

大学院時代は専ら活字本による頼朝文書の蒐集に明け暮れる毎日であった。蒐集の過程で悩んだのが、北条時政発給の文書を頼朝文書の内に組み込むかどうかの問題であった。結局、時政には独自の働きもあるとの判断で、当面の研究課題からは除外することにした。

昭和四十二年当時、『鎌倉遺文』・『神奈川県史』は未だ出版されておらず、頼朝文書がまとまって掲載されている活字本は『平安遺文』のみであった。そこで各県史（史料編）を片っ端から捲り、蒐集に努めた。一方で正文（原本）を見ることにも心懸けたいと思っていたところ、当時、宮内庁の京都御所の次長をされていた青山鋹夫氏（遠縁に当たる）の紹介で神護寺、賀茂別雷（上賀茂）神社の頼朝文書を調査させてもらったことがある。未だ原本を見る機会の少ない者が、原本を手に取って観察できたのは感激であった。

昭和四十三年に東京大学史料編纂所に入所することになり、本格的に影写本・写真帳・台紙付写真による頼朝文書の蒐集を進めることができた。蒐めた文書中に読みの難しいものがあると、齋木先生の所に持参し、教えてもらうことが度々であった。先生には公私ともに心配をかけることばかりであった。

史料編纂所では、始めは特殊史料部第二室で『柳営補任』(索引)の担当を命ぜられたのであるが、第一室に皆川完一・鈴木茂男両氏が『花押かゞみ』の担当としておられ、この部屋に配属になったのが頼朝文書の原本による蒐集・研究に大いに役立つことになった。

『花押かゞみ』は平安時代の編纂が終わり、鎌倉時代編に入るところで、頼朝の花押を蒐めておられる最中であった。全国の主な中世文書を調査し撮影する仕事に専念されており、私もその一員として参加する機会を皆川さんが作って下さり、頼朝文書の正文を詳細に観察することができた。この成果が頼朝文書を見る目を養うことになったと思っている。

昭和四十六年に特殊史料部より『大日本史料』四・五編(鎌倉時代)に移り、皆川さんの部屋とは別々になったが、引き続き文書の調査・撮影には同行させてもらった。編纂所では、時間があれば『花押かゞみ』の部屋に御邪魔して、頼朝文書の原本の所在や所蔵者のこと、源義経文書・東大寺文書の話など、数々の教示を受けることができた。今に感謝の気持を忘れないでいる。

昭和六十三年七月に『源頼朝文書の研究』(史料編)を上梓することができ、序文を齋木一馬先生より六十二年三月にいただいたのであるが、翌年三月に逝去され「史料編」の刊行を見てもらうことができなかった。

その後、史料編纂所在職中は捗々しい成果も挙げられないままであったが、国学院大学教授小川信氏の古希記念論集『中世古文書の世界』（平成三年）に「源頼朝の裏花押文書について」（本書第Ⅱ部第五章）を寄稿したのみで、それからは頼朝の右筆の人員を確認したいとの思いで、永い時間を費やしたが、成果は得られず中断した。平成十年四月より史料編纂所を退官し、高柳・齋木先生が教授をしておられた大正大学に教授として赴任することになり、しばらくのあいだ研究活動から遠ざかることになったが、大学院の授業で頼朝文書の演習・講義を行ない、研究成果の一部を院生に伝えることができたと思っている。

平成二十二年三月末日に定年退職し、一介の研究者として『源頼朝文書の研究』（研究編）の完成を目指す心構えで準備を進め、疑偽のある頼朝文書（「検討ノ要アリ」）の解説を書いている最中に胸部動脈瘤の診断を受け、同年十一月に東京女子医科大学病院で手術を受け、二ヵ月間の入院生活を送った。しばらくのあいだ療養生活をし、回復を期して執筆活動に専念し、疑偽文書の解説、「源頼朝の右筆について」、「源頼朝の追而書・礼紙書文書小考」、「源頼朝の花押の変遷について」と書き進める途中で、大腸憩室炎で二度の緊急入院をし治療を受けることになった。体力の衰えを感じながら、退院後、かねてより構想を練っておいた「源頼朝の口状について」と「本領安堵について」を執筆中に今度は膀胱癌に冒されていることが判明し、またも入院し、手術・治療を受けることになった。こうして論文の完成は遅れたが、平成二十五年九月末日に吉川弘文館に原稿を届けることができた。

「史料編」を出版して二十五年が過ぎようとしている。曲がりなりにも「研究編」の完成をみたのは、高柳光壽先生、齋木一馬先生、皆川完一先生をはじめ多くの方々に教示・協力をいただいたたまものであり、ここに深謝いたす次第であります。

本書の原稿作成期間中は病魔に襲われることが多く、思考を巡らすゆとりがなく、文章に齟齬を来すことがあったが、良き助言をして下さったのが大学院時代の研究会仲間の斎藤（荒木）敬子さんである。また本書の校正・索引作りをしてくれたのが三浦龍昭君（大正大学専任講師）である。この場を借りて衷心より感謝いたします。

また二十五年の間、「研究編」の出版を待って下さった吉川弘文館の歴代の社長にお詫びと謝意を申し上げます。前冊の「史料編」の出版に際し懇切な御助言をして下さった編集部の渡辺清氏（現、青史出版）には、その後も変わりなく支援し勇気づけてもらった。本書の編集については編集部の堤崇志氏に適切な教示・御助言をいただいた。感謝の意を捧げるものである。

最後に、私の研究生活を三十三年に渉って支えてくれ病没した妻瑞枝に、著書の完成を報告し、有難とうの言葉を伝えたい。

また独身生活に不慣れな私の許に嫁いでくれた妻厚母は、怠惰な私を励まし支えてくれ、ここ数年大病に見舞われると献身的な看護をしてくれるなど言葉で尽くせない支えとなり、論文の成稿を見たのも偏に妻あってのことと思っている。この場を借りて、心より感謝の気持ちを捧げたい。

最後の最後に、私の我儘を聞き入れ最後まで援助してくれ、本書の完成を心待ちにしていた、亡父・母の墓前に報告できるのはささやかな喜びである。

平成二十六年五月

著　者　志るす

著者略歴

一九四〇年　福岡県生まれ
一九六八年　国学院大学大学院文学研究科日本史専攻博士課程満期退学
東京大学史料編纂所教授、大正大学教授を経て
現在　大正大学名誉教授

〔主要著書〕
『源頼朝文書の研究』史料編（吉川弘文館、一九八八年）

源頼朝文書の研究　研究編

二〇一四年（平成二十六）七月十日　第一刷発行

著　者　黒《くろ》川《かわ》高《たか》明《あき》

発行者　吉川道郎

発行所　株式会社　吉川弘文館
郵便番号一一三—〇〇三三
東京都文京区本郷七丁目二番八号
電話〇三—三八一三—九一五一〈代〉
振替口座〇〇一〇〇—五—二四四番
http://www.yoshikawa-k.co.jp/

印刷＝株式会社　理想社
製本＝誠製本株式会社

ISBN978-4-642-02625-3

索　　　　引

(1) 本索引は，事項と源頼朝文書に分類した．
(2) 事項は五十音順に排列した．
(3) 源頼朝文書は発給年月日を示して日付順に排列し，拙編著『源頼朝文書の研究』（史料編）における図版・編年文書各々の文書番号を併記した．

事　　　　項

あ　行

か　行

さ　行

た 行

な　行

は　行

ま　行

や・ら・わ　行

源頼朝文書